초등 전과목
어휘력 사전

교과서 속 개념이 보이는
초등 전과목 어휘력 사전

지은이 정명숙
펴낸이 정규도
펴낸곳 (주)다락원

초판 1쇄 발행 2020년 12월 31일
4쇄 발행 2024년 9월 3일

편집 정지우, 조선영
디자인 All Contents Group
일러스트 누똥바

▣ 다락원 경기도 파주시 문발로 211
내용문의 (02) 736-2031 내선 276
구입문의 (02) 736-2031 내선 250~252
Fax (02) 732-2037
출판등록 1977년 9월 16일 제406-2008-000007호

p98: Tartila, p114: Grigol, p207: Sureewan Suntornpasert, Cartarium p217: yusufdemirci, Designua, p218: Kateryna Lomakina, p224: Timplaru Eugenia, p227: Designua, p253: Vaclav Sebek, Koldunova Anna, p263: ONGUSHI, p267: Amam ka, Rattiya Thongdumhyu, 3d_man, Lebendkulturen.de, Dew_gdragon, p280: Rattachon Angmanee, vvoe, p281: angelinast, nikm4860, Sergio Formoso, p283: Valerio Pardi, Jurik Peter, Vector FX, p288: Chris Curtis, Doug McLean, p291: michal812, Sakdinon Kadchiangsaen, p299: Jakinnboaz, p300: Jeruik, p301: miniwide, p313: Jakinnboaz, PsyComa, p316: Jakinnboaz, p330: Yarikart, p331: Stephen Marques, mertkan tekin, M-vector, ASAG Studio

ISBN 978-89-277-4761-1 63710

http://www.darakwon.co.kr
다락원 홈페이지를 통해 인터넷 주문을 하시면 자세한 정보와 함께
다양한 혜택을 받으실 수 있습니다.

교과서 속 개념이 보이는

초등 전과목 어휘력 사전

정명숙 지음 | 누똥바 그림

다락원

어휘력 사전으로
〈국·수·사·과, 예체능〉 완전 정복해요!

"왜 이래, 나도 1학년 때는 〈국어, 수학〉 모두 100점 맞는 우등생이었다고."
"근데 3학년이 되니까 〈수학〉은 갑자기 어려워지고, 〈사회〉라는 새로운 과목이 등장하면서 점수가 70점대로 곤두박질치는 거 있지."
"5학년이 되니까 쉽다고 생각했던 〈국어, 과학〉까지 어려워지더라고. 〈국·수·사·과〉 어느 것 하나 만만한 게 없는데, 〈예체능〉까지 신경 써야 하니. 휴~"

 1~2학년 때는 공부가 재밌다가, 3~4학년 때는 '내가 공부에 소질이 있는 사람인가?' 의문이 들다가, 5~6학년 때는 '올백 맞는 친구도 있는데 난 왜 이 모양이지?' 비교하며 좌절한 적은 없나요?

 제가 바로 그런 학생이었거든요.
 학년이 올라갈수록 배워야 할 내용은 많아지고, 교과서에 등장하는 어려운 낱말들이 제 발목을 잡고 놓아주질 않더군요. 특히 추상적인 낱말을 이해하는 게 힘들었는데요, 부모님이 몇 번을 가르쳐 줘도 솔직히 잘 모르겠더라고요. 그 낱말을 알고 설명하는 어른 입장에서야 쉬운 낱말이지만, 세상 경험이 부족한 어린 제게는 외계어나 다름없었거든요. 그때는 나 혼자만 그런 고민을 하는 줄 알았는데, 나중에 알고 보니 친구들도 저랑 똑같은 고민을 했었더라고요.

그래서 만든 책이 『초등 전과목 어휘력 사전』이에요. 어른의 도움 없이도 혼자 공부할 수 있도록 여러분의 눈높이에 맞추어 이해하기 쉽게 구성했어요.

〈국어, 수학, 사회, 과학, 음악, 미술, 체육〉 교과서에 나오는 중요한 낱말을 엄선해서 만들었기 때문에, 책장을 넘기다 보면 자신도 모르게 어휘력뿐만 아니라 교과 공부에 대한 자신감까지 쑥쑥 늘어나는 것을 느낄 거예요. 낱말이 모이면 문장이 되고, 문장이 모이면 문단이 되고, 문단이 모이면 한 편의 글이 탄생하듯이, 모든 공부의 기초는 어휘력에서 출발하니까요. 『초등 전과목 어휘력 사전』과 친하게 되면, 어렵게 생각되던 〈국·수·사·과〉 공부가 게임처럼 재미있어지는 신기한 경험을 하게 될 거예요.

수시로 꺼내서 볼 수 있도록 학교 사물함에, 자신의 공부방에 하나씩 비치해 두는 것을 권장해요. 매일 3개의 낱말만 익혀도 1년이면 1,095개의 주요 낱말을 익힐 수 있을 테니까요. 단, 『초등 전과목 어휘력 사전』으로 공부할 때는 선생님이나 부모님의 도움 없이 혼자 해야 한다는 것 잊지 마세요. "어휘력 사전으로 〈국·수·사·과, 예체능〉 재미나게 공부해요!"라는 즐거운 비명이 들려오길 바랍니다.

초등 교육 전문가 정명숙

이 과목 공부 땐 이 어휘를 알아야 해!

이 책은 이렇게 사용해 보세요!

초등 전 과목 필수 어휘를 과목별로 나누어 담았어요.

국어 수학 사회 과학 음악 미술 체육

과목마다
세부 영역을 나누어
영역에 맞는 어휘끼리
모아 두었어요.

듣기·말하기 ★

가라사대

'말씀하시되'의 뜻으로 쓰이는 말 고유어

비 가로되, 왈曰

고유어와
외래어에는
접힌 표시를 해
한자어와 구분하였어요.

'가로되'를 높여 이르는 말로 특정한 사람을 뜻하는 명사 뒤에 쓰여요. '하나님이 가
라사대, 예수께서 가라사대, 공자 가라사대' 처럼요. '가라사대'는 문어체로 남의 말이나
글을 인용할 때 써요.

예 공자 **가라사대** "내가 하기 싫은 일은 남에게도 시키지 말라."

쉽게 이해되는 간결한 뜻풀이예요.
한자어에는 한자의 뜻과 음을 적어
어휘의 뜻을 풀어서 이해할 수 있도록 했어요.

건의

의견을 말함 建議 [말할 건, 의견 의]

영 suggestion 비 제안

개인이나 단체가 의견을 내놓는 일이에요. 우리는 부모님께 용돈을 올려달라는 건의를 하
기도 하고, 학급 회의 시간에 '건의 사항' 순서에서 의견을 내놓기도 해요.

예 우리 학교나 학급에 **건의**할 사항이 있으면 발표해 주시기 바랍니다.

함께 알아보면 좋은
어휘의 설명을 담았어요.

> **함께 알아보기!!**
> • **제의** 提議 [제시할 제, 의논할 의]: 논의할 주제나 의견을 내놓음
> 예 축구부로 유명한 학교에서 나를 스카우트하고 싶다는 **제의**가 왔어요.

경어

공경하는 말 敬語 [공경할 경, 말씀 어]

영 honorific 비 높임말, 존댓말 반 비어

영단어, 비슷한말, 반대말,
잘못된 표현 등을 넣었어요.

상대에 대하여 공경의 뜻을 나타내기 위해 사용하는 말을 경어라고 해요. '밥 먹었
니?'를 경어로 하면 '진지 잡수셨어요?'가 되는 것처럼요.

예 담임 선생님은 나이가 어린 우리들에게도 깍듯하게 **경어**를 쓰셔요.

쉽고 재미있는
설명이 들어있어요.

경청

기울여 들음 傾聽 [기울 경, 들을 청]

명 listening attentively

남의 말을 귀 기울여 주의 깊게 듣는 것을 말해요. 그렇다고 단순히 듣기만 한다고 경청이 되진 않아요. 상대방이 전하고자 하는 말과 행동은 물론 그 속에 깔려 있는 감정에 귀를 기울이는 것이 진정한 경청이에요.

예 자기 말만 떠벌리는 친구보다 내 얘기를 잘 **경청**하는 친구가 더 좋아요.

고뿔

'감기'의 순우리말 고유어

비 감기 感氣

고뿔의 옛말은 '곳블'이에요. '코'의 옛말인 '고'와 '불'의 옛말인 '블'의 합성어이기도 하지요. 옛날 사람들은 감기가 들면 코에서 불이 나는 것처럼 더운 김이 나온다고 하여 고뿔이라 했어요.

예 **고뿔**이 걸렸을 때는 피로가 쌓이지 않도록 충분한 휴식을 취하는 것이 좋아요.

어휘를 이해하는 데
도움이 되는 문장이에요.

고사성어

옛일에서 이루어진 말 故事成語 [옛 고, 일 사, 이룰 성, 말씀 어]

비 한자 성어

옛이야기에서 생겨난 한자로 이루어진 말을 고사성어라고 해요.
고사성어는 대부분 중국의 고사에서 유래하여 관용적인 뜻으로 굳어져 쓰이는 글귀예요.

예 '꿩 먹고 알 먹는다'는 속담과 같은 뜻을
가진 **고사성어**는 '일석이조'예요.

이게 바로 일석이조!
一石二鳥

설명을 이해하는 데
도움을 주는
그림과 사진을 넣었어요.

------- 첫 번째 -------

국어

초등 전과목
어휘력 사전

듣기·말하기

가라사대

'말씀하시되'의 뜻으로 쓰이는 말 고유어

🄱 가로되, 왈曰

'가로되'를 높여 이르는 말로 특정한 사람을 뜻하는 명사 뒤에 쓰여요. '하나님이 가라사대, 예수께서 가라사대, 공자 가라사대' 처럼요. '가라사대'는 문어체로 남의 말이나 글을 인용할 때 써요.

㉠ 공자 **가라사대** "내가 하기 싫은 일은 남에게도 시키지 말라."

건의

의견을 말함 建議 [말할 건, 의견 의]

🄴 suggestion   🄱 제안

개인이나 단체가 의견을 내놓는 일이에요. 우리는 부모님께 용돈을 올려달라는 건의를 하기도 하고, 학급 회의 시간에 '건의 사항' 순서에서 의견을 내놓기도 해요.

㉠ 우리 학교나 학급에 **건의할** 사항이 있으면 발표해 주시기 바랍니다.

> **함께 알아보기!!**
> · **제의** 提議 [제시할 제, 의논할 의]: 논의할 주제나 의견을 내놓음
> ㉠ 축구부로 유명한 학교에서 나를 스카우트하고 싶다는 **제의**가 왔어요.

경어

공경하는 말 敬語 [공경할 경, 말씀 어]

🄴 honorific   🄱 높임말, 존댓말   🄟 비어

상대에 대하여 공경의 뜻을 나타내기 위해 사용하는 말을 경어라고 해요. '밥 먹었니?'를 경어로 하면 '진지 잡수셨어요?'가 되는 것처럼요.

㉠ 담임 선생님은 나이가 어린 우리들에게도 깍듯하게 **경어**를 쓰셔요.

경청

기울여 들음 傾聽 [기울 경, 들을 청]
영 listening attentively

남의 말을 귀 기울여 주의 깊게 듣는 것을 말해요. 그렇다고 단순히 듣기만 한다고 경청이 되진 않아요. 상대방이 전하고자 하는 말과 행동은 물론 그 속에 깔려 있는 감정에 귀를 기울이는 것이 진정한 경청이에요.

예 자기 말만 떠벌리는 친구보다 내 얘기를 잘 **경청**하는 친구가 더 좋아요.

고뿔

'감기'의 순우리말 고유어
비 감기 感氣

고뿔의 옛말은 '곳블'이에요. '코'의 옛말인 '고'와 '불'의 옛말인 '블'의 합성어이기도 하지요. 옛날 사람들은 감기가 들면 코에서 불이 나는 것처럼 더운 김이 나온다고 하여 고뿔이라 했어요.

예 **고뿔**이 걸렸을 때는 피로가 쌓이지 않도록 충분한 휴식을 취하는 것이 좋아요.

고사성어

옛일에서 이루어진 말 故事成語 [옛 고, 일 사, 이룰 성, 말씀 어]
비 한자 성어

옛이야기에서 생겨난 한자로 이루어진 말을 고사성어라고 해요.
고사성어는 대부분 중국의 고사에서 유래하여 관용적인 뜻으로 굳어져 쓰이는 글귀예요.

예 '꿩 먹고 알 먹는다'는 속담과 같은 뜻을 가진 **고사성어**는 '일석이조'예요.

이게 바로 일석이조! 一石二鳥

고유어

본디부터 있던 말 固有語 [본디 고, 있을 유, 말씀 어]
(영) native tongue (비) 토박이말, 토착어, 순우리말 (반) 외래어

예로부터 우리의 감정이나 정서를 표현해 온 말을 고유어라고 해요. 고유어는 한자 뜻 그대로 우리 고유의 말로, 일상생활에서 자주 쓰는 말이에요.

(예) **고유어**는 '어머니, 하늘, 땅, 지우개'와 같이 한자어로 바꿀 수 없는 게 특징이에요.

> **함께 알아보기!**
>
> • **한자어** 漢字語 [한나라 **한**, 글자 **자**, 말씀 **어**]: 한자로 된 낱말
>   (예) 뜻글자인 **한자어**는 '우정'처럼 추상적인 의미를 나타내거나, '관혼상제'처럼 복잡한 개념을 간단하게 나타내기에 알맞아요.

공감

함께 느낌 共感 [함께 공, 느낄 감]
(영) empathy (비) 동감

남의 감정이나 의견, 주장에 자신도 함께 똑같이 느끼고 생각하는 것을 공감이라고 해요. 공감은 특히 대화할 때 필요해요. 상대방의 입장이 되어 공감하는 대화를 하면 서로 기분 좋게 대화를 이어갈 수 있답니다.

(예) 친구에게 고민을 털어놓는 이유는 내 이야기를 **공감**해 주기 때문이에요.

공식

공적인 방식 公式 [공평할 공, 법 식]
(영) official (반) 비공식

국가적이나 사회적으로 인정된 공적인 방식을 공식이라고 해요. 면접, 발표, 토의, 토론, 연설 등이 공식적인 말하기라면, 친구와 일상적으로 나누는 대화는 비공식적인 말하기라고 할 수 있어요.

(예) 영광스럽게도 내가 학교 대표로 **공식** 석상에서 선서를 하게 되었어요.

공익

공공의 이익 公益 [공평할 **공**, 더할 **익**]
영 public interest　비 공리　반 사익

공동의 이익을 공익이라고 해요. 공익이 사회 구성원 전체의 이익을 추구한다면, 사익은 구성원 개인의 이익을 추구해요. 대표적인 공익사업으로는 철도, 전기, 수도 사업 등이 있어요.

예 한국전기안전공사에서 '사용하지 않는 콘센트에 안전 커버를 씌우자'는 **공익** 광고를 만들었어요.

과장

자랑하여 크게 떠벌림 誇張 [자랑할 **과**, 벌릴 **장**]
영 exaggeration　비 과대

사실보다 크게 부풀려 나타내는 것을 과장이라고 해요. 특히 광고를 볼 때는 실제보다 부풀려 과장하거나 감추고 있는 것은 무엇인지 살펴봐야 해요.

예 바르기만 하면 10년이 어려진다는 표현은 허위 **과장** 광고가 아닌지 잘 살펴야 해요.

> **함께 알아보기!**
> ・**허위** 虛僞 [빌 **허**, 거짓 **위**]: 진실이 아닌 것을 진실처럼 꾸민 것　영 false　비 거짓, 엉터리
> 　예 인터넷에 떠돌아다니는 **허위** 정보를 진실이라고 믿으면 큰일 나요.

관객

관람하는 사람 觀客 [볼 **관**, 손님 **객**]
영 audience　비 관중, 청중, 구경꾼

영화나 공연, 운동 경기 등을 **관람하는 사람**을 관객이라고 해요. 관객은 연극의 3요소 중의 하나예요. 연극을 하려면 연기를 하는 '배우'와 연기를 펼칠 수 있는 '무대', 그리고 극을 보는 '관객'이 필요해요. 관객이 없는 연극이란 상상도 할 수 없는 일이겠지요?

예 이순신 장군의 명량해전 이야기를 다룬 영화 『명량』은 1,700만이 넘는 **관객**을 동원했어요.

> **함께 알아보기!**
> ・**청중** 聽衆 [들을 **청**, 무리 **중**]: 강연이나 설교 등을 듣기 위해 모인 사람들

관용어

습관적으로 쓰는 말 慣用語 [버릇 관, 쓸 용, 말씀 어]
영 idiom　비 관용구, 숙어

습관적으로 쓰는 말이나 원래의 뜻과는 다른 새로운 의미로 굳어진 말을 뜻해요.
관용 표현을 사용하면 짧은 말로 자신의 생각을 효과적으로 나타낼 수 있답니다.

예 '시치미를 떼다'는 자기가 하고도 아닌 체할 때 쓰는 **관용어**예요.

교훈

가르치고 타이름 敎訓 [가르칠 교, 타이를 훈]
영 lesson　비 가르침

우리들의 행동이나 지침이 될 만한 가르침을 교훈이라고 해요. 주로 교훈은 선생님
이나 본보기가 될 만한 어른들의 훈화 말씀에서 얻을 수 있어요. 또한, 책 속에 등장하
는 다양한 인물들의 삶에서도 교훈을 얻을 수 있답니다.

예 만화책 속에도 **교훈**이 있다는 걸 어른들이 아셨으면 해요.

> **함께 알아보기!**
> • **훈화** 訓話 [가르칠 훈, 말할 화]: 교훈이 되는 말　영 instruction

구성원

얽혀 이루고 있는 사람 構成員 [얽을 구, 이룰 성, 인원 원]
영 member　비 성원, 멤버

어떤 단체나 조직을 이루고 있는 사람을 구성원이라고 해요. '나'라는 존재는 가족의
구성원이기도 하고, 학교의 구성원이기도 하고, 국가의 구성원이기도 해요.

예 우리 모둠은 **구성원** 간에 단합이 잘돼서 모두 즐겁게 참여하고 발표를 준비해요.

> **함께 알아보기!**
> • **모둠**: 효율적인 학습을 위하여 학생들을 작은 규모로 묶은 모임　영 group
> 　예 선생님의 강의를 듣기만 하는 일방적인 수업보다는 직접 참여하는 **모둠** 학습이 훨씬 재미있어요.

궁리

이치를 깊이 생각함 窮理 [다할 궁, 이치 리]
영 consideration

마음속으로 이리저리 따져 깊이 생각하는 것을 궁리라고 해요. 궁리는 '이치를 탐구하다'라는 말에서 나왔어요. 계획을 세우거나, 좋은 방법을 알아내려고 곰곰이 생각하거나, 어려운 일을 해결해야 하는 상황에 처했을 때 궁리하는 힘이 발휘된답니다.

예 소금 장수와 기름 장수는 호랑이 배 속에서 빠져나갈 **궁리를** 짜내었어요.

근거

뿌리가 되는 증거 根據 [뿌리 근, 증거 거]
영 basis   비 이유, 까닭

어떤 주장이나 의견이 옳음을 뒷받침하는 까닭을 근거라고 해요. 여러 사람 앞에서 의견을 말할 때는 반드시 타당한 근거도 함께 제시해야 해요. 그래야 설득력이 있거든요. '자연보호를 해야 합니다. 왜냐하면 자연은 한번 파괴되면 복원하기 어렵기 때문입니다.'처럼 '왜냐하면, ~때문이다'와 같은 말을 사용하여 근거를 나타낼 수 있어요.

예 조금 전에 비가 내렸을 거라고 판단한 **근거는** 땅이 축축하게 젖어 있어서야.

금세

지금 바로 고유어
잘못된 표현 금새   영 soon   비 금방, 어느새

'금시에'가 줄어든 말을 금세라고 해요. '바로 지금'이라는 뜻의 '금시'와 처격 조사 '에'가 결합하여 '금시에'가 된 거예요. 시간이 흐르면서 '금세'로 변해 지금에 이른 것이지요.

예 오늘 처음 본 친구와 **금세** 친해져서 하하 호호 웃어요.

낭독

소리 내어 밝게 글을 읽음 朗讀 [밝을 낭, 읽을 독]
영 reading aloud **비** 낭송 **반** 묵독

소리 내어 글을 읽는 것을 낭독이라고 해요. 보통 줄글을 읽을 때 묵독을 하지만,
시를 읽을 때는 낭독을 해요.

예 1919년 3월 1일, 수많은 사람들이 모여 있는 탑골 공원에서 독립 선언서가 낭독되었어요.

> **함께 알아보기!**
> • **낭송** 朗誦 [밝을 낭, 욀 송]: 소리 내어 글을
>   읽거나 감정을 넣어 시를 외는 것
>   **예** 시를 **낭송**할 때는 반복되는 말의 느낌과
>   운율을 살려 읽는 것이 좋아요.
> • **묵독** 默讀 [잠잠할 묵, 읽을 독]: 소리를 내지
>   않고 속으로 읽음

뉴스

새로운 소식을 전해 주는 방송 프로그램 news **외래어**
잘못된 표현 뉴우스 **비** 보도

사람들에게 중요하거나 흥미로운 사건을 때에 알맞게 전하는 것을 뉴스라고 해요.
뉴스는 사람들에게 새로운 정보를 알려 줄 뿐만 아니라 어떤 일을 긍정적이거나 비판적인
시각으로 보게 해요. 또 여러 사람의 생각에 영향을 주어 여론을 형성하기도 한답니다.

예 방금 들어온 **뉴스** 속보를 말씀드리겠습니다.

> **함께 알아보기!**
> • **여론** 與論 [수레 여, 말할 론]: 사회 구성원 대다수의 공통된 의견 **영** public opinion
>   **예** 학원 일요일 휴무제에 대한 **여론** 조사 결과, 찬성이 압도적으로 높았어요.

대화

마주 대하여 말함 對話 [대할 대, 말할 화]
영 dialogue **비** 대담, 담화 **반** 독백, 혼잣말

마주 보며 이야기를 주고받는 것을 대화라고 해요. 대화는 상대를 직접 보면서 말을 주고받는다는 것이 가장 큰 특징이에요. 그래야 표정이나 몸짓, 말투에 따라 기분이나 생각을 짐작할 수 있거든요.

예 친구에게 서운한 감정을 느꼈을 때 친구와 **대화**를 하다보면 오해가 풀리기도 해요.

돌하르방

돌로 만든 할아버지 고유어
잘못된 표현 돌하루방

제주도에서 마을을 지키는 역할을 하는 석상을 돌하르방이라고 해요. '하르방'은 할아버지의 방언이에요. 돌하르방은 주로 마을 입구에 세워져 있는데요, 두 주먹을 불끈 쥐고, 툭 튀어나온 부리부리한 눈으로 마을을 지켜 주는 수호신 역할을 한답니다.

예 제주도에 갔다 온 기념으로 사 온 **돌하르방**이야.

함께 알아보기!

• **수호신** 守護神 [지킬 **수**, 보호할 **호**, 귀신 **신**]: 지키고 보호하여 주는 신
  예 경복궁의 **수호신**인 해치는 시비와 선악을 판단하는 상상의 동물이에요.

마무리

일의 끝맺음 고유어
비 마감, 갈무리 **반** 시작

글이나 말을 끝맺는 부분을 마무리라고 해요. '서론-본론-결론'의 결론, '머리말-본문-맺음말'의 맺음말에 해당하는 부분이에요. 아무리 본론이나 본문에서 펼쳤던 내용이 뛰어나다 해도, 마무리하는 결론이나 맺음말이 허접하다면 좋은 글이 될 수 없답니다.

예 네가 벌여 놓은 일이니까 네가 **마무리**하렴.

매체

매개하는 물체 媒體 [중매 매, 몸 체]
영 media

어떤 일이나 정보를 다른 쪽으로 전달하는 매개체를
매체라고 해요. 매체에는 책이나 신문과 같은 인쇄 매체,
영화나 텔레비전과 같은 영상 매체, 인터넷 매체 등이 있
어요. 특히 신문, 방송국, 인터넷과 같이 많은 사람에게 대량으로 정보를 전달하는 매체를
대중 매체라고 해요.

예 라디오는 소리를 통해서만 정보를 전달하는 **매체**예요.

면담

얼굴을 보고 말함 面談 [낯 면, 말씀 담]
영 interview

서로 만나서 이야기하는 것을 면담이라고 해요. 면담을 하면 대화를 주고받는 과정
에서 정보를 얻을 수 있고, 직접 경험한 이야기를 들으며 생생함을 느낄 수 있어요.

예 미리 **면담** 요청을 하고 사전 약속을 해야지 이렇게 불쑥 찾아오면 어떡하니?

> **함께 알아보기!**
> • **상담** 相談 [서로 상, 말씀 담]: 문제를 해결하기 위해 서로 의논함
>   영 counselling 비 상의
>   예 아직 장래 희망을 정하지 못해서 선생님과 진로 **상담**을 했어요.

명사

이름을 나타내는 낱말 名詞 [이름 명, 말 사]
영 noun 비 이름씨, 임씨

사람이나 사물의 이름을 나타내는 낱말을 명사라고 해요. 명사에는 고유 명사와 보
통 명사가 있어요. '세종 대왕, 경복궁'처럼 특정한 사람이나 물건에 쓰이는 이름을 고유
명사, '사람, 궁궐'처럼 일반적인 사물에 두루 쓰이는 이름을 보통 명사라고 해요.

예 손으로 만질 수 없는 '사랑, 희망, 추억' 같은 낱말을 추상 **명사**라고 해요.

> **함께 알아보기!**
> • **동사** 動詞 [움직일 동, 말 사]: 사람이나 사물의 움직임을 나타내는 말 영 verb 비 움직씨
>   예 '책을 보다'에서 '책'은 명사이고 '보다'는 **동사**예요.

문어체

글에서 쓰는 말투 文語體 [글월 문, 말씀 어, 몸 체]
영 literary style   **비** 글말체, 문장체   **반** 구어체

일상적인 대화에서 쓰는 말투가 아닌 주로 글에서 쓰는 말투를 문어체라고 해요. 대화에서 사용하는 구어체에 비해 문어체는 일상에서 잘 쓰이지 않아요. 문어체는 오래된 시대의 말투가 많이 들어가 있어서 딱딱한 느낌이 들거든요.

예 '쓰레기를 함부로 버리지 마세요'를 **문어체**로 바꾸면 '쓰레기 무단 투기 금지'가 돼요.

> **함께 알아보기!**
> • **구어체** 口語體 [입 구, 말씀 어, 몸 체]: 일상적인 대화에서 쓰는 말투   **영** colloquial style
> **예** '이것은 본인의 소유물입니다'를 **구어체**로 바꾸면 '이건 내 거야'가 돼요.

바람

어떤 일이 이루어지길 기다리는 간절한 마음 고유어
잘못된 표현 바램   **영** wish   **비** 소망, 염원

① 네가 행복하길 바래. ② 네가 행복하길 바라. 어느 게 맞을까요?

정답은 ②번이에요. 흔히 소망을 표현할 때 '바램'이라고 적는데, 이는 잘못된 표현이에요. 바람은 '바라다'에서 온 말이므로 '바람'이라고 적어야 해요.

예 '그것은 우리의 바램이었어'가 아닌 '그것은 우리의 **바람**이었어'가 맞춤법에 맞아.

> **함께 알아보기!**
> • **바램**: 색칠했거나 염색한 표면이 희끗희끗하게 되는 현상   **영** fading
> **예** 이 옷은 세탁 후 말릴 때 햇빛을 받으면 색**바램**이 있을 수 있으니 뒤집어서 말리세요.

버릇

오랫동안 자꾸 반복하여 몸에 익어 버린 행동 고유어

영 wish 비 습관, 습벽

자기도 모르게 습관적으로 하는 행동을 말해요. 좋지 않은 행동을 자꾸 반복하다 보면 점점 몸에 익어 고치기 힘든 나쁜 버릇이 된답니다. 또한, 버릇은 윗사람에 대하여 지켜야 할 예의라는 뜻도 있어요.

예 '세 살 적 **버릇**이 여든까지 간다'더니 꼭 네 할아버지를 두고 하는 말 같구나.

> **함께 알아보기!**
> • **습관** 習慣 [익힐 **습**, 버릇 **관**]: 오랫동안 되풀이하여 몸에 익은 행동
>   예 매일 같은 시각에 산책하는 칸트의 **습관** 때문에 사람들은 그를 보고 시계를 맞추었다고 해요.

빈말

실속 없이 헛된 말 고유어

영 empty talk 비 공말, 공수표

실제로 그럴 의향이 없으면서 그냥 해 보는 말이에요. 마음에도 없는 빈말은 처음에는 상대방의 기분을 좋게 할 수 있을지 몰라도, 시도 때도 없이 남발하다 보면 반감을 사거나 역효과가 날 수 있답니다.

예 **빈말**이라도 예쁘다고 해주면 어디가 덧나냐?

사투리

어느 한 지방에서만 쓰는 표준어가 아닌 말 고유어

영 dialect 비 방언 반 표준어

어느 한 지역에서만 쓰는 특유의 말이에요. 사투리를 사용하면 다른 지역 사람과는 의사소통이 잘 안 되지만, 같은 지역 사람 간에는 친근함과 정겨움을 느낄 수 있어요.

예 '할아버지'의 경상도 **사투리**는 '할배'예요.

> **함께 알아보기!**
> • **표준어** 標準語 [표할 **표**, 준할 **준**, 말씀 **어**]: 한 나라의 표준이 되는 말 영 standard language
>   예 우리나라에서는 교양 있는 사람들이 두루 쓰는 현대 서울말을 **표준어**로 삼고 있어요.

설득

말로 납득시킴 說得 [말씀 **설**, 얻을 **득**]
영 persuasion

자신의 생각을 따르도록 깨우쳐 말하는 것을 설득이라고 해요. 설득을 하려면 듣는 이의 상황이나 분위기를 파악하고, 신뢰를 줄 수 있도록 논리적으로 타당한 근거를 제시해야 해요.

예 서희는 거란이 침략했을 때 조정의 반대를 무릅쓰고 적장을 **설득**해 스스로 물러나게 했어요.

> **함께 알아보기!**
>
> • **설명** 說明 [말씀 **설**, 밝을 **명**]: 어떤 일의 내용이나 이유를 상대편이 잘 알 수 있도록 밝혀 말함
> 영 explanation

소품

작은 물건 小品 [작을 **소**, 물건 **품**]
영 stage props   비 소도구

연극이나 영화에서 무대 장치나 분장에 쓰이는 작은 도구를 통틀어 소품이라고 해요. 소품은 인물, 배경, 상황 등을 연출할 때 사용되는 모든 물품을 말해요.

예 일상생활에서 사용하는 물건부터 특수 용품까지 **소품**의 종류는 매우 다양해요.

> **함께 알아보기!**
>
> • **분장** 扮裝 [꾸밀 **분**, 꾸밀 **장**]: 배우가 등장인물에 어울리도록 얼굴, 몸, 옷 등을 꾸미는 일   영 makeup
> 예 젊은 배우가 노인으로 특수 **분장**을 하는 데 장장 8시간이나 걸렸어요.

속담

풍속적인 말 俗談 [풍속 **속**, 말씀 **담**]
영 proverb   비 격언

예로부터 전해 오는 쉬운 말을 속담이라고 해요. 속담에는 옛사람들의 생각과 지혜, 생활 모습과 교훈이 담겨 있어요.

예 '낮말은 새가 듣고 밤말은 쥐가 듣는다'는 **속담**은 말조심을 하라는 뜻이에요.

> **함께 알아보기!**
>
> • **격언** 格言 [바로잡을 **격**, 말씀 **언**]: 교훈이 될 만한 짧은 말
> 예 '아는 것이 힘이다'라는 **격언**은 배움의 중요성을 강조한 말이에요.

시청자

보고 듣는 사람 視聽者 [볼 시, 들을 청, 사람 자]
(영) viewer (비) 청시자

텔레비전의 방송 프로그램을 보고 듣는 사람을 시청자라고 해요. 시청자가 많으면 많을수록 인기 있는 프로그램이라고 할 수 있어요.

(예) 요즈음은 **시청자**가 직접 투표에 참여하는 오디션 프로그램이 대세예요.

> **함께 알아보기!**
>
> • **청취자** 聽取者 [들을 청, 취할 취, 사람 자]: 라디오 방송을 듣는 사람 (영) listener

어원

말의 근원 語源 [말씀 어, 근원 원]
(영) origin of a word

어떤 말이 생겨서 이루어진 근원을 어원이라고 해요. 어원은 우리가 쓰고 있는 낱말이 어디에서부터 왔으며, 낱말의 형태와 의미가 시간이 흐르면서 어떻게 변화되었는가를 알게 해 줘요.

(예) 도루묵의 **어원**은 선조 임금이 '도로 묵이라 불러라' 한 데서 생겨난 이름이라고 해요.

에누리

실제보다 더 보태거나 줄이거나 함 고유어
잘못된 표현 외누리

어떤 것을 더 보태거나 축소해 이야기하는 것을 가리켜요. 요즘에는 물건값을 깎아서 사는 일을 가리키지만, 원래는 제값 보다 높여 부르는 값을 뜻하는 말이에요.

에누리 좀 해 주세요.

역할

일을 나누어 맡음 役割 [일 역, 나눌 할]
잘못된 표현 역활　**영** role　**비** 배역, 소임

맡아서 해야 할 임무를 역할이라고 해요. 집에서는 자식으로서 부모님께 효도해야 하는 역할, 학교에서는 학생으로서 공부해야 하는 역할, 또래 집단에서는 친구들과 사이좋게 지내야 하는 역할이 있어요.

예 배우들이 각자의 **역할**을 잘 연기할 때 한 편의 멋진 드라마가 탄생하는 거예요.

> **함께 알아보기!**
>
> • **배역** 配役 [나눌 **배**, 부릴 **역**]: 연극이나 영화 등에서 배우에게 극중 인물의 역을 맡기는 것　**영** cast
> **예** 내가 맡은 **배역**은 주인공이 아니라 그냥 지나가는 사람이야.
>
> • **역할극** 役割劇 [일 **역**, 나눌 **할**, 연극 **극**]: 다른 사람의 역할을 맡아서 하는 연극　**영** role play
> **예** 입장을 바꿔 엄마는 아빠가 되고, 아빠는 엄마가 되어 **역할극**을 했어요.

외래어

바깥에서 온 말 外來語 [바깥 외, 올 래, 말씀 어]
영 loanword　**비** 차용어　**반** 고유어

외국에서 들어와 우리말처럼 쓰이는 말을 외래어라고 해요. 국어의 단어는 유래에 따라 '고유어, 한자어, 외래어'로 나눌 수 있어요. 외래어는 처음에는 다른 나라의 말이었지만, 일상에서 자연스럽게 사용되면서 우리말이 된 거예요.

예 외래어는 '컴퓨터'나 '피자'처럼 대신할 우리말이 없는 것이 특징이에요.

> **함께 알아보기!**
>
> • **외국어** 外國語 [바깥 **외**, 나라 **국**, 말씀 **어**]: 다른 나라의 말　**영** foreign language　**반** 모국어
> **예** '프렌드'는 '친구'로 대신할 우리말이 있기 때문에 **외국어**예요.

의도

무엇을 하려고 꾀함 意圖 [뜻 의, 꾀할 도]
영 intention　**비** 뜻, 의지

무엇을 하고자 하는 생각이나 계획을 의도라고 해요. 대부분의 글에는 글쓴이가 독자에게 전달하려는 의도가 담겨 있어요. 글의 내용을 제대로 이해하려면 글쓴이의 의도가 무엇인지 파악하며 읽어야 해요.

예 왜 그런 질문을 하는지 네 **의도**가 무척 궁금해.

의사소통 뜻이나 생각이 서로 잘 통함 영 communication
意思疏通 [뜻 의, 생각할 사, 트일 소, 통할 통]

상대방과 서로 전달하고자 하는 의미를 잘 이해하고 주고받으면 의사소통이 원활하다고 해요. 하지만 그 반대로 의사소통이 되지 않으면 서로 다름을 인정하지 못하고 갈등이 생기기도 한답니다.

예 외국어를 하는 것도 아닌데 왜 너랑 나랑 **의사소통**이 안 되는지 모르겠어.

인격 사람으로서의 품격 人格 [사람 인, 바로잡을 격]
영 personality 비 인품, 인성

인격은 하루아침에 형성되는 게 아니라 부단히 노력해야 만들어지는 품격이에요.

예 무조건 어리다고 무시하지 말고 **인격**적으로 대우해 주세요.

재청 다시 청함 再請 [다시 재, 청할 청]
영 second request 비 앙코르

다른 사람의 동의에 찬성하여 함께 청하는 것을 재청이라고 해요. 재청은 회의할 때 사용하는 말이에요. 여러 사람이 동의하여 재청하는 의견은 토의 주제가 될 수 있어요. 하지만 재청이 없으면 그냥 하나의 의견으로 끝나고 만답니다.

예 소풍 장소를 놀이공원으로 가자는 친구의 의견에 **재청**합니다.

> **함께 알아보기!**
>
> • **동의** 同義 [같을 동, 의논할 의]: 다른 사람과 의견을 같이함
>   영 agreement 비 찬성, 동조 반 반대, 이의
>   예 '욕설을 하지 말자'라는 의견에 **동의**하는 사람은 손을 들어 주십시오.
> • **이의** 異義 [다를 이, 의논할 의]: 다른 사람과 의견을 달리함 영 objection 비 이견
>   예 별다른 **이의**가 없으면 다음 안건으로 넘어가겠습니다.

절차

거쳐야 할 차례 節次 [마디 절, 차례 차]
영 procedure　**비** 순서, 수속, 경로

일을 하는 데 거쳐야 하는 일정한 차례와 방법을 절차라고 해요. 절차는 문제를 해결하는 데 필요한 행동의 순서를 뜻해요. 학급 회의나 모둠 토의를 할 때도 절차를 따라야 원만하고 신속하게 끝낼 수 있어요.

예 비행기를 타고 내리는데 수속 **절차**가 무척 복잡해요.

제작진

짓고 만드는 무리 製作陳 [지을 제, 만들 작, 무리 진]
영 production crew　**비** 스태프, 제작 스태프

연기자를 제외한 연극, 영화, 방송 제작과 관련된 모든 사람을 제작진이라고 해요. 드라마 한 편을 제작하기 위해서는 촬영 기사, 조명 기사, 무대 디자이너, 편집 담당자 등 수많은 사람이 필요해요.

예 예능 프로그램에 나오는 개그맨보다 **제작진**이 더 웃길 때가 있어.

> **함께 알아보기!**
> • **연출** 演出 [펼 연, 날 출]: 극본이나 시나리오를 바탕으로 배우의 연기, 무대 장치, 음악 등을 전체적으로 이끄는 일　**영** directing
> **예** 나는 연기하는 배우보다 카메라 뒤에 숨어서 **연출**하는 피디가 적성에 맞는 것 같아.

존중

높이고 귀중히 여김 尊重 [높을 존, 귀중할 중]
영 respect　**비** 추존, 숭상

높이어 귀하게 여기는 것을 말해요. 존중은 사람이 갖추어야 할 중요한 덕목 중의 하나예요. 내가 상대방을 존중할 때 상대방도 나를 존중해 주는 법이에요. 특히 가까운 사이일수록 서로 존중해야 그 관계가 오래갈 수 있답니다.

예 방정환 선생님은 어린이를 아끼고 **존중**해야 한다고 하셨어요.

주장

자신의 의견을 내세움 主張 [주인 **주**, 넓힐 **장**]
영 insistence

자기의 의견이나 견해를 굳게 내세우는 것을 주장이라고 해요. 상대방을 설득하기 위해서는 자신의 주장을 뒷받침하는 타당한 근거를 들어야 해요. 또한, 다른 사람이 내 생각과 다른 주장을 하더라도 귀 기울여 듣고 존중할 줄 알아야 해요.

예 자기**주장**만 옳다고 고집하는 너랑은 대화하고 싶지 않아.

질문

진실을 물음 質問 [진실 **질**, 물을 **문**]
영 question   **비** 질의, 물음   **반** 답변, 대답, 응답

모르거나 의심나는 점을 묻는 것을 질문이라고 해요. 신기하게도 질문을 하면 잠자고 있던 뇌가 깨어난다고 해요. 질문을 하면 정확하게 알지 못했던 사실이나 정보를 다시 한번 확인할 수 있으니까 알쏭달쏭할 때는 주저하지 말고 질문하는 게 좋답니다.

예 모르는 것을 부끄러워하지 않고 **질문**하는 것이 공부를 잘하는 비결이에요.

찬반

찬성과 반대 贊反 [도울 **찬**, 되돌릴 **반**]
영 yes or no   **비** 가부, 찬부

찬성과 반대를 아울러 이르는 말을 찬반이라고 해요. 우리는 살아가면서 각자의 생각에 따라 찬반 토론을 벌일 때가 있어요. 어떤 문제에 대해 찬성 측과 반대 측으로 나뉘어 이야기하는 것을 찬반 토론이라고 해요.

예 영어 조기 교육에 대한 의견이 팽팽하여 **찬반** 투표를 실시하였어요.

추론

미루어 논함 推論 [밀 **추**, 말할 **론**]
영 inference　비 추리, 유추

이미 알려진 정보를 근거로 삼아 미루어 생각하며 논하는 것을 추론이라고 해요. 탐정 소설을 읽을 때나, 스릴러 영화를 볼 때 우리는 그 범인이 누구일까 추론하면서 소설이나 영화를 보곤 하지요.

예 확실한 증거도 없는데 **추론**에 의해서만 결론을 내리는 것은 매우 위험해요.

타협

온당하게 화합함 妥協 [온당할 **타**, 화합할 **협**]
영 compromise　비 타결, 협상

어떤 일을 서로 양보하여 협의하는 것을 말해요. 타협은 민주주의 의사 결정 과정에서 합의를 끌어내는 하나의 방식이에요. 타협이 어려운 경우에는 다수결의 원칙에 따라 의견을 정하기도 한답니다.

예 한 치의 양보도 없이 팽팽하던 의견이 극적으로 **타협**을 이루었어요.

> **함께 알아보기!**
> • **다수결** 多數決 [많을 **다**, 셀 **수**, 결단할 **결**]: 회의에서 많은 사람의 의견에 따라 결정하는 방식
> 　예 서로 의견이 다르니 **다수결**로 결정짓도록 하겠습니다.

토론

공격하며 논함 討論 [칠 **토**, 말할 **론**]
영 debate　비 논의, 의논, 토의

어떤 문제에 대하여 각자 의견을 말하며 논의하는 방법을 토론이라고 해요. 토론 절차는 '주장 펼치기 → 반론하기 → 주장 다지기 → 정리하기' 순으로 이루어져 있어요. 토론은 토의와 달리 참가자들이 어떤 주제에 대해 찬성편과 반대편으로 나뉘는 게 특징이에요.

예 이번 **토론**의 주제는 '동물 실험을 금지해야 한다'입니다.

> **함께 알아보기!**
> • **반론** 反論 [뒤집을 **반**, 말할 **론**]: 남의 의견에 반박하거나 되받아 논의하는 것

토의

검토하고 의논함 討議 [칠 **토**, 의논할 **의**]
ⓔ discussion　　ⓑ 논의, 담론, 의논

어떤 문제를 여러 사람이 협력해 해결하는 방법을 토의라고 해요. 토의 절차는 '토의 주제 정하기 → 의견 마련하기 → 의견 모으기 → 의견 결정하기' 순으로 이루어져 있어요. 토의가 협의하는 것이 목적이라면, 토론은 상대방을 설득하는 것이 목적이에요.

ⓔ '개교기념일을 뜻깊게 보내는 방법'으로 주제를 정하고 **토의**를 시작하겠습니다.

편집

엮어서 모음 編輯 [엮을 **편**, 모을 **집**]
ⓔ editing

여러 가지 재료를 모아 신문, 잡지, 책 등을 만드는 일을 편집이라고 해요. 또는 촬영된 영상을 기획 의도에 따라 방송 시간에 맞게 줄여 완성하는 작업을 말해요.

ⓔ 출판사의 주요 업무는 도서 기획과 **편집** 그리고 영업으로 나뉘어요.

헹가래

사람의 몸을 번쩍 들어 올렸다 내렸다 하는 일 고유어
잘못된 표현 헹가레, 행가래　　ⓔ tossing

헹가래는 주로 기쁘고 좋은 일이 있는 사람을 축하할 때 해요. 헹가래 치는 모습이 농기구를 이용해 흙을 파헤치거나 퍼 옮기는 가래질과 유사한 데서 비롯된 말이에요.

ⓔ 졸업식 날에 학생들은 감사의 표시로 담임 선생님을 **헹가래** 쳤어요.

홍보

널리 알림 弘報 [넓을 **홍**, 알릴 **보**]
영 public relations　비 보도, 캠페인

사업이나 상품, 업적을 널리 알리는 것을 홍보라고 해요. 홍보는 판매를 목적으로 하는 광고와 다르게 소식이나 정보를 많은 사람에게 전하는 것이 목적이에요.

예 전교 어린이회장 선거 **홍보** 기간이 되자 서로 각축전이 치열했어요.

화법

말하는 법 話法 [말할 **화**, 법 **법**]
영 speech

말이나 글을 펼쳐 가는 방법을 화법이라고 해요. 사람들은 각자의 개성만큼이나 다양한 화법을 가지고 있는데요. 연설, 토론, 토의 등과 같은 공식적인 말하기에서는 자신의 의견이나 주장을 가장 정확하고 효과적으로 전달하는 화법이 필요하답니다.

예 남의 시선을 끌어당기는 **화법**이 뛰어나 그의 곁에는 늘 친구들이 들끓었어요.

화자

말하는 사람 話者 [말할 **화**, 사람 **자**]
영 speaker　비 내레이터　반 청자

이야기를 하는 사람을 화자라고 해요. 말하려는 목적과 주제에 맞게 이야기를 전달하는 것은 화자가 가져야 할 기본적인 태도예요. 그리고 청자를 고려하여 적절한 수준으로 말해야 하고, 그들의 흥미와 관심을 끄는 자료를 이용하면 더욱 좋답니다.

예 시인을 대신하여 시에서 말하는 이를 시적 **화자**라고 해요.

> **함께 알아보기!**
> - **청자** 聽者 [들을 **청**, 사람 **자**]: 이야기를 듣는 사람　영 listener
> - **고려** 考慮 [생각할 **고**, 헤아릴 **려**]: 어떤 대상에 대하여 생각하고 헤아려 보는 것
>   영 consideration
>   예 네 마음을 미처 **고려**해 주지 못해서 미안해.

읽기

가치관

가치에 대한 관점 價值觀 [값 가, 값 치, 볼 관]
영 values

어떤 행동이나 일을 선택할 때 바탕이 되는 생각을 말해요. 가치관은 한 사람의 생각과 행동에 큰 영향을 미쳐요. 그래서 부모님과 선생님은 아직 가치관이 성립되지 않은 학생들에게 올바른 가치관을 심어 주기 위해 노력한답니다.

예 너랑 나랑 세상을 바라보는 **가치관**이 비슷한 것 같아 다행이야.

> **함께 알아보기!**
>
> • **가치** 價值 [값 가, 값 치]: 어떤 선택이나 행동이 바람직한지 그렇지 않은지에 대한 판단 기준
> 영 value 비 값어치, 진가
> 예 등장인물의 말과 행동에서 그 인물이 추구하는 **가치**를 파악할 수 있어요.

갈등

서로의 입장이 충돌하는 상태 葛藤 [칡 갈, 등나무 등]
영 conflict 비 다툼

서로 생각이나 상황이 달라서 맞부딪치는 것을 갈등이라고 해요. 갈등은 '칡과 등나무'라는 뜻이에요. 칡은 왼쪽으로 감아 올라가는 습성이 있고, 등나무는 오른쪽으로 감아 올라가는 습성이 있어서 서로 만나면 새끼줄처럼 꼬이기만 할 뿐 좀처럼 풀릴 수 없대요.

예 사소한 오해 때문에 친구와 **갈등**이 생겼어요.

갈래

하나에서 둘 이상으로 갈라져 나간 낱낱의 가닥 고유어
잘못된 표현 갈레　영 genre　비 장르

문학에서는 같은 성격의 문학 작품을 한데 묶어 나눌 때 쓰는 용어예요. 문학은 크게 운문과 산문으로 나뉘고, 또다시 운문은 시와 시조로, 산문은 소설·희곡·수필로 세분화하여 갈래를 짓기도 해요.

예 고전 문학은 크게 '기록 문학'과 '구비 문학'의 두 **갈래**로 나뉘어요.

감정

느끼는 마음 感情 [느낄 감, 뜻 정]
영 emotion

어떤 일이나 사물에 대하여 일어나는 마음이나 느끼는 기분을 감정이라고 해요. 감정은 사람이 본능적으로 느끼는 감각으로, '기쁨, 슬픔, 즐거움, 노여움, 두려움, 불안' 등의 마음 현상을 말해요. 감정은 말로 표현하지 않아도 표정에 드러나 보일 때가 많답니다.

예 『인사이드 아웃』은 다섯 가지 **감정**을 의인화하여 등장인물로 내세운 영화예요.

객관적

다른 사람의 입장에서 보는 것 客觀的 [손님 객, 볼 관, 과녁 적]
영 objective　반 주관적

다른 사람의 입장에서 사물을 보거나 생각하는 것을 객관적이라고 해요. 공감의 힘이 있는 주관적인 글과는 달리 객관적인 글은 논리의 힘이 있어요. 그래서 논설문을 쓸 때는 자신의 주장을 뒷받침할 타당하고 객관적인 근거를 제시하는 것이 좋아요.

예 기자는 사실을 정확하게 보도하기 위해 최대한 공정하고 **객관적인** 시각에서 글을 써야 해요.

함께 알아보기!

· **주관적** 主觀的 [주인 주, 볼 관, 과녁 적]: 나의 입장에서 사물을 보거나 생각하는 것
영 subjective
예 상품 후기는 지극히 **주관적인** 견해이므로 구매할 때 참고해야 해요.

경험

지나가며 실제로 겪음 經驗 [지날 **경**, 시험할 **험**]
영 experience **비** 체험 **반** 상상

자신이 실제로 해 보거나 겪어 보는 것을 경험이라고 해요. 경험은 어떤 일을 몸으로 겪은 일뿐만 아니라, 책이나 영화처럼 다른 매체를 통해 간접적으로 겪는 일 모두를 말해요. 하지만 체험은 특별하거나 중요한 일을 몸으로 직접 겪는 것만을 말한답니다.

예 주인공이 겪은 일과 자신의 **경험**을 견주어 보면 인물의 마음을 더 잘 이해할 수 있어요.

> **함께 알아보기!**
>
> • **체험** 體驗 [몸 **체**, 시험할 **험**]: 자기가 몸소 겪음 **비** 체득
>   **예** 부모님께서 하시는 일을 직접 **체험**해 보니 그동안 얼마나 힘드셨는지 알 것 같아요.

공통점

함께 통하는 점 共通點 [함께 **공**, 통할 **통**, 점 **점**]
영 common feature **비** 유사점, 동일점 **반** 차이점

여럿 사이에 두루 통하는 점을 공통점이라고 해요. 공통점 찾기는 친구를 처음 사귈 때 좋은 방법이에요. 친구와 나의 공통점을 찾아 대화하다 보면 이야깃거리가 풍부해지고, 서로를 더 쉽게 이해할 수 있거든요.

예 우리가 단짝이 된 이유는 방탄소년단의 팬이라는 **공통점** 때문이에요.

> **함께 알아보기!**
>
> • **차이점** 差異點 [어긋날 **차**, 다를 **이**, 점 **점**]: 어떤 대상들끼리 비교하였을 때 서로 다른 점
>   **영** difference

관습

익숙한 습관 慣習 [익숙할 **관**, 습관 **습**]
영 custom **비** 관례, 관행

어떤 사회에서 오랫동안 지켜 내려오는 질서나 풍습을 관습이라고 해요. 일반적으로 관습은 사회 구성원들이 서로 유대감을 느끼게 해 주고, 주변 환경에 적응하는 데 도움을 줘요. 습관이 개인적이라면 관습은 사회적이에요.

예 다른 나라를 여행할 때는 그 나라의 생활 방식이나 **관습**을 따르는 것이 좋아요.

관점

보는 점 觀點 [볼 관, 점 점]
영 viewpoint　비 견지, 시각

사물이나 현상을 바라보고 생각하는 태도나 방향을 관점이라고 해요. 컵에 물이 절반 정도 남았을 때, 어떤 사람은 반이나 남았다 하고, 어떤 사람은 반밖에 안 남았다고 생각하지요. 둘의 관점이 달라서 생기는 일이에요.

예 주장하는 글은 글쓴이의 **관점**이 뚜렷하게 나타나 있는 글이에요.

구성

얽어서 이룸 構成 [얽을 구, 이룰 성]
영 plot　비 짜임새, 플롯, 구조

몇 가지 부분이나 요소들을 모아서 일정한 전체를 이루도록 배열하는 것을 구성이라고 해요. 문학 작품에서 좋은 구성이란, 등장인물들이 벌이는 여러 사건을 시간의 흐름이나 원인과 결과에 따라서 짜임새 있게 얽는 것을 말해요.

예 영화의 대본인 시나리오와 연극의 대본인 희곡은 그 **구성**이 서로 비슷해요.

> **함께 알아보기!**
> ・**구조** 構造 [얽을 구, 지을 조]: 부분이나 요소가 어떤 전체를 짜 이루어진 얼개　영 structure
> 예 이야기의 **구조**를 알면 글을 쉽게 요약할 수 있어요.

구체적

실체를 갖추고 있는 것 具體的 [갖출 구, 몸 체, 과녁 적]
영 concrete　비 구상적　반 추상적, 관념적

사물이 일정한 형태와 성질을 갖추고 있는 것 또는 세밀한 부분까지 담고 있는 것을 구체적이라고 해요. 구체적인 것은 직접 경험하거나 감각으로 느낄 수 있지만, 추상적인 것은 우정이나 사랑처럼 드러내어 보여 줄 수 없어요.

예 '행복'은 손으로 잡을 수 없는 추상적인 낱말이지만, '연필'은 손으로 잡을 수 있는 **구체적**인 사물이에요.

글감

글의 내용이 되는 재료 `고유어`
영 material   비 글거리, 소재

글을 쓰는 데 바탕이 되는 모든 재료를 글감이라고 해요. '오늘은 무엇에 대해 쓰지?'하고 일기를 쓸 때마다 글감이 떠오르지 않아 고민한 경험이 있을 거예요. 여러 가지 소재를 떠올리고, 그 가운데에서 좋은 글감을 고르는 일은 글쓰기의 첫 단계예요.

예 자신이 좋아하는 것을 **글감**으로 하면 글쓰기가 훨씬 쉬워져요.

긍정

옳다고 인정함 肯定 [옳이 여길 **긍**, 정할 **정**]
영 affirmation   비 납득, 수긍, 인정   반 부정

그러하다고 생각하여 옳다고 인정하는 것을 긍정적이라고 해요. 긍정적인 생각은 긍정적인 말과 행동을 불러오고, 긍정적인 결과를 가져오게 마련이에요.

예 '그것도 못하냐'는 부정의 말보다 '이런 것도 잘하네'라는 **긍정**의 말을 듣고 싶어요.

> **함께 알아보기!**
> • **부정** 否定 [아닐 **부**, 정할 **정**]: 그렇지 않다고 단정함   영 denial   비 부인

길라잡이

길을 안내해 주는 사람이나 사물 `고유어`
비 길잡이

길라잡이는 옛말인 '길나장이'에서 온 말이에요. 길나장이는 옛날에 수령이 외출할 때 길을 이끌어 주던 사람이에요. 길라잡이는 길을 안내하는 사람을 뜻할 뿐만 아니라, **좋은 방향으로 이끌어 주는 사물, 어떤 목적을 실현하도록 이끌어 주는 지침** 등을 두루 이르는 말이에요.

예 이 사전은 어휘력을 높이고자 하는 어린이에게 좋은 **길라잡이**가 될 것입니다.

내용

안에 든 것 內容 [안 내, 속내 용]
영 content

글이나 말 따위에 들어 있는 것을 내용이라고 해요. 한 편의 글을 그릇에 담긴 음식이라고 한다면 글의 내용은 음식이고, 글을 담는 형식은 그릇이에요. 이처럼 글과 말에서 내용과 형식은 서로 떼려야 뗄 수 없는 관계예요.

예 몇 번을 읽어 봐도 글이 어려워서 도대체 무슨 **내용**인지 모르겠어요.

> **함께 알아보기!**
>
> • **형식** 形式 [모양 형, 법 식]: 겉으로 나타나는 모양이나 격식　**영** form　**비** 형태
> 　**예** 시조는 3장 6구 45자 내외라는 기본 **형식**을 가지고 있어요.

단서

첫 실마리 端緒 [처음 단, 실마리 서]
영 clue　　**비** 실마리, 단초

어떤 일이나 사건이 일어난 까닭을 풀 수 있는 실마리를 단서라고 해요. 단서는 사건을 파악하는 데 중요한 역할을 해요. 특히 소설을 읽을 때 등장인물의 말이나 행동에 숨겨진 단서를 찾아 읽으면, 내용을 좀 더 깊고 넓게 이해할 수 있답니다.

예 바닥에 남겨진 발자국은 그가 범인이라는 결정적인 **단서**예요.

단정

끊어서 결정함 斷定 [끊을 단, 정할 정]
영 predication　　**비** 결단

딱 잘라서 판단하고 결정하는 것을 단정이라고 해요. '반드시, 절대로, 결코'와 같이 어떤 사실을 딱 잘라 판단하거나 단정 짓는 표현은 조심해서 써야 해요. 자신의 생각이 늘 옳은 건 아니니까요.

예 한 가지 행동만 보고 나쁜 사람이라고 **단정**할 수는 없어요.

> **함께 알아보기!**
>
> • **판단** 判斷 [판가름할 판, 끊을 단]: 옳고 그름, 좋고 나쁨을 헤아려 판가름하는 것　**영** judgment
> 　**예** 상대방의 주장이 옳은지 그른지 잘 따져 보고 **판단**해야 해요.

독자

읽는 사람 讀者 [읽을 **독**, 사람 **자**]
영 reader　　**반** 저자, 작자, 필자

책, 신문, 잡지 등의 글을 읽는 사람을 독자라고 해요. 독자는 작품을 통해 작가의 생각과 감정을 이해하고 소통할 수 있답니다.

예 글을 꾸밈없이 솔직하게 써야 **독자**들의 공감을 얻을 수 있어요.

> **함께 알아보기!**
> ・**저자** 著者 [지을 **저**, 사람 **자**]: 글로 써서 책을 지은 사람　**영** author　　**비** 저작자, 지은이
> **예**『작은 아씨들』은 **저자** 자신의 체험을 바탕으로 쓴 소설이에요.

등용문

용이 되어 오르는 문 登龍門 [오를 **등**, 용 **용**, 문 **문**]
영 gateway

성공을 위해 통과해야 하는 어려운 관문이나 시험을 비유적으로 이르는 말이에요. 등용문이라는 말은 잉어가 중국 황허강 상류의 급류를 이루는 용문으로 오르면 용이 된다는 고사에서 나왔어요. 잉어가 용문폭포를 뛰어올라 용이 되듯 힘든 관문을 통과한다는 뜻이에요.

예 새해가 되면 실시하는 신춘문예는 작가의 **등용문**이에요.

> **함께 알아보기!**
> ・**등용** 登用 [오를 **등**, 쓸 **용**]: 인재를 뽑아 씀　**영** appointment　　**비** 선발, 임용, 채용
> **예** 지위와 권력의 상징이었던 수염은 조선 시대의 인재를 **등용**하는 데 중요한 요소였어요.

등장인물

무대에 오르는 인물 登場人物 [오를 **등**, 마당 **장**, 사람 **인**, 만물 **물**]
영 character　　**비** 캐릭터

소설, 영화, 연극 등에 나오는 인물을 등장인물이라고 해요. 옛날 신화나 전설에는 왕이나 영웅이 많이 나왔지만, 요즘 이야기의 등장인물은 평범한 일반 시민일 때가 많아요. 하지만 꼭 사람만 등장인물이 되는 것은 아니에요. 사람처럼 말하고 행동하는 동물 '쿵푸팬더'도, 생명이 없는 로봇 '에이아이'도 등장인물이 될 수 있답니다.

예 나는 다양한 식물이 **등장인물**로 나오는 영화를 만들고 싶어.

목록

제목을 기록함 目錄 [제목 **목**, 기록할 **록**]
영 list　**비** 목차, 리스트

어떤 물품의 이름이나 책 제목 등을 일정한 순서로 적은 글을 목록이라고 해요. 목록은 여러 가지 항목을 일정한 기준과 순서로 적어 알아보기 쉽게 만든 것이에요. 대표적인 목록에는 책이나 잡지의 목차, 식당의 메뉴판, 상품의 카탈로그 등이 있어요.

예 학년 필독 도서 **목록**은 대부분 독서록 맨 앞 장에 있어요.

목적

목표가 향하는 방향 目的 [눈 **목**, 과녁 **적**]
영 purpose　**비** 목표

실현하려는 목표가 나아가는 방향을 목적이라고 해요. 목적은 원래 공작의 깃털에 있는 '눈 모양의 과녁'이라는 뜻이에요. 옛날에 예쁜 딸을 둔 어떤 사람이 공작의 깃털 한가운데를 맞추면 사위로 삼겠다고 한 데서 생겨난 말이에요.

예 우리 형이 열심히 공부하는 **목적**은 나중에 의사가 되기 위해서래요.

> **함께 알아보기!**
> ・**목표** 目標 [눈 **목**, 표할 **표**]: 이루고 싶은 것　**영** goal

문맥

글이 맺고 있는 줄기 文脈 [글월 **문**, 맥 **맥**]
영 context　**비** 맥락

글에 나타난 의미의 앞뒤 연결을 문맥이라고 해요. 우리말에는 중의적인 뜻을 가진 낱말이 많아요. 예를 들어 '배가 많다'라고만 하면 어떤 배인지 알 수가 없어요. 같은 낱말이지만 먹는 배, 타는 배, 몸의 배 등 문맥에 따라 여러 가지 의미로 쓰일 수 있답니다.

예 낱말의 뜻을 잘 파악하려면 **문맥**을 고려하여 글을 읽으면 돼요.

> **함께 알아보기!**
> ・**중의적** 重義的 [거듭 **중**, 뜻 **의**, 과녁 **적**]: 한 단어나 문장이 두 가지 이상의 뜻으로 해석되는 것

문하생

스승 밑에서 배우는 사람 門下生 [문 **문**, 아래 **하**, 날 **생**]
ⓔ pupil   ⓑ 교하생

스승 밑에서 배우는 제자를 문하생이라고 해요. 권세가 있는 집에 드나들거나 그 아래에서 일하는 사람을 뜻하기도 해요. 문하생의 '문'이 스승이나 권세가를 뜻하기 때문이에요. 유명한 예술가나 국가 무형 문화재 보유자는 문하생을 두어 청출어람이 될 제자를 키우기도 한답니다.

ⓔ 유명 만화가의 **문하생**으로 있다가 웹툰 작가로 데뷔하는 경우도 있어요.

발단

일이 일어나는 첫 부분 發端 [일어날 **발**, 처음 **단**]
ⓔ beginning   ⓑ 시작, 처음, 실마리   ⓐ 결말

이야기의 사건이 시작되는 부분을 발단이라고 해요. 이야기의 구성 단계는 '발단, 전개, 절정, 결말' 4단계로 이루어져 있어요. 전개와 절정 사이에 '위기'를 넣어 5단계로 구성하기도 해요. 발단은 이야기의 도입 단계로 인물과 배경이 제시되고, 사건과 주제가 암시되는 부분이에요.

ⓔ 동화나 소설이나 **발단** 부분에서 흥미가 있어야 독자들이 끝까지 책을 읽게 돼요.

함께 알아보기!

- **전개** 展開 [펼 **전**, 열 **개**]: 사건이 본격적으로 발생하고 갈등이 일어나는 부분   ⓔ development
  ⓔ 다음 시리즈에서는 이야기가 어떤 식으로 **전개**될지 매우 궁금해.

- **절정** 絶頂 [끊을 **절**, 정수리 **정**]: 사건 속의 갈등이 커지면서 긴장감이 가장 높아지는 부분
  ⓔ climax
  ⓔ 주인공과 범인의 쫓고 쫓기는 추격전이 **절정**으로 치달았어요.

- **결말** 結末 [맺을 **결**, 끝 **말**]: 사건이 해결되는 부분   ⓔ ending
  ⓔ 어떤 영화든 **결말**은 해피엔드였으면 좋겠어요.

배경

뒤쪽의 경치 背景 [등 **배**, 경치 **경**]
영 background   비 뒷배경, 후경

이야기에서 사건이 일어나는 시간과 장소를 배경이라고 해요. 사건이 발생한 시간을 시간적 배경, 사건이 벌어진 장소를 공간적 배경, 사건이 일어난 사회적 분위기를 사회적 배경이라고 해요.

예 적서 차별이 심했던 조선 시대의 분위기가 소설 『홍길동전』이 만들어진 사회적 **배경**이에요.

함께 알아보기!

- **사건** 事件 [일 **사**, 사건 **건**]: 이야기에서 펼쳐지는 일   영 event
  예 시대 상황과 인물의 성격이 **사건** 전개에 큰 영향을 미쳐요.

- **인물** 人物 [사람 **인**, 만물 **물**]: 이야기에서 어떤 역할을 맡은 사람   영 character
  예 **인물**이 하는 말이나 행동을 보면 그 사람의 성격을 알 수 있어요.

비교

맞대어 견주어 봄 比較 [견줄 비, 견줄 교]
- 영 comparison　　비 대조

두 개 이상의 사물을 견주어 보는 것을 비교라고 해요. 두 대상을 비교할 때는 우선 일정한 기준을 세워야 해요. 그래야 두 사물의 특성을 또렷하게 드러낼 수 있거든요.

예 엄마, 아빠! 제발 동생이랑 나를 **비교**하지 말아 주세요.

> **함께 알아보기!**
> - **대조** 對照 [대할 대, 비출 조]: 두 가지 이상의 대상을 맞대어 서로 다른 점을 검토함
>   영 contrast
>   예 시끌벅적한 운동장과는 **대조적**으로 교실 안은 아주 조용해요.

비판

비평하여 판단함 批判 [비평할 비, 판단할 판]
- 영 criticism　　비 비평, 평론

옳고 그름을 판단하여 밝히거나 잘못된 점을 지적하는 것을 말해요. 논리적 근거를 바탕으로 비판하는 것과 남의 인격을 깎아내리는 비난은 분명히 다른 행동이에요.

예 책을 **비판**하며 읽으려면 선입견, 과장, 왜곡이 있는지 잘 살펴봐야 해요.

> **함께 알아보기!**
> - **비난** 非難 [비방할 비, 싫어할 난]: 남의 잘못이나 결점을 잡아서 나쁘게 말함　영 reproach

삶

태어나서 죽기에 이르는 동안 사는 일
- 영 life　　비 생명, 목숨, 생애　　반 죽음

삶은 '살다'에 접미사 'ㅁ'이 붙어서 이루어진 글자로 '**살아 있는 것**'을 의미해요. 사람의 삶은 특히 인생이라고 부르는데요, 단 한 번뿐이기 때문에 일생이라고도 해요.

예 푸시킨의 「**삶**이 그대를 속일지라도」는 고단한 상황에 처한 이들에게 따뜻한 위로를 건네는 시예요.

> **함께 알아보기!**
> - **상황** 狀況 [형상 상, 형편 황]: 일이 되어가는 과정이나 형편　영 situation
>   예 내가 주인공이라면 인물과 비슷한 **상황**에 처했을 때 어떻게 했을까요?

서평

글을 평함 書評 [글 **서**, 평할 **평**]
🔵 book review

책의 내용을 보고 평가하여 쓴 글을 서평이라고 해요. 수많은 책을 다 읽어 볼 수 없을 때, 서평을 훑어보면 책의 전체적인 내용이나 평가를 알 수 있어서 도움이 된답니다.

📒 책의 **서평**만 읽고 책을 샀다는 사람들이 참 많아요.

예상

미리 생각함 豫想 [미리 **예**, 생각할 **상**]
🔵 expectation 🔴 예견, 예측, 추측

앞으로 일어날 일을 미리 헤아려 보는 것을 예상이라고 해요. 글을 읽을 때 자신이 예상한 결말과 실제 결말을 비교하여 읽으면 상상력과 추리력을 향상시킬 수 있어요. 하지만 예상은 어림잡아서 생각하는 것이기 때문에 실제와 맞지 않을 수도 있답니다.

📒 모두의 **예상**을 깨고, 우리 반이 달리기 시합에서 1등을 했어요.

> **함께 알아보기!**
>
> • **예측** 豫測 [미리 **예**, 헤아릴 **측**]: 미리 추측함 🔵 prediction
>   📒 과학자들은 100년 뒤에 수소 연료를 에너지로 사용하는 바닷속 수중 도시가 지구촌 곳곳에 들어설 거라고 **예측**했어요.

예시

예를 들어 보임 例示 [예 **예**, 보일 **시**]
🔵 example

예시는 중심 문장을 뒷받침하는 문장을 쓸 때 '예를 들어, 예컨대, 이를테면'과 같은 말과 함께 사용해요. 또한, 설명문, 논설문, 실용문 등 다양한 글에서 독자가 내용을 이해하기 쉽도록 도와주는 역할을 해요.

📒 식충 식물에는 어떤 것이 있는지 **예시**를 들어 줘야 이해하기가 쉽지 않겠니?

> **함께 알아보기!**
>
> • **열거** 列擧 [벌일 **열**, 들 **거**]: 여러 가지 예를 늘어놓음 🔵 enumeration
>   📒 꽃잠, 나비잠, 노루잠, 새우잠…. 잠을 뜻하는 순우리말을 다 **열거**하려면 끝이 없어요.

요약

요점을 잡아 묶음 要約 [중요할 요, 묶을 약]
- 영 summary
- 비 개략

말이나 글의 요점을 잡아 간추리는 것을 요약이라고 해요. 요약은 읽기 과정에서 꼭 필요한 활동이에요. 밑줄 긋기, 메모하기는 요약의 기본이라고 할 수 있어요. 내용을 요약할 때는 사소한 내용은 빼고, 중심 내용 위주로 간추리면 된답니다.

예 책을 읽고 줄거리를 **요약**해 두면 책 내용을 오래도록 기억할 수 있어요.

원인

근원이 된 까닭 原因 [근원 원, 까닭 인]
- 영 cause
- 비 동기, 이유, 요인
- 반 결과

어떤 일을 일어나게 한 일을 원인이라고 해요. 원인과 결과는 떼려야 뗄 수 없는 사이예요. '그래서, 그러므로, 따라서, 왜냐하면, ~ 때문에'는 원인과 결과를 이어 주는 말이에요. '늦잠을 잤어요.(원인) 그래서 지각을 했어요.(결과)'처럼 원인은 시간상으로 어떠한 사건이나 결과보다 앞서 일어나는 것이 특징이에요.

예 지구온난화는 이상기후가 일어나는 여러 가지 **원인** 중 하나예요.

> **함께 알아보기!**
> · **결과** 結果 [맺을 결, 실과 과]: 어떤 원인으로 결말이 생김 영 result

인상

마음속에 새겨진 모양 印象 [찍힐 인, 모양 상]
- 영 impression
- 비 이미지

어떤 대상에 대하여 마음속에 새겨진 느낌을 인상이라고 해요. 책을 읽고 나서 혹은 영화를 본 뒤에 인상 깊었던 장면이 자꾸 떠오르는 이유는 감동의 여운이 아직 마음속에 남아 있기 때문이에요.

예 아낌없이 주는 나무가 밑동밖에 남지 않았지만, 소년이 와서 행복해하는 마지막 장면이 가장 **인상** 깊었어요.

일화

잃어버릴 뻔한 이야기 逸話 [잃을 **일**, 이야기 **화**]
영 anecdote　　비 에피소드

세상에 널리 알려지지 않은 흥미로운 이야기를 일화라고 해요. 일화의 원래 뜻은 '주목하지 않았으면 잃어버릴 뻔했던 숨겨진 이야기'예요. 딱딱하기 쉬운 전기문에서 재미있는 일화를 소개함으로써 흥미를 유발하는 역할을 한답니다.

예 신숙주에게 자신의 겉옷을 벗어서 덮어 준 세종대왕의 **일화**가 무척 감동적이에요.

함께 알아보기!

· **삽화** 揷畵 [끼울 **삽**, 그림 **화**]: 내용의 이해를 돕기 위해 책이나 잡지에 넣는 그림
영 illustration

자막

화면의 글자 字幕 [글자 **자**, 장막 **막**]
영 subtitle

영화나 텔레비전에서 관객이나 시청자가 읽을 수 있도록 화면에 비추는 글자를 말해요. 자막에는 작품의 제목을 알려 주는 표제 자막, 출연진과 제작진을 소개하는 인물 자막, 외국 영화의 대사를 한글로 적은 대사 자막, 작품의 마지막을 알려 주는 종영 자막 등이 있어요.

예 리얼리티 프로그램에서는 **자막**이 시청자의 재미를 이끌어 내는 데 큰 역할을 해요.

작가

예술품을 만드는 사람 作家 [지을 **작**, 집 **가**]
영 writer　　비 글쓴이, 지은이, 문인

문학 작품, 사진, 그림, 조각 등의 예술품을 창작하는 사람이에요. 일반적으로 작가라고 하면 글을 쓰거나 이야기를 만드는 사람을 가리켜요.

예 가난했던 **작가** 조앤 롤링은 해리포터 시리즈의 성공으로 억만장자가 되었어요.

작품

만든 물품 作品 [만들 **작**, 물품 **품**]
영 work   비 제작물, 창작물

창작하여 만들어 낸 물건이나 예술 작품을 뜻해요. 건축, 조각, 회화, 음악, 문학, 연극, 영화, 무용 등 다양한 예술 창작 활동으로 얻어지는 제작물은 모두 작품이라고 할 수 있어요. 특별히 셰익스피어의 4대 비극같이 매우 뛰어난 작품을 '걸작'이라고 한답니다.

예 봉준호 감독의 대표 **작품**으로는 영화 『기생충』이 있어.

> **함께 알아보기!**
>
> • **창작** 創作 [시작할 **창**, 만들 **작**]: 새로운 것을 처음으로 만듦 영 creation

장면

무대의 모습 場面 [마당 **장**, 낯 **면**]
영 scene   비 광경

어떤 장소에서 벌어지는 사건의 한 광경 또는 영화, 연극, 문학 작품 등에서 한 인물이 같은 공간 안에서 벌이는 사건의 모습을 장면이라고 해요. 영화나 연극을 보거나, 문학 작품을 읽고 난 뒤에는 친구들과 가장 기억에 남는 장면에 대해 이야기해 보는 것이 좋아요. 서로의 생각과 느낌을 나누면 감수성이 더욱 풍부해지고, 표현력이 좋아진답니다.

예 귀신이 나오는 무서운 **장면**은 꿈에 다시 나올까 봐 두려워요.

전기수

기이한 이야기를 전해 주는 사람

傳奇叟 [전할 **전**, 기이할 **기**, 늙은이 **수**]

조선 후기에 직업적으로 사람들에게 소설을 읽어 주던 사람을 말해요. 전기수는 사람이 많이 모이는 곳에 자리를 잡고 앉아 당시 유행하던 소설을 읽어 주었어요. 책을 읽는 솜씨가 워낙 뛰어나 전기수가 흥미로운 대목에서 읽기를 멈추면 사람들은 다음 내용이 궁금해 앞다투어 돈을 던져 주었대요.

예 최고의 이야기꾼 **전기수**가 들려주는 조선 시대 인기 1위 소설은 『홍길동전』이었어요.

함께 알아보기!

- **책비** 冊婢 [책 **책**, 여자종 **비**]: 돈을 받고 이야기책을 읽어 주는 것을 직업으로 하는 여자
  예 지금의 성우와 같은 역할을 했던 **책비**는 양반집 마님의 치맛자락을 눈물로 적시게 했던 여성 이야기꾼이에요.

정독 　자세히 읽음 精讀 [자세할 정, 읽을 독]
　　　　　圀 intensive reading

뜻을 새겨 가며 자세히 살펴 읽는 것을 정독이라고 해요. 정독은 내용을 충분히 이해하면서 깊게 읽는 독서법이에요. 이외에도 많은 책을 읽는 '다독', 빠른 속도로 읽는 '속독', 처음부터 끝까지 훑어 읽는 '통독' 등 다양한 독서법이 있답니다.

圀 아무리 어려운 책이라도 인내심을 가지고 **정독**하다 보면 이해가 된답니다.

제목 　대표하는 이름 題目 [표제 제, 눈 목]
　　　　　圀 title　　圁 표제

작품을 대표하거나 내용을 보이기 위하여 붙이는 이름이에요. 제목은 작품의 내용을 대표할 수 있어야 하고, 주제를 잘 나타내면서도 사람들의 흥미를 불러일으킬 수 있는 것이 좋아요.

圀 책의 간판과도 같은 **제목**은 글의 첫인상을 결정하는 중요한 역할을 해요.

주제 　주요한 제목 主題 [주인 주, 제목 제]
　　　　　圀 theme　　圁 모티브, 테마

작품을 통해 글쓴이가 말하고자 하는 중심 생각이에요. 글의 제목, 중요한 낱말, 중심 문장을 잘 살펴보면 글의 주제를 파악할 수 있어요. 글쓴이는 이렇게 작품 곳곳에 주제를 숨겨 놓고, 독자들에게 찾아보게 해요. 우리가 『흥부전』을 읽고 착하게 살아야지 하는 마음이 드는 것도 이 작품의 주제를 잘 파악했기 때문이에요.

圀 소설 『소나기』의 **주제**는 '소년과 소녀의 맑고 순수한 사랑'이에요.

> 함께 알아보기!
>
> • **제재** 題材 [제목 제, 재료 재]: 글의 바탕이 되는 재료
> 　圀 소설 『소나기』의 **제재**는 '소나기', '소년과 소녀'예요.

짐작

어림잡아 헤아림 斟酌 [짐작할 **짐**, 술 부을 **작**]
영 guess　비 어림, 유추

사정이나 형편을 어림잡아 헤아리는 것을 뜻해요. 짐작은 어림짐작으로 술을 잔에 따르던 데에서 온 말이에요. 뜻을 잘 모르는 말이 있을 때는 앞뒤의 문장이나 낱말을 잘 살펴보고, 바꿔 쓸 수 있는 비슷한 말을 떠올려 보면 그 뜻을 짐작할 수 있답니다.

예 이 상자 안에 과연 무엇이 들어 있는지 한번 **짐작**해 봐!

출처

나온 곳 出處 [날 **출**, 곳 **처**]
영 source

사물이나 말이 생기거나 나온 근거를 출처라고 해요. 글을 쓰거나 말을 할 때 다른 사람의 자료를 근거로 사용할 때가 많아요. 그럴 때는 그 자료가 누구의 것인지, 어디서 가져온 것인지 출처를 꼭 밝혀야 해요.

예 다른 사람의 저작물을 사용할 경우에는 미리 허락을 구하고 **출처**를 밝혀야 해요.

타당성

온당하고 마땅한 성질 妥當性 [온당할 **타**, 마땅할 **당**, 성질 **성**]
영 validity

이치에 맞는 옳은 성질을 타당성이라고 해요. 어떤 판단이 가치가 있을 때 타당성이 있다고 할 수 있어요. 특히 주장하는 글을 쓸 때는 근거의 타당성과 표현의 적절성이 필요해요. 주장에 대한 근거가 올바른지, 객관적인 표현을 사용했는지 잘 판단해야 해요.

예 '흰 우유 대신 초코우유로 바꾸겠다.'는 학급 회장 후보의 공약이 **타당성**이 있는지 판단해 보세요.

> **함께 알아보기!**
> • **적절성** 適切性 [맞을 **적**, 끊을 **절**, 성질 **성**]: 꼭 알맞은 성질　영 appropriacy

파악

잡아 쥠 把握 [잡을 **파**, 쥘 **악**]
영 grasp　비 이해

충분히 이해하여 확실하게 아는 것을 뜻해요. 주제 파악, 글쓴이의 관점 파악, 문단의 구조 파악 등등 국어 시간에는 유난히 파악해야 할 일들이 많아요. 글을 읽을 때는 단순히 글자만 읽는 것이 아니라 글의 내용을 정확히 이해하는 것이 중요하기 때문이에요.

예 지금 그렇게 깔깔대고 웃을 상황이니? 분위기 **파악** 좀 해라.

편지

안부나 소식을 전하는 종이 便紙 [편할 **편**, 종이 **지**]
영 letter　비 서간, 서신, 서찰, 서한

안부나 소식 등을 상대방에게 적어 보내는 글이에요. 편지는 대화하듯이 자연스럽게 쓰는 게 좋아요. '받을 사람→첫인사→전하고 싶은 말→끝인사→쓴 날짜→쓴 사람'의 순서대로 전하고 싶은 말이 분명하게 드러나도록 써야 해요.

예 직접 말로 표현하기 부끄러우면 **편지**를 써 보는 건 어때?

호응

부름에 응함 呼應 [부를 **호**, 응할 **응**]
영 response　비 부응, 상응, 응답

부름에 대답하거나 응하는 것을 뜻해요. 문장에서는 앞에 나온 어떤 말과 짝을 이루는 다른 말이 뒤따라오는 것을 호응이라고 해요. '마치 ~처럼', '전혀 ~아니다', '왜냐하면 ~때문이다' 처럼요. 문장 안에서 호응이 제대로 되지 않으면 내용이 어색해지거나 뜻이 잘못 전달될 수 있답니다.

예 문장의 중요한 성분인 주어와 서술어가 **호응**을 이룰 때 올바른 문장이 돼요.

쓰기·문법 ★

감상문
느끼고 생각한 것을 쓴 글 感想文 [느낄 **감**, 생각할 **상**, 글월 **문**]
🇬🇧 report

감상문은 책이나 영화, 음악 등 **어떤 작품을 감상한 후에 자신의 느낀 점이나 생각을 쓴 글**이에요. 감상문의 종류는 독서 감상문, 영화 감상문, 음악 감상문 등 아주 다양하답니다.

예 언제나 읽어 볼 수 있는 책과 달리 연극은 다시 관람하기 어렵기 때문에 **감상문을** 남겨 놓는 것이 좋아요.

> **함께 알아보기!**
> - **감상** 鑑賞 [살펴볼 **감**, 즐길 **상**]: 예술 작품을 이해하여 즐기고 평가하는 것
> - **독후감** 讀後感 [읽을 **독**, 뒤 **후**, 느낄 **감**]: 책을 읽고 난 뒤의 느낌을 적은 글 비 독서 감상문

광고
널리 알림 廣告 [넓을 **광**, 알릴 **고**]
🇬🇧 advertising 비 선전

여러 가지 매체를 통해 상품에 대한 정보를 소비자에게 알리는 활동이에요. 광고에는 상품을 팔기 위한 목적이 있어요. 따라서 상품의 기능을 실제보다 부풀리는 과장 광고와 있지도 않은 기능이 있는 것처럼 설명하는 허위 광고를 조심해야 해요.

예 내가 좋아하는 연예인이 나온 **광고만** 보고 품질이 좋은지 묻지도 따지지도 않고 샀어요.

> **함께 알아보기!**
> - **광고문** 廣告文 [넓을 **광**, 알릴 **고**, 글월 **문**]: 광고하기 위하여 쓴 글
>   예 상품을 팔기 위해 만들어진 **광고문은** 주로 대중 매체를 통해 많은 사람에게 전달돼요.

기록

적어서 남김 記錄 [적을 기, 기록할 록]
영 record   비 기술 記述

오래도록 남기기 위해 어떤 사실을 적는 것을 기록이라고 해요. 우리나라는 위대한 기록 문화를 가진 나라예요. 유네스코에 지정된 세계 기록 유산만 해도 무려 16개나 되거든요. 만약 이런 기록물들이 없었다면 우리나라의 과거 역사를 정확하게 알기 힘들었을 거예요.

예 독도를 최초로 언급한 **기록** 문헌이 바로 『세종실록지리지』예요.

> 함께 알아보기!
>
> • **기록문** 記錄文 [적을 기, 기록할 록, 글월 문]: 어떤 사실을 기록한 글
>   예 어떤 곳을 직접 방문하여 보고, 듣고, 느낀 것을 적은 글을 견학 **기록문**이라고 해요.

기사문

있었던 일을 기록한 글 記事文 [기록할 기, 일 사, 글월 문]
영 description

사실을 보고 들은 그대로 적은 글을 말해요. 기사문을 쓸 때는 '육하원칙'에 따라야 해요. 육하원칙이란 '누가, 언제, 어디서, 무엇을, 어떻게, 왜'의 여섯 가지를 이르는 말이에요. 읽는 사람이 알고 싶어 하는 것을 정확한 사실에 근거해서 쓰는 것이 기사문의 특징이랍니다.

예 신문은 매일 일어난 크고 작은 사건들을 **기사문**으로 전해 주는 역할을 해요.

> 함께 알아보기!
>
> • **기사** 記事 [기록할 기, 일 사]: 어떤 사실을 알리는 글   영 article
>   예 개인적인 일은 신문 **기사**로 적합하지 않아요.

기행문

다니면서 기록한 글 紀行文 [벼리 **기**, 갈 **행**, 글월 **문**]
영 travel essay   **비** 여행기

여행하면서 보고 듣고 느끼고 겪은 것을 적은 글이에요. 기행문은 '여정, 견문, 감상'이 잘 드러나게 써야 해요. 여행하면서 찍은 사진이나 사용한 입장권, 기록한 쪽지 등을 덧붙이면 글이 더 생생해져요.

예 이번에도 수학여행을 갔다 오면 숙제로 **기행문**을 써야 하나요?

> **함께 알아보기!**
> • **여정** 旅程 [나그네 **여**, 길 **정**]: 여행의 과정이나 일정   **영** journey
> • **견문** 見聞 [볼 **견**, 들을 **문**]: 보거나 들어서 얻은 지식   **영** experience

논설문

논리적으로 서술한 글 論說文 [말할 **논**, 말씀 **설**, 글월 **문**]
영 editorial   **비** 논설

자기의 생각이나 주장을 체계적으로 밝혀 쓴 글이에요. 논설문은 다른 사람을 설득하기 위한 글이므로 자신의 주장을 논리적으로 내세우고, 이를 뒷받침하는 근거가 타당해야 해요.

예 **논설문**은 '서론, 본론, 결론'으로 짜여 있는 것이 특징이에요.

> **함께 알아보기!**
> • **서론** 緖論 [실마리 **서**, 말할 **론**]: 논의를 위한 실마리가 나오는 부분   **비** 머리말
>   **예** 논설문의 **서론**에서는 글을 쓰게 된 문제 상황과 글쓴이의 주장을 밝혀요.
> • **본론** 本論 [근본 **본**, 말할 **론**]: 말이나 글에서 중심이 되는 주장을 담고 있는 부분
>   **예** 논설문의 **본론**에서는 글쓴이의 주장에 대한 적절한 근거를 제시해요.
> • **결론** 結論 [맺을 **결**, 말할 **론**]: 말이나 글의 끝을 맺는 부분   **비** 맺음말
>   **예** 논설문의 **결론**에서는 글의 내용을 요약하고, 주장을 다시 한번 강조해요.

논술

논리적으로 서술함 論述 [말할 **논**, 서술할 **술**]
옣 state

논리적으로 이치에 맞게 말하거나 적는 것을 논술이라고 해요. 논술 시험은 보통 제시된 문제에 대하여 자신의 주장을 논리적인 글로 쓰게 되어 있어요.

옝 **논술**을 잘하려면 어릴 때부터 꾸준히 책을 읽어 두는 것이 좋아요.

> **함께 알아보기!**
>
> • **논리** 論理 [말할 **논**, 다스릴 **리**]: 말이나 글에서 자기 생각을 이치에 맞게 펼치는 원리　옣 logic
> 옝 네 말이 **논리**적이지 않고 감정적이니까 친구들에게 안 먹히는 거야.

다의어

많은 뜻으로 쓰이는 말 多義語 [많을 **다**, 뜻 **의**, 말씀 **어**]
옣 polysemy　옙 단의어

여러 가지 뜻을 가진 낱말을 다의어라고 해요.

머리	➊ 사람이나 동물의 목 위의 부분　➋ 생각하고 판단하는 능력

➊이 중심 의미이고, ➋는 주변 의미예요. 주변 의미는 중심 의미와 관련이 있지만, 새로 생겨난 다른 뜻을 가지고 있어요. 하지만 동형어는 서로 글자만 같을 뿐, 의미는 전혀 관련이 없는 다른 낱말이에요.

옝 '손'은 '사람의 손'이라는 중심 의미와 '일손'이라는 주변 의미를 가진 **다의어**예요.

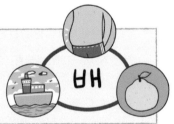

> **함께 알아보기!**
>
> • **동형어** 同形語 [한가지 **동**, 모양 **형**, 말씀 **어**]: 형태는 같지만 뜻이
> 다른 낱말　옣 homonym　옙 동음이의어
> 옝 '배'는 몸의 배, 탈것의 배, 과일의 배라는 서로 다른 뜻을
> 가진 **동형어**예요.

단어

하나의 말 單語 [홀 단, 말씀 어]
영 word　　**비** 낱말, 어휘

뜻을 가지고 홀로 쓰일 수 있는 가장 작은 말의 덩어리예요. 단어를 이루기 위해서는 실질적인 의미를 나타내는 어근이 필요해요. 어근이 하나인 단어를 '단일어'라고 하고, 어근 두 개가 결합하거나 접사가 더해져 만들어진 단어를 '복합어'라고 해요.

예 어려운 **단어**는 『초등 전과목 어휘력 사전』에서 찾아보면 도움이 돼요.

함께 알아보기!

- **어근** 語根 [말씀 어, 뿌리 근]: 단어의 실질적 의미를 나타내는 부분
  예 어머니의 '어머니', 덧버선의 '버선', 덮개의 '덮'은 **어근**이에요.

- **접사** 接辭 [붙을 접, 말 사]: 단독으로 쓰이지 않고 어근이나 단어에 붙어 새로운 단어를 구성하는 부분
  예 **접사**에는 어근이나 단어 앞에 붙는 접두사와 뒤에 붙는 접미사가 있어요.

단일어

오직 하나의 뜻으로 쓰이는 말 單一語 [홀 단, 한 일, 말씀 어]
영 simplex　　**비** 단순어　　**반** 복합어

나누면 원래의 뜻이 없어지는 낱말을 단일어라고 해요. 예를 들어, '바늘'을 '바'와 '늘'로 쪼개면 원래의 뜻이 사라지고, 각각 아무 뜻도 가지지 못해요. '어머니, 아버지, 바다, 하늘, 나무, 사과, 집'처럼 더 이상 나눌 수 없는 낱말을 단일어라고 해요.

예 단어는 크게 **단일어**와 복합어로 나눌 수 있어요.

동기

움직이게 하는 계기 動機 [움직일 동, 계기 기]
영 motive　　**비** 계기

어떤 일이나 행동을 일으키게 하는 계기를 동기라고 해요. 동기는 무언가를 하게 만들어요. 소설을 쓰게 된 동기, 회사에 지원하게 된 동기, 국어 과목을 좋아하게 된 동기로 인해 소설가가 되고, 회사원이 되고, 국어 선생님이 되기도 하니까요.

예 독후감 첫 부분에 이 책을 읽게 된 **동기**를 밝히면 글이 더욱 풍부해져요.

마파람

남쪽에서 불어오는 바람 `고유어`
영 south wind 비 앞바람, 마풍

남쪽을 뜻하는 순우리말 '마'와 '바람'이 합쳐진 합성어예요. 바람에 이름을 만들어 붙인 것은 뱃사람이에요. 물고기를 잡으러 나갈 때 제일 무서운 게 풍랑이거든요. 그래서 바람이 불어오는 방향에 따라 샛바람, 하늬바람, 마파람, 된바람의 이름을 붙였어요.

예 배가 고파서 우동 한 그릇을 **마파람**에 게 눈 감추듯 순식간에 다 먹어 치웠어요.

> **함께 알아보기!**
>
> - **된바람** : 북쪽에서 불어오는 바람 또는 매섭게 부는 바람 영 north wind
>   예 **된바람**의 '된'은 '세차다'라는 뜻이 있어요.
> - **샛바람** : 동쪽에서 불어오는 바람 영 east wind
>   예 **샛바람**의 '새'는 '동이 트다'라는 의미가 있어요.
> - **하늬바람** : 서쪽에서 불어오는 바람 영 west wind
>   예 **하늬바람**의 '하늬'는 서쪽을 뜻해요.

명필

이름난 글씨 名筆 [이름 명, 글씨 필]
영 master calligrapher 비 명필가, 달필 반 악필, 졸필

매우 잘 쓴 글씨 또는 글씨를 매우 잘 쓰는 **사람**을 뜻해요. 명필 하면 어두운 방에서 엄마는 떡을 썰고, 아들인 한석봉은 글을 쓰던 일화가 먼저 떠올라요. 어머니의 따끔한 가르침 덕분에 한석봉은 조선 시대 유명한 명필이 되었답니다.

예 유능한 목수는 연장을 탓하지 않고 **명필**은 붓을 탓하지 않느니라.

> **함께 알아보기!**
>
> - **악필** 惡筆 [악할 악, 글씨 필]: 잘 쓰지 못한 글씨 영 bad handwriting

묘사

그림을 그리듯 표현함 描寫 [그릴 묘, 그릴 사]
영 description **비** 서술

어떤 대상이나 사물, 현상 등을 글로 쓰거나 그림을 그려 표현하는 것을 묘사라고 해요. 묘사는 생김새, 모양, 색깔, 소리, 맛 등 감각으로 느낄 수 있는 것을 이야기할 때 사용하는 방법이에요.

예 수박을 '축구공 모양인데 초록색에 검은색 줄무늬 옷을 입었어.'라고 **묘사**하면 더욱 생생함을 느낄 수 있어요.

> **함께 알아보기!**
>
> - **감각** 感覺 [느낄 **감**, 깨달을 **각**]: 눈, 코, 귀, 혀, 피부 등을 통하여 어떤 자극을 알아차림
>   **영** sense
>   **예** 우리 몸에는 '시각, 청각, 후각, 미각, 촉각' 등의 다섯 가지 **감각** 기관이 있어요.

문단

글의 단락 文段 [글월 문, 구분할 단]
영 paragraph **비** 단락

몇 개의 문장이 모여 하나의 중심 생각을 나타내는 글의 단락을 문단이라고 해요. 한 문단에는 하나의 중심 내용이 있고, 중심 문장과 뒷받침 문장으로 이루어져 있답니다. 새 문단을 쓸 때는 줄을 바꾸어서 처음 한 칸을 비우고 시작해야 해요.

예 **문단**의 중심 내용은 처음이나 마지막 문장에 드러나 있는 경우가 많아요.

> **함께 알아보기!**
>
> - **문장** 文章 [글월 **문**, 글 **장**]: 생각이나 감정을 표현하는 가장 작은 단위의 말과 글
>   **영** sentence **비** 통사
>   **예** 주어와 서술어가 없는 '정말?'도 **문장**이랍니다.

문법

말과 글의 법칙 文法 [글월 문, 법 법]
영 grammar

언어를 사용할 때 지켜야 하는 규칙을 뜻해요. 문법이란 말이나 글을 어떻게 써야 하는지 알려 주는 방법이에요. 문법을 알면 우리말은 '주어(나는)+목적어(너를)+서술어(사랑해)' 순으로, 문장이 구성되어 있다는 것을 알 수 있어요.

예 **문법**은 읽기, 듣기, 말하기, 쓰기와 직접적인 관련이 있어요.

> **함께 알아보기!**
> · **언어** 言語 [말씀 언, 말씀 어]: 생각이나 감정을 말이나 글로 전달하는 수단 영 language

미닫이

옆으로 밀어서 열고 닫는 창이나 문 고유어
영 sliding door

'밀어서 닫다'의 뜻을 나타내는 '미닫' 뒤에 접사 '이'가 붙어서 만들어진 파생어예요. 미닫이는 구개음화에 따라 [미다지]로 읽어야 해요. 구개음화란 끝소리가 'ㄷ, ㅌ'인 글자 뒤에 'ㅣ' 모음이 함께 쓰이면 구개음인 'ㅈ, ㅊ'으로 바뀌는 현상을 말해요.

예 옆으로 밀면 **미닫이**, 앞뒤로 열면 여닫이라고 생각하면 헷갈리지 않을 거야.

> **함께 알아보기!**
> · **구개음** 口蓋音 [입 구, 덮을 개, 소리 음]: 발음할 때 혀가 센입천장(경구개)에 닿아서 나는 소리
> 영 palatal 비 입천장소리, 경구개음
> 예 자음 'ㅈ, ㅉ, ㅊ'은 대표적인 **구개음**이에요.

보고

말이나 글로 알림 報告 [알릴 **보**, 고할 **고**]
영 report 비 보고서, 리포트

일에 관한 내용이나 결과를 말이나 글로 알리는 것을 보고라고 해요. '보고서'의 준말이기도 해요. 우리는 조사나 답사를 한 후에 보고서를 써서 기록으로 남겨요. 보고서를 쓸 때는 사실과 의견을 구별하여 정확하고 구체적으로 쓰는 것이 좋답니다.

例 사건 현장으로 간 기자는 방송을 통해 피해 상황을 생생하게 **보고**했어요.

> **함께 알아보기!**
>
> • **답사** 踏査 [밟을 **답**, 조사할 **사**]: 현장에 가서 직접 조사함 영 exploration
>   例 가을에 있을 수학여행을 대비해 선생님들께서는 사전 **답사**를 다녀왔어요.

복합어

겹쳐서 합한 말 複合語 [겹칠 **복**, 합할 **합**, 말씀 **어**]
영 compound 비 거듭씨, 겹낱말 반 단일어

더 작은 부분으로 나눌 수 있는 낱말을 복합어라고 해요. 복합어에는 합성어와 파생어가 있어요. '바늘방석'처럼 뜻이 있는 두 낱말 '바늘'과 '방석'을 합하여 이루어진 낱말을 합성어, '선생님'처럼 뜻이 있는 말 '선생'과 뜻을 더해 주는 말 '님'을 합한 낱말을 파생어라고 해요.

例 '김'과 '밥'으로 나눌 수 있는 '김밥'은 **복합어**도 되고, 합성어도 돼요.

> **함께 알아보기!**
>
> • **합성어** 合成語 [합할 **합**, 이룰 **성**, 말씀 **어**]: 둘 이상의 어근이 결합하여 이루어진 단어
>   例 사과나무는 '사과'와 '나무'가 합쳐진 **합성어**예요.
>
> • **파생어** 派生語 [물갈래 **파**, 날 **생**, 말씀 **어**]: 어근과 접사로 이루어진 단어
>   例 풋사과는 접사 '풋'과 어근 '사과'가 합쳐진 **파생어**예요.

비유법
다른 대상에 빗대어 표현하는 수사법 比喩法 [견줄 **비**, 깨우칠 **유**, 법 **법**]
영 figures of speech

비유법에서 표현하고자 하는 대상을 '원관념', 빗대어 표현한 대상을 '보조관념'이라고 해요. '내 마음은 호수요.'라는 구절에서 '마음'은 원관념이고, '호수'는 보조관념이에요. 비유법에는 은유법, 의인법, 직유법 등이 있어요.

예 **비유법**을 사용하면 대상을 생생하고 알기 쉽게 전달할 수 있어요.

> **함께 알아보기!**
> • **수사법** 修辭法 [닦을 **수**, 말 **사**, 법 **법**]: 말이나 글을 다듬어 꾸미는 방법   영 rhetoric
>   예 **수사법**은 표현 방법에 따라 비유법, 강조법, 변화법 등 크게 3가지로 나뉘어요.

설명문
서술하여 밝히는 글 說明文 [서술할 **설**, 밝을 **명**, 글월 **문**]
영 expository text

어떤 지식이나 정보를 잘 이해할 수 있게 풀어 쓴 글이에요. 설명문을 쓸 때는 내용을 잘 모르는 사람도 쉽게 이해할 수 있도록 객관적인 정보를 정확하게 써야 해요.

예 **설명문**은 '처음, 가운데, 끝'의 구조로 짜여 있는 것이 특징이에요.

> **함께 알아보기!**
> • **안내문** 案內文 [책상 **안**, 안 **내**, 글월 **문**]: 어떤 내용을 소개하여 알려 주는 글   영 notice

성분
어떤 것을 이루고 있는 부분 成分 [이룰 **성**, 나눌 **분**]
영 ingredient

어떤 사물의 바탕이 되는 한 부분 또는 문장을 이루는 요소를 말해요. 문장을 구성하는 주어, 목적어, 서술어, 관형어, 부사어 등을 문장 성분이라고 해요. 주어, 목적어, 서술어는 문장을 만들기 위해 반드시 필요한 성분이므로 '주성분'이라고 한답니다.

예 멸치에는 엄청난 칼슘 **성분**이 함유되어 있어 뼈 건강에 좋은 식품이에요.

어휘

말의 무리 語彙 [말씀 **어**, 무리 **휘**]
영 vocabulary **비** 단어, 낱말

일정한 범위 안에서 쓰이는 낱말 전체를 어휘라고 해요. 어휘가 단어보다 훨씬 크고 포괄적인 개념이에요. 단어가 하나하나의 낱말이라고 한다면, 어휘는 낱말의 집합을 의미한답니다.

예 독서를 많이 하면 다양한 **어휘**를 구사할 수 있는 능력이 생겨요.

> **함께 알아보기!**
> • **어휘력** 語彙力 [말씀 **어**, 무리 **휘**, 힘 **력**]: 어휘를 마음대로 부리어 쓸 수 있는 능력

연설문

의견을 펴서 말하는 글 演說文 [펼 **연**, 말씀 **설**, 글월 **문**]
영 text of a speech

여러 사람 앞에서 자기의 주장이나 의견을 발표하기 위해 쓴 글이에요. 연설문은 연설을 듣는 청중의 수준에 맞춰 써야 하고, 여러 사람 앞에서 말하는 글이므로 높임 표현을 사용해야 해요.

예 김구 선생의 **연설문** 「나의 소원」은 자나 깨나 우리나라의 독립을 염원한 글이에요.

외형률

밖에 드러나 있는 운율 外形律 [바깥 **외**, 모양 **형**, 법 **률**]
비 외재율 **반** 내재율

겉으로 드러나는 운율을 외형률이라고 해요. 외형률은 주로 시조와 같이 형식이 정해져 있는 시에 많이 나타나요. 글자 수를 일정하게 반복하는 것, 앞이나 뒤에 똑같은 글자를 배치하는 것으로 운율을 나타낼 수 있답니다.

예 대부분 정형시는 **외형률**, 자유시는 내재율로 되어 있어요.

> **함께 알아보기!**
> • **내재율** 內在律 [안 **내**, 있을 **재**, 법 **률**]: 일정한 형식이 없어 겉으로 드러나지 않는 운율

운율

운의 가락 韻律 [운 운, 법 율]
영 rhythm   비 리듬, 율격

시에서 느껴지는 말의 가락을 운율이라고 해요. 같은 낱말이 반복되거나 앞뒤 글자 수가 비슷하게 맞춰진 시를 읽다 보면 노래하는 느낌이 들 때가 있지요? 운율은 시를 음악처럼 느끼게 만드는 요소예요.

例 '달달 무슨 달 쟁반같이 둥근 달'처럼 노래하듯 흥얼거리게 되는 것이 **운율**이에요.

은유법

숨겨서 비유하는 방법 隱喩法 [숨길 은, 깨우칠 유, 법 법]
영 metaphor

사물의 상태나 움직임을 다른 대상에 숨겨서 나타내는 **표현 방법**을 말해요. '책은 마음의 양식이다'처럼 은유법은 주로 '~은/는 ~이다'를 사용하여 간접적으로 빗대어 표현해요.

例 '내 마음은 호수요'는 **은유법**을 사용해서 표현한 방법이에요.

함께 알아보기!

- **의인법** 擬人法 [흉내 낼 의, 사람 인, 법 법]: 사람이 아닌 것을 사람인 것처럼 표현하는 방법
  영 personification
  例 '참새가 노래해요'는 **의인법**을 사용해서 표현한 방법이에요.

- **직유법** 直喩法 [곧을 직, 깨우칠 유, 법 법]: 비슷한 성질을 가진 두 사물을 '같이, 처럼, 듯이'와 같은 말을 사용하여 직접 비유하는 방법   영 simile
  例 '쟁반같이 둥근 달'은 **직유법**을 사용해서 표현한 방법이에요.

의성어

소리를 흉내 낸 말
擬聲語 [흉내 낼 의, 소리 성, 말씀 어]

사람이나 사물의 소리를 흉내 낸 말이에 요. 말을 하거나 글을 쓸 때, 의성어나 의태어 를 사용하면 더욱 재미있고 실감 나게 표현할 수 있어요. 의성어는 '야옹야옹'처럼 반복되는 리듬을 가지고 있어서 말의 재미를 살려 쓸 수 있답니다.

예 '삐악삐악'은 병아리의 울음소리를 흉내 낸 **의성어**예요.

함께 알아보기!

- **의태어** 擬態語 [흉내 낼 의, 모양 태, 말씀 어]: 사람이나 사물의 모양을 흉내 낸 말
  예 '깡충깡충'은 토끼가 뛰어가는 모양을 흉내 낸 **의태어**예요.

인용

끌어다 씀 引用 [끌 인, 쓸 용]
영 quotation

남의 말이나 글 가운데서 필요한 부분을 끌어다 쓰는 것을 뜻해요. 다른 사람과 의 견을 나누거나 글을 쓸 때 전문가의 말이나 책에 나온 내용을 빌려서 얘기하면 훨씬 더 효과적이에요. 인용한 말은 작은따옴표(' ')나 큰따옴표(" ")에 넣어서 표현해요.

예 '백지장도 맞들면 낫다'는 속담을 **인용**하여 내 생각을 발표했어요.

일기

날마다 기록함 日記 [날 **일**, 기록할 **기**]
영 diary

하루 동안 자신이 겪은 일이나 생각, 느낌 등을 사실대로 적은 기록을 말해요. 일기는 그날 일어난 일 중에서 가장 인상 깊었던 일을 쓰면 되는데요, 날짜, 요일, 날씨를 쓰고, 가장 기억에 남는 이야기를 자기 생각과 함께 쓰면 돼요.

예 **일기**는 나의 생활을 기록하는 것이기 때문에 최대한 솔직하게 쓰는 것이 좋아요.

> **함께 알아보기!**
> • **생활문** 生活文 [날 **생**, 살 **활**, 글월 **문**]: 일상생활에서 일어난 이야기를 적은 글
> 예 일기, 편지, 기행문, 감상문은 **생활문**의 한 종류에 속해요.

작문

글을 지음 作文 [지을 **작**, 글월 **문**]
영 composition   비 글짓기

글을 짓는 것을 작문이라고 해요. 글을 쓸 때는 글을 읽는 사람이 누구인가를 먼저 떠올리고, 그에 알맞은 문장과 표현법 등을 생각해야 해요. 그리고 작문을 잘하려면 다양한 글을 읽고, 꾸준히 글을 쓰려는 노력이 중요해요.

예 우리말로 **작문**하는 것도 어려운데 영어로 하라니 눈앞이 캄캄해요.

저작권

작품을 만든 작가의 권리 著作權 [분명할 **저**, 지을 **작**, 권리 **권**]
영 copyright

창작물을 만든 사람이 가지는 권리를 저작권이라고 해요. 글, 그림, 사진, 노래, 동영상 등의 작품을 만든 사람을 저작자라고 해요. 이들의 허락을 받지 않고 이용하게 되면 저작권 침해가 된답니다.

예 사진에도 **저작권**이 있기 때문에 마음대로 가져다 쓰면 안 돼요.

> **함께 알아보기!**
> • **표절** 剽竊 [도둑질할 **표**, 훔칠 **절**]: 다른 사람이 만든 작품의 일부를 몰래 따다 쓰는 행위
> 영 plagiarism
> 예 남의 논문을 자기가 쓴 것처럼 **표절**하는 행위는 도둑질이나 다름없어요.

전기문

전하기 위해 기록한 글 傳記文 [전할 **전**, 기록할 **기**, 글월 **문**]
영 biography

한 사람의 일생을 사실에 근거해 다른 사람이 기록한 글을 말해요. 전기문은 한 인물이 태어나서 죽기까지 그의 성격, 업적, 사상 등을 소개하여 읽는 이에게 감동과 교훈을 주는 글이에요. 자서전, 회고록, 평전 등도 전기문에 속한답니다.

예 발명에 관심이 있다면 에디슨이나 장영실 같은 과학자의 **전기문**을 읽어 보세요.

> **함께 알아보기!**
>
> • **자서전** 自敍傳 [스스로 **자**, 펼 **서**, 전할 **전**]: 자신의 일생을 스스로 쓴 글 영 autobiography
>   예 『백범일지』는 김구 선생님이 직접 쓴 **자서전**이에요.
>
> • **회고록** 回顧錄 [돌 **회**, 돌아볼 **고**, 기록할 **록**]: 자신의 삶 중에서 특히 두드러진 부분을 돌이켜 생각하며 쓴 글 영 memoir
>   예 혜경궁 홍씨가 직접 쓴 **회고록** 『한중록』은 남편 사도세자와 관련된 일을 기록한 눈물의 일기예요.
>
> • **평전** 評傳 [평할 **평**, 전할 **전**]: 개인의 일생에 대한 평가를 쓴 글 영 critical biography
>   예 자서전과 회고록은 자신이 쓰고, 전기문과 **평전**은 다른 사람이 쓴다는 게 차이점이에요.

접두사

앞에 붙은 말 接頭辭 [붙을 **접**, 머리 **두**, 말 **사**]
영 prefix   비 접두어, 앞가지

어근이나 단어의 앞에 붙어 새로운 단어가 되게 하는 말이에요. '맨발'의 '맨', '개살구'의 '개', '새하얗다'의 '새'처럼 접두사는 단독으로는 사용할 수 없어요. 항상 다른 단어나 어근의 앞에 붙어 특정한 뜻을 더하거나 강조하면서 새로운 낱말을 만드는 역할을 해요.

예 '풋고추'의 '풋'을 **접두사**라고 해요.

> **함께 알아보기!**
>
> • **접미사** 接尾辭 [붙을 **접**, 꼬리 **미**, 말 **사**]: 어근이나 단어의 뒤에 붙어 새로운 단어가 되게 하는 말
>   영 suffix   비 접미어, 뒷가지
>   예 '지우개'의 '개'를 **접미사**라고 해요.

주어

주체가 되는 말 主語 [주인 주, 말씀 어]
영 subject 비 임자말, 주체

문장에서 동작이나 상태의 주체가 되는 말이에요. '누가 어떠하다. 무엇이 어찌하다.'에서 '누가' 또는 '무엇이'에 해당하는 부분이 주어예요. 문장에서 주어가 없다면 누구 또는 무엇에 대한 설명인지 알 수 없겠지요?

예 '토끼가 뜁니다'에서 **주어**는 '토끼가'예요.

함께 알아보기!

- **서술어** 敍述語 [펼 서, 지을 술, 말씀 어]: 주어의 움직임, 상태, 성질 따위를 풀이하는 말
  영 predicate 비 풀이말, 용언, 술어
  예 '나는 꽃을 샀어요'에서 **서술어**는 '샀어요'예요.

- **목적어** 目的語 [눈 목, 과녁 적, 말씀 어]: 문장에서 동작의 대상이 되는 말
  영 object 비 부림말, 객어
  예 '친구는 강아지를 좋아합니다'에서 **목적어**는 '강아지를'이에요.

퇴고

고치고 다듬음 推敲[밀 **퇴**, 두드릴 **고**]
영 revision　**비** 윤문, 글다듬기

글을 지을 때 여러 번 생각하여 고치고 다듬는 것을 말해요. 처음으로 완성한 원고를 바탕으로 퇴고를 할 때는 꼼꼼하게 살펴봐야 해요. 빠진 부분과 부족한 부분을 찾아 보완해야 하고, 불필요한 부분은 삭제해야 좋은 글을 탄생시킬 수 있어요.

예 퇴고할 때는 맞춤법이나 띄어쓰기가 올바른지 확인하는 것이 좋아요.

> **함께 알아보기!**
>
> · **원고** 原稿[근원 **원**, 원고 **고**]: 인쇄하거나 발표하기 위해 쓴 글　**영** manuscript
> 　**예** 국어 시간에 발표할 3분 말하기 **원고**를 써야 해요.

평서문

평범하게 말하는 문장 平敍文[평평할 **평**, 펼 **서**, 글월 **문**]
비 서술문

화자가 어떤 내용이나 자기 생각을 평범하게 설명하는 문장을 평서문이라고 해요. '나는 학생이다. 바다에 배가 떠 있네. 우리는 게임을 해요.'처럼 평서문을 끝맺을 때는 주로 '~다, ~네, ~요' 등의 종결 어미를 쓰고, 마침표(.)를 찍어요. 문장은 말하는 의도에 따라 평서문, 감탄문, 명령문, 의문문, 청유문으로 나눌 수 있답니다.

예 '학교에 다녀오겠습니다.'처럼 풀이하는 문장을 **평서문**이라고 해요.

> **함께 알아보기!**
>
> · **감탄문** 感歎文[느낄 **감**, 읊을 **탄**, 글월 **문**]: 느낌을 표현하는 문장
> 　**예** '정말 귀여운 강아지구나!'처럼 느낌을 나타내는 문장을 **감탄문**이라고 해요.
>
> · **명령문** 命令文[명할 **명**, 하여금 **령**, 글월 **문**]: 무엇을 하도록 시키는 문장
> 　**예** '공부해라.'처럼 시키는 문장을 **명령문**이라고 해요.
>
> · **의문문** 疑問文[의심할 **의**, 물을 **문**, 글월 **문**]: 궁금한 사항을 묻는 문장
> 　**예** '이건 뭐예요?'처럼 묻는 문장을 **의문문**이라고 해요.
>
> · **청유문** 請誘文[청할 **청**, 꾈 **유**, 글월 **문**]: 함께하기를 요청하는 문장
> 　**예** '같이 놀자.'처럼 권유하는 문장을 **청유문**이라고 해요.

문학

규중칠우쟁론기

규중 부인의 일곱 벗들이 다투고 논쟁한 기록
閨中七友爭論記 [안방 규, 가운데 중, 일곱 칠, 벗 우, 다툴 쟁, 말할 론, 기록할 기]

규방의 부인이 바느질할 때 없어서는 안 될 일곱 가지 도구 '바늘, 자, 가위, 인두, 다리미, 실, 골무'를 의인화하여 인간 사회를 풍자한 글이에요. 조선 후기의 작품으로 추측되는 작자 연대 미상의 고전 수필이에요.

예 『규중칠우쟁론기』는 바느질 도구들이 서로 자기가 잘났다고 뽐내지만, 결국 모두가 소중하다는 걸 깨닫는 이야기예요.

극본

연극의 바탕이 되는 글 劇本 [연극 극, 근본 본]
영 script   **비** 각본, 대본

연극이나 드라마 등을 공연하기 위하여 쓴 글을 극본이라고 해요. 극본에는 공연할 때 필요한 등장인물의 '대사'는 물론, 인물의 행동과 말투를 나타내는 '지문', 무대 장치나 배경 등을 설명하는 '해설'이 쓰여 있어요.

예 드라마 작가가 되려면 TV 드라마 **극본** 공모를 통해 당선되는 방법이 있어요.

> **함께 알아보기!**
>
> • **희곡** 戲曲 [연극 희, 악곡 곡]: 무대에서 공연하기 위해 쓰인 연극의 대본 **영** drama
>   **예** 우리 반은 학예 발표회 때 셰익스피어의 **희곡** 『베니스의 상인』을 연극하기로 했어요.
>
> • **시나리오** : 영화를 만들기 위해 쓴 각본 **영** scenario
>   **예** 희곡은 연극의 대본이고, **시나리오**는 영화의 대본이라는 게 달라.

금오신화

금오산에서 엮은 새로운 이야기

金鰲新話 [쇠 금, 자라 오, 새 신, 이야기 화]

조선 세조 때 김시습이 지은 **최초의 한문 소설**이에요. 김시습이 금오산에서 지내며 자유롭게 상상하여 쓴 작품으로, 『금오신화』에는 '남염부주지, 만복사저포기, 이생규장전, 용궁부연록, 취유부벽정기' 다섯 편의 소설이 실려 있어요. 현실과 비현실의 경계를 넘나드는 환상적이고 신비로운 분위기 속에서 이야기가 전개되는 게 특징이에요.

예 **『금오신화』**는 신이 주인공인 신화라고 착각하기 쉬운데요, 인간이 주인공인 소설이랍니다.

난중일기

전쟁 중에 매일 기록함

亂中日記 [어지러울 난, 가운데 중, 날 일, 기록할 기]

이순신 장군이 **임진왜란 때 전쟁을 겪으며 직접 쓴 일기**예요. 국보 제76호인 『난중일기』는 임진왜란이 일어난 1592년 1월부터 이순신 장군이 노량해전에서 전사하기 직전인 1598년 11월까지 쓴 일기예요. 전쟁을 지휘하는 장수가 직접 체험하며 보고 들은 사실을 기록한 희귀성을 인정받아 유네스코 세계 기록 유산에 등재되었답니다.

예 이순신 장군이 쓴 **『난중일기』**를 읽으면 한산대첩에 참여하고 있는 느낌이 들어요.

단심가

붉은 마음의 노래
丹心歌 [붉을 **단**, 마음 **심**, 노래 **가**]

고려 말에 정몽주가 이방원의 「하여가」에 답하여 고려에 대한 변하지 않는 충절을 읊은 시조예요.

> 이 몸이 죽고 죽어 일백 번 고쳐 죽어
> 백골이 진토되어 넋이라도 있고 없고
> 임 향한 일편단심이야 가실 줄이 있으랴

이 시조에는 고려를 끝까지 지키고 싶은 정몽주의 굳센 의지가 담겨 있어요. 이로 인해 정몽주는 선죽교에서 이방원의 부하에게 살해되는 운명을 맞이한답니다.

🗣 **단심가**는 '진심에서 우러나오는 변치 않는 마음'이라는 뜻이 담겨 있어요.

함께 알아보기!

- **하여가** 何如歌 [어찌 **하**, 같을 **여**, 노래 **가**]: 고려 말에 이방원이 충신 정몽주의 마음을 떠보고 되돌리기 위해 지은 시조
  🗣 이방원의 「**하여가**」는 '이런들 어떠하리~'로 시작하는 시조예요.

대사

무대 위에서 하는 말 臺詞 [무대 **대**, 말씀 **사**]
영 speech

연극이나 영화에서 인물이 직접 하는 말을 대사라고 해요. 대사는 말하기 방식에 따라 '대화, 독백, 방백'으로 나뉜답니다. 배우들은 작가가 쓴 대본에 따라 행동하고 말을 하게 되어 있어요. 하지만 어떤 배우들은 대본에도 없는 대사를 상황과 분위기에 따라 즉흥적으로 만들어 내기도 해요. 그것을 애드리브(ad lib)라고 한답니다.

🗣 나의 죽음을 알리지 말라고 외친 이순신 장군의 마지막 **대사**가 잊히지 않아요.

함께 알아보기!

- **독백** 獨白 [홀로 **독**, 흰 **백**]: 상대 배우 없이 혼잣말로 하는 대사 영 monologue
  🗣 햄릿이 "죽느냐 사느냐 그것이 문제로다"라고 한 **독백**은 특히 유명해요.
- **방백** 傍白 [곁 **방**, 흰 **백**]: 상대 배우는 있지만, 관객들에게 혼잣말하는 대사 영 aside
  🗣 정작 상대 배우는 모르고 관객들한테만 비밀을 얘기해 주는 **방백**이 제일 흥미진진해요.

동화

아이를 위한 이야기 童話 [아이 동, 이야기 화]
영 fairy tale

어린이를 위해 지은 이야기를 말해요. 동화는 영어로 'fairy tale', 즉 요정 이야기라는 뜻이에요. 그래서 서양에서는 동화에 요정이 많이 등장해요. 우리나라 동화에는 도깨비가 등장하고요. 이처럼 동화는 현실 세계를 벗어난 인물이 등장하거나 작가의 재미있는 상상력이 돋보이는 이야기들이 많답니다.

예 피터팬 **동화**에 등장하는 팅커벨은 사람과 비슷한 외모에 날개를 가진 요정이에요.

함께 알아보기!
· **전래 동화** 傳來童話 [전할 전, 올 래, 아이 동, 이야기 화]: 옛날부터 전해 내려오는 동화
  예 우리나라의 **전래 동화**는 대부분 '옛날 옛날에~'로 시작해요.

문학

글로 표현한 작품 文學 [글월 문, 배울 학]
영 literature

문학은 **자신의 감정이나 생각을 글로 표현한 예술 작품**이에요. 그래서 문학을 언어 예술이라고 해요. 대표적인 문학의 갈래에는 시, 소설, 희곡, 수필, 평론 등이 있어요.

예 **문학** 작품을 읽으면 다양한 인물의 삶을 간접적으로 경험할 수 있어요.

함께 알아보기!
· **평론** 評論 [평할 평, 말할 론]: 예술 작품의 가치나 옳고 그름을 평가하는 글
  영 criticism 비 비평
  예 문학 작품뿐만 아니라 미술, 음악, 영화 등 모든 예술 작품에 대해 **평론**을 쓸 수 있어요.

별주부전

별주부 이야기 鼈主簿傳 [자라 **별**, 주인 **주**, 장부 **부**, 전할 **전**]

비 토끼전, 토생원전

자라와 토끼를 의인화한 우화 소설이에요. 별주부의 '별'은 자라를 뜻하고, '주부'는 벼슬 이름이에요. 토끼의 간을 먹으면 병이 낫는다는 용왕을 위해 육지로 나간 자라는 토끼를 꾀는 데 성공해요. 하지만 토끼는 간을 빼놓고 다닌다고 용왕을 속여 죽음을 피할 수 있었어요.

예 『**별주부전**』은 '수궁가'라는 판소리로 불리다가 조선 후기에 우화 소설로 기록되었어요.

함께 알아보기!

- **흥부전** 興夫傳 [일 **흥**, 지아비 **부**, 전할 **전**]: 욕심 많은 형 놀부와 착한 동생 흥부의 이야기

  예 『**흥부전**』은 우리나라의 대표적인 고대 소설 중 하나예요.

산문

자유롭게 쓴 글 散文 [흩을 **산**, 글월 **문**]
영 prose　　**비** 줄글　　**반** 운문

형식에 얽매이지 않고 자유롭게 쓴 글이에요. 소설, 동화, 수필, 희곡, 평론, 일기, 신문 기사와 같이 운율을 느낄 수 없는 글을 산문이라고 하고, 시 또는 시조와 같이 운율을 느낄 수 있는 글을 '운문'이라고 해요.

예 전국 어린이 글쓰기 대회에서 홍길동 학생이 **산문** 부분 장원을 차지했어요.

> **함께 알아보기!**
> • **운문** 韻文 [운 **운**, 글월 **문**]: 일정한 운율이 있는 글　**영** verse

삼국사기

세 나라의 역사를 기록함
三國史記 [석 **삼**, 나라 **국**, 역사 **사**, 기록할 **기**]

고려 시대에 유학자 김부식이 임금의 명령을 받아 펴낸 역사책이에요. '신라, 고구려, 백제' 삼국의 역사를 기전체로 적었어요. 『삼국사기』는 왕의 전기인 '본기', 신하의 전기인 '열전', 여러 가지 제도에 대해 적은 '제도', 과거의 사건을 일어난 순서대로 적은 '연표' 등으로 이루어져 있어요.

예 『삼국사기』는 현재까지 전해 내려오는 우리나라 역사책 중에서 가장 오래됐어요.

> **함께 알아보기!**
> • **기전체** 紀傳體 [벼리 **기**, 전할 **전**, 몸 **체**]: 본기, 열전, 제도, 연표의 형식으로 역사를 서술하는 방법
> **예** 정인지, 김종서 등이 세종의 명을 받아 만든 『고려사』도 **기전체**로 쓴 역사서예요.

삼국유사

세 나라가 남긴 일
三國遺事 [석 **삼**, 나라 **국**, 남길 **유**, 일 **사**]

고려 후기 충렬왕 때 승려 일연이 펴낸 역사책이에요. '신라, 고구려, 백제' 삼국의 유사와 불교 이야기를 적었어요. 여기서 '유사'란 예로부터 전해 내려오는 일을 뜻해요. 그래서 『삼국유사』에는 신화나 설화, 민간에서 전해 오는 재미있는 이야기들이 많이 담겨 있어요. 『삼국유사』는 『삼국사기』보다 130여 년 뒤에 나왔지만, 단군왕검의 이야기가 실려 있다는 게 특징이에요.

예 『삼국사기』는 나라에서 만든 책이고, 『**삼국유사**』는 개인이 지은 책이라는 점이 달라요.

서유견문 서양을 여행하며 보고 들음

西遊見聞 [서녘 서, 여행할 유, 볼 견, 들을 문]

조선 고종 때 유길준이 미국과 유럽을 여행하면서 느낀 점을 기록한 책이에요. 서양의 선진 문물을 접하고 온 유길준은 자신이 보고 들은 것을 글로 정리하여 고종에게 바쳤어요. 그 당시 글들은 대부분 한문으로 기록되었는데, 『서유견문』은 한글과 한문을 섞어 쓴 국한문체로 쓴 최초의 기행문이에요.

예 유길준의 『서유견문』을 보고 수많은 잡지와 신문이 국한문체를 따라 썼다고 해요.

설화

말로 전해 오는 이야기 說話 [말씀 설, 이야기 화]
영 tale 비 고담, 옛이야기

입에서 입으로 전해져 온 **옛이야기**를 설화라고 해요. 신화, 전설, 민담과 같은 옛이야기가 모두 설화예요. 누가 언제 지었는지 모르지만, 설화가 오랫동안 사람들의 입에서 입으로 전해지면서 사랑받은 이유는 우선 재미있기 때문이에요. 설화는 '인물, 사건, 배경'의 이야기 구조를 지니고 있어 소설의 토대가 되었답니다.

예 몇 번 들어도 재미있는 **설화** 속에는 삶의 지혜와 교훈이 담겨 있어요.

> **함께 알아보기!**
>
> - **신화** 神話 [귀신 신, 이야기 화]: 신적인 존재에 관한 이야기 영 myth
>   예 그리스 로마 신화도 재미있지만, 고조선을 세운 단군 **신화**는 더 재미있어.
>
> - **전설** 傳說 [전할 전, 말씀 설]: 구체적인 장소나 인물에 얽힌 이야기 영 legend
>   예 강원도 황지의 '장자못 전설'처럼 **전설**은 장소가 구체적으로 나타나 있어.
>
> - **민담** 民譚 [백성 민, 이야기 담]: 민중들 사이에 전해진 이야기 영 folktale 비 민간 설화
>   예 '옛날 옛날에~'로 시작하는 **민담**은 장소도 막연하고 이름도 없는 평범한 인물이 등장해.

소설

꾸며 쓴 이야기 小說 [작을 소, 이야기 설]
영 novel 비 픽션

현실에 있음 직한 일을 바탕으로 꾸며 쓴 이야기를 말해요. 소설의 가장 큰 특징은 실제 있었던 일이 아니라 작가가 상상하여 꾸며 낸 이야기라는 점이에요. 이런 허구성 때문에 소설은 생명력이 길어요. 소설은 『홍길동전』과 같이 옛날에 쓰인 '고전 소설'과 『어린 왕자』와 같이 오늘날에 쓰인 '현대 소설'로 나눌 수 있어요. 또한, 분량에 따라 콩트, 단편 소설, 중편 소설, 장편 소설로 나뉜답니다.

> **함께 알아보기!**
>
> - **콩트** : 단편 소설보다 더 짧은 형식의 소설 영 conte
>   예 **콩트**는 단편 소설보다 착상이 기발하고, 유머와 풍자가 담겨 있어요.

수필 붓 가는 대로 쓰는 글 隨筆[따를 수, 붓 필]
영 essay 비 에세이

일상생활에서 얻은 생각과 느낌을 자유롭게 쓴 글이에요. 수필은 소설처럼 상상하여 꾸며 쓰는 게 아니라 생활 속에서 직접 겪은 일을 쓴 거예요. 자신의 느낌이나 체험을 일정한 형식 없이 자유롭게 쓰는 것이 수필의 특징이랍니다.

예 우리나라에서는 박지원이 쓴 『열하일기』에서 '**수필**'이라는 단어를 처음 사용했어요.

> **함께 알아보기!**
>
> • **열하일기** 熱河日記[더울 열, 물 하, 날 일, 기록할 기]: 조선 후기의 실학자 박지원이 청나라 열하를 다녀온 후 쓴 기행문
>   예 『**열하일기**』에 실려 있는 「허생전」과 「호질」은 허세를 부리는 양반층을 비판한 소설이에요.

 시 간결한 언어로 표현한 글 詩[시 시]
영 poetry 비 운문

자신의 생각이나 느낌을 노래하듯 짧게 표현한 글이에요. 시는 길게 풀어 쓰는 것이 아니라 짧은 형식 속에 자신의 감정을 압축적으로 담아내는 거예요. 이러한 표현 방식을 '함축적'이라고 한답니다. 시는 행과 연으로 이루어져 있어요. 시의 한 줄을 '행'이라고 하고, 하나 이상의 행이 모인 것을 '연'이라고 해요.

> **함께 알아보기!**
>
> • **정형시** 定型詩[정할 정, 모형 형, 시 시]: 일정한 형식과 규칙에 맞춰 쓴 시 반 자유시
>   예 시조는 현재까지 계속 창작되고 있는 우리 고유의 **정형시**예요.
>
> • **서사시** 敍事詩[펼 서, 일 사, 시 시]: 사건이나 인물의 이야기를 노래한 시 영 epic
>   예 『오디세이』는 호메로스가 지은 고대 그리스의 장편 **서사시**예요.
>
> • **극시** 劇詩[연극 극, 시 시]: 희곡 형식으로 된 시 영 dramatic poetry 비 시극
>   예 괴테의 『파우스트』는 유명한 **극시**예요.

시조

우리 고유의 시

時調 [때 **시**, 가락 **조**]

고려 말기부터 발달하여 온 우리나라 고유의 정형시를 시조라고 해요. 시조의 원래 이름은 '당시에 유행하던 노래'라는 뜻을 가진 '시절가조'였어요. 평시조는 시조의 대표적인 형태로써, 초장 – 중장 – 종장의 3장과 6구, 45자 내외의 글자 수로 이루어져 있어요.

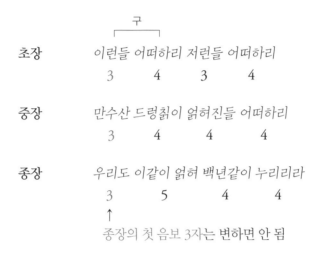

「하여가」

	구

초장　　이런들 어떠하리 저런들 어떠하리
　　　　　3　　4　　3　　4

중장　　만수산 드렁칡이 얽혀진들 어떠하리
　　　　　3　　4　　4　　4

종장　　우리도 이같이 얽혀 백년같이 누리리라
　　　　　3　　5　　4　　4
　　　　　↑
　　　종장의 첫 음보 3자는 변하면 안 됨

이와 같은 기본 글자 수는 약간씩 달라질 수 있지만, 종장의 첫 음보 3글자는 반드시 지켜야 해요.

연극

극본에 따라 연기함 演劇[펼 연, 연극 극]
영 theatre　비 연희

배우가 관객에게 어떤 사건이나 인물을 말과 동작으로 보여 주는 **예술**을 말해요.
연극은 연기를 하는 사람인 '배우', 연극을 하는 장소인 '무대', 연극을 관람하는 '관객',
연극의 대본인 '희곡'이 있어야 해요. 그래서 배우, 무대, 관객, 희곡을 연극의 4요소라
고 해요.

예 우리 모둠은 공개 수업 때 '토끼와 거북이' **연극**을 하기로 했어요.

> **함께 알아보기!**
>
> • **가면극** 假面劇[거짓 **가**, 낯 **면**, 연극 **극**]: 탈을 쓰고 하는 연극　영 mask play　비 가면희, 탈놀음
>   예 단옷날에 강릉에 가면 한국의 유일한 무언극인 관노 **가면극**을 볼 수 있어요.
> • **무언극** 無言劇[없을 **무**, 말씀 **언**, 연극 **극**] : 일어난 일을 대사 없이 몸짓과 표정으로만 전달하는
>   연극　영 pantomime　비 묵극, 마임, 팬터마임
>   예 말이 필요 없기 때문에 **무언극**은 전 세계 모든 사람이 즐길 수 있어요.

우화

동식물이나 사물을 사람에 빗댄 이야기 寓話[맡길 우, 이야기 화]
영 fable

동식물이나 사물을 사람처럼 묘사하여 교훈을 전달하는 이야기를 말해요. 우화에
는 사람처럼 말을 할 줄 아는 동물들이 주인공으로 많이 등장해요. 또한, 사람의 행동을
동물에 빗대어 풍자한 내용이 많고, 끝에 가서 교훈을 주는 이야기로 마무리돼요.

예 『이솝 **우화**』는 고대 그리스 사람인 이솝이 지었다고 전해지는 여러 우화들을 한데 모은 책
이에요.

> **함께 알아보기!**
>
> • **풍자** 諷刺[풍자할 **풍**, 찌를 **자**]: 남의 결점을 다른 것에 빗대어 재치 있게 비판함　영 satire

조선왕조실록

조선 왕조의 사실을 적은 기록
朝鮮王朝實錄 [아침 **조**, 고울 **선**, 임금 **왕**, 아침 **조**, 열매 **실**, 기록할 **록**]

조선 태조 때부터 철종 때까지 25대 472년간의 역사적 사실을 편년체로 쓴 책이에요. 26대 왕인 고종과 27대 왕인 순종 때의 기록은 일제 강점기에 일본인들이 주로 편찬했기 때문에 일반적으로 포함하지 않아요. 국보 제151호인『조선왕조실록』은 총 1,893권 888책으로 이루어진 세계 최대의 역사책으로, 기록이 상세하고 양이 방대하다는 점을 인정받아 유네스코 세계 기록 유산으로 등재되었어요.

예 『**조선왕조실록**』이 없었다면 세종 대왕이 얼마나 위대한 왕인지 몰랐을 거예요.

함께 알아보기!

- **실록** 實錄 [열매 **실**, 기록할 **록**]: 임금이 재위한 동안 있었던 모든 사실을 적은 기록
  예 실록은 사관이 왕을 따라다니며 기록해 두었다가 왕이 죽은 후에 편찬해요.

- **편년체** 編年體 [엮을 **편**, 해 **년**, 몸 **체**]: 역사적 사실을 연대순으로 기록하는 방법

지문

주어진 내용의 글 地文 [땅 지, 글월 문]

영 stage direction   **비** 바탕글, 바닥글

희곡에서 해설과 대사를 뺀 나머지 부분을 지문이라고 해요. 희곡은 연극을 하기 위한 대본으로, '해설, 대사, 지문'으로 이루어져 있어요. 지문은 인물의 행동이나 표정, 말투 등을 나타내고, 대사를 더욱 실감 나게 해 주는 역할을 한답니다.

예 희곡에서 인물의 행동이나 표정을 묘사한 **지문**은 괄호 안에 넣어 표현해요.

> **함께 알아보기!**
>
> • **해설** 解說 [풀 해, 말씀 설]: 희곡에서 무대 장치나 인물, 시간과 장소 등을 자세하게 설명하는 부분
> **영** narration
> **예** 희곡에서 이야기의 배경은 **해설**을 통해 알 수 있어요.

한중록

한가로운 가운데 씀

閑中錄 [한가할 한, 가운데 중, 기록할 록]

사도세자의 아내이자 정조의 어머니인 혜경궁 홍씨가 지은 자전적 회고록이에요. 남편 사도세자가 아버지 영조 임금에 의해 뒤주에 갇혀 죽은 비극적인 사건을 중심으로, 50년간의 궁중 생활과 자신의 일생을 되돌아보며 쓴 글이에요.

예 혜경궁 홍씨가 지은 『**한중록**』은 『계축일기』, 『인현왕후전』과 함께 조선 시대 3대 궁중 문학으로 꼽혀요.

> **함께 알아보기!**
>
> • **계축일기** 癸丑日記 [열째 천간 계, 소 축, 날 일, 기록할 기]: 인목대비 폐비 사건에 대한 궁중의 숨겨진 이야기를 기록한 수필   **비** 서궁록
> **예** 『**계축일기**』는 인목대비를 폐위하고 서궁에 유폐한 비극적 사건을 다루고 있어요.
>
> • **인현왕후전** 仁顯王后傳 [어질 인, 나타날 현, 임금 왕, 왕비 후, 전할 전]: 숙종이 인현왕후를 폐하고 장희빈을 맞아들인 궁중 비극을 생생하게 그려낸 소설
> **예** 『**인현왕후전**』에는 후궁이었던 장희빈이 인현왕후를 모함하여 폐위시키는 이야기가 실려 있어요.

홍길동전 — 홍길동 이야기

洪吉童傳[넓을 홍, 길할 길, 아이 동, 전할 전]

조선 광해군 때 허균이 지은 우리나라 최초의 한글 소설이에요. 능력이 뛰어나지만 서얼로 태어나 천대받던 홍길동이 집을 나와 율도국을 건설한다는 이야기예요. 적서 차별 제도와 탐관오리들의 횡포를 비판한 내용이랍니다.

예 『**홍길동전**』은 한글로 쓰여 한문을 알지 못하는 백성들에게 널리 읽혔어요.

> **함께 알아보기!**
>
> • **서얼** 庶孽 [여러 **서**, 서자 **얼**]: 양반과 양민 여성 사이에서 낳은 아들인 '서자'와 양반과 천민 여성 사이에서 낳은 아들인 '얼자'를 아울러 이르는 말
>   예 태종 때 만들어진 서얼 금고법에 의해 **서얼**들은 과거에 응시할 수 없었어요.
>
> • **적서** 嫡庶 [정실 **적**, 여러 **서**]: 정실이 낳은 아들인 '적자'와 양반과 양민 여성 사이에서 낳은 아들인 '서자'를 아울러 이르는 말
>   예 태종은 태조의 이복형제들과 정종의 형제들을 제거하기 위해 **적서** 차별을 만들었어요.

훈민정음 — 백성을 가르치는 바른 소리

訓民正音 [가르칠 **훈**, 백성 **민**, 바를 **정**, 소리 **음**]   비 한글

1443년에 세종 대왕이 만든 우리나라 글자를 이르는 말이에요. 『훈민정음해례본』에는 한글을 창제한 이유, 자음과 모음이 만들어진 원리, 이를 실제로 적용해 사용할 수 있는 방법이 상세하게 적혀 있어요. 국보 제70호인 『훈민정음해례본』은 세계에서 유일하게 문자의 창제 과정을 기록한 점을 인정받아 유네스코 세계 기록 유산으로 등재되었어요.

예 서울 광화문 세종 대왕 동상의 왼쪽 손에 들려 있는 것이 바로 『**훈민정음**해례본』이에요.

> **함께 알아보기!**
>
> • **한글** : 훈민정음을 20세기 이후에 달리 부르는 말   비 우리글
>   예 일제 강점기에 주시경 선생은 세종 대왕이 만든 우리말이 '언문'이라 불리는 것이 안타까워 **한글**이라는 새 이름을 붙여 주었어요.
>
> • **언문** 諺文 [상말 **언**, 글월 **문**]: '상말을 적는 문자'라는 뜻으로, 한글을 속되게 이르는 말
>   예 훈민정음이 창제되었을 때 양반들은 한글을 **언문**이라 부르며 업신여겼어요.

두 번째

수학

초등 전과목
어휘력 사전

수와 연산

가분수

가짜 분수 假分數 [가짜 가, 나눌 분, 셈 수]
영 improper fraction　반 진분수

분자가 분모와 같거나 분모보다 큰 수를 가분수라고 해요. 원래 분수는 1보다 작은 수를 나타내기 위해 만들어진 것이에요. 그래서 1보다 작은 진짜 분수는 '진분수'라고 하고, 1보다 같거나 큰 가짜 분수는 '가분수'라고 한답니다.

가분수
$$\frac{2}{2} = 1 \longleftarrow 자연수$$
$$\frac{3}{2} = 1\frac{1}{2} \longleftarrow 대분수$$

가분수는 자연수와 대분수로 나타낼 수 있어요.

함께 알아보기!

- **진분수** 眞分數 [참 진, 나눌 분, 셈 수]: 분자의 값이 분모보다 작은 수　영 proper fraction
  예 분수의 크기가 1보다 작은 $\frac{4}{6}$, $\frac{6}{7}$, $\frac{8}{9}$은 모두 **진분수**예요.

- **대분수** 帶分數 [띠 대, 나눌 분, 셈 수]: 자연수와 진분수의 합으로 이루어진 수
  영 mixed fraction　비 혼분수
  예 **대분수** $2\frac{1}{3}$은 $2+\frac{1}{3}$에서 가운데 덧셈 기호를 생략한 수예요.

어떤 수나 양을 몇 번이나 거듭한 만큼 고유어

영 double 비 곱, 갑절, 배 倍

곱절이나 갑절은 모두 '어떤 수나 양을 두 번 합한 만큼'의 뜻으로 쓰여요. 하지만 세 번 이상 합할 경우에는 곱절을 써야 해요.

2배: 갑절 ○   곱절 ○
3배: 세 갑절 ×   세 곱절 ○
4배: 네 갑절 ×   네 곱절 ○

> 갑절은 두 배를 나타낼 때만 쓰이고,
> 곱절은 '두 배, 세 배, 네 배…'에
> 다 쓰인답니다.

예 500은 100의 다섯 **곱절**이에요.

검산 **셈이 맞는지 검사함**

檢算 [검사할 검, 셈 산]

계산 결과가 맞는지 다시 조사하는 일을 검산이라고 해요. 특히 어려운 나눗셈을 할 때는 꼭 검산해서 그 결과가 맞았는지 틀렸는지 확인하는 것이 좋아요. 나눗셈에서 검산하는 식은 다음과 같아요.

★나눗셈 검산식: (나누는 수)×(몫)+(나머지)=(나눌 수)

Q 45÷11의 몫은 4, 나머지는 1이 맞는지 검산해 보세요.

$$45÷11=4 \cdots 1$$

나누는 수 ⟶ 11$\overline{)45}$ ⟵ 몫
⟵ 나눌 수
$\underline{44}$
1 ⟵ 나머지

검산 (11×4)+1=44+1=45

기약 분수

이미 약분이 된 분수 既約分數 [이미 기, 나눌 약, 나눌 분, 셈 수]

영 irreducible fraction　　비 줄인분수

분모와 분자의 공약수가 1뿐이어서 더 이상 약분되지 않는 분수를 기약 분수라고 해요. 기약 분수를 구할 때는 분모와 분자의 공약수로 약분할 수 없을 때까지 계속 약분하면 돼요. 하지만 최대 공약수로 약분하면 바로 기약 분수를 구할 수 있답니다.

12와 18의 최대 공약수는 6 → $\dfrac{12}{18} = \dfrac{12 \div 6}{18 \div 6} = \dfrac{2}{3}$ ← 기약 분수

예 $\dfrac{29}{87}$ 는 분모와 분자의 최대 공약수 29로 약분할 수 있으므로 **기약 분수**가 아니에요.

> **함께 알아보기!**
>
> · **약분** 約分 [나눌 약, 나눌 분]: 분수의 분모와 분자를 공약수로 나누어 간단하게 하는 일
> 　예 $\dfrac{13}{91}$ 을 최대 공약수 13으로 **약분**하면 $\dfrac{1}{7}$ 이 돼요.

나머지

나누어 똑 떨어지지 않고 남는 수　고유어

영 remainder

나눗셈에서 피제수를 제수로 나누었을 경우 **나누어떨어지지 않고 남는 수**를 나머지라고 해요.

피제수　몫
　┴　　┴
$7 \div 3 = 2 \cdots 1$
　　┬　　┬
　제수　나머지

피제수　몫
　┴　　┴
$70 \div 30 = 2 \cdots 10$
　　　┬　　┬
　　제수　나머지

> 7÷3의 몫과 70÷30의 몫은 2로 같지만,
> 나머지는 1과 10으로 서로 다르답니다.

등식

같음을 표시하는 식 等式 [같을 등, 법 식]
영 equality   **비** 부등식

등호 '='를 사용하여 두 수나 식이 같음을 나타낸 관계식을 등식이라고 해요. 등식의 양변에 같은 수를 더하거나 빼도, 곱하거나 0이 아닌 같은 수로 나누어도 등식이 성립된답니다.

$$4+2 = 8-2$$

좌변   우변
양변

등호의 왼쪽 부분을 좌변, 오른쪽 부분을 우변이라고 해요.
좌변과 우변을 합하여 양변이라고 해요.

예 '9의 2배에 7을 더한 값은 25와 같다'를 **등식**으로 나타내면 '9×2+7=25'가 돼요.

함께 알아보기!

• **등호** 等號 [같을 등, 부호 호]: 두 수나 식이 같음을 나타내는 부호 '='를 이르는 말
영 equal sign   **비** 같음표, 이퀄

등식의 양변에 같은 수를 더하거나 빼도 등식이 성립해요!

몫

나눗셈에서 피제수를 제수로 나누어 얻는 수 고유어

🅔 quotient

나눗셈에서 피제수를 제수로 나누어 얻는 수를 몫이라고 해요.

$$\overset{\text{피제수}}{90} \div \underset{\text{제수}}{15} = \overset{\text{몫}}{6} \qquad \overset{\text{피제수}}{900} \div \underset{\text{제수}}{150} = \overset{\text{몫}}{6}$$

> 90 나누기 15의 몫은 6이에요.
> 90÷15의 몫과 900÷150의 몫은 6으로
> 서로 같답니다.

함께 알아보기!

- **제수** 除數 [덜 **제**, 셈 **수**]: 나눗셈에서 어떤 수를 나누는 수
  예 51÷17=3에서 피제수는 51, **제수**는 17, 몫은 3이에요.

- **피제수** 被除數 [입을 **피**, 덜 **제**, 셈 **수**]: 어떤 수를 다른 수로 나눌 때, 그 처음의 수
  예 801÷89＝9에서 **피제수**는 801, 제수는 89, 몫은 9예요.

무량대수

헤아릴 수 없는 큰 수

無量大數 [없을 **무**, 헤아릴 **량**, 큰 **대**, 셈 **수**]

이루 다 헤아릴 수 없는 큰 수, 불가사의의 만 배가 되는 수, 10^{68}을 무량대수라고
해요. 무량대수는 한자 문화권에서 사용되는 수의 단위로, 모든 수 가운데 가장 큰 수예
요. 10을 무려 68번이나 곱해야 하니까요.

| 10^{12} | 10^{16} | 10^{20} | $\cdots$ | 10^{60} | 10^{64} | 10^{68} |
| 조 | 경 | 해 | | 나유타 | 불가사의 | 무량대수 |

예 **무량대수**는 숫자 1 뒤에 0을 68개나 붙여야 하는 큰 수예요.

함께 알아보기!

- **불가사의** 不可思議 [아닐 **불**, 옳을 **가**, 생각 **사**, 의논할 **의**]: 나유타의 만 배가 되는 수. 10^{64}

미지수

알지 못하는 수 未知數 [아닐 **미**, 알 **지**, 셈 **수**]
(영) unknown (비) 변수

값을 알지 못하여 구해야 하는 수를 미지수라고 해요. 미지수는 흔히 '□'로 나타내기도 하고, 'x'나 'y' 같은 알파벳 문자를 이용하여 나타내기도 해요.

Q 다음 두 식의 미지수 값을 구해 보세요.

$$\square + 3 = 7 \qquad 7 - x = 3$$

미지수   미지수

위 등식의 미지수 값은 둘 다 4예요. 이처럼 미지수는 방정식을 풀어 구하려는 값을 뜻해요.

함께 알아보기!

- **방정식** 方程式 [모 **방**, 한도 **정**, 법 **식**]: 미지수가 들어 있는 등식 (영) equation
  (예) x+2=8의 **방정식**이 참이 되려면 x=6이 돼야 해요.

배수

곱절이 되는 수 倍數 [곱 **배**, 셈 **수**]
(영) multiple (비) 곱수

어떤 수의 곱절이 되는 수를 배수라고 해요. 어떤 수의 배수는 무수히 많아요.
1배, 2배, 3배, 4배, 5배 … 끝없이 구할 수 있거든요.

3의 배수: 3, 6, 9, 12, 15 …

(예) 모든 자연수는 1의 **배수**이고, 어떤 수의 배수 중 가장 작은 수는 자기 자신이에요.

함께 알아보기!

- **공배수** 公倍數 [공평할 **공**, 곱 **배**, 셈 **수**]: 어떤 두 수의 공통된 배수
  (예) 6과 8의 **공배수**는 24, 48, 72 … 로 무수히 많아요.

- **최소 공배수** 最小公倍數 [가장 **최**, 작을 **소**, 공평할 **공**, 곱 **배**, 셈 **수**]: 공배수 중에서 가장 작은 수
  (예) 6과 8의 **최소 공배수**는 24예요.

부등식

같지 않음을 나타내는 식 不等式 [아닐 **부**, 같을 **등**, 법 **식**]
영 inequality   반 등식

부등호를 사용하여 두 수나 식의 대소 관계를 나타낸 식을 부등식이라고 해요.

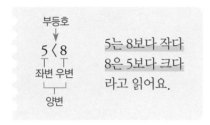

5는 8보다 작다
8은 5보다 크다
라고 읽어요.

부등식의 양변에 같은 수를 더하거나 빼도, 같은 양수를 곱하거나 나누어도 부등호의 방향은 바뀌지 않아요. 하지만 같은 음수를 곱하거나 나누면 부등호의 방향은 바뀐답니다.

예 '396은 389보다 크다'를 **부등식**으로 나타내면 '396>389'가 돼요.

> **함께 알아보기!**
>
> • **부등호** 不等號 [아닐 **부**, 같을 **등**, 부호 **호**]: 두 수 사이의 대소를 나타내는 기호 〈 와 〉, ≥ 와 ≤를 이르는 말
>
> 예 **부등호**는 터진 쪽이 크고, 뾰족한 쪽이 작다는 것을 나타내요.

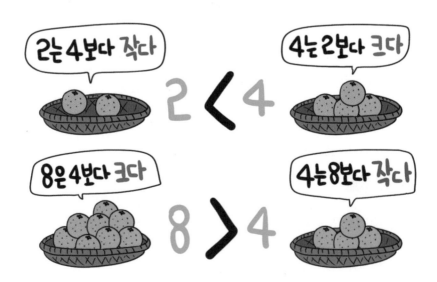

분수

전체에 대한 부분을 나타낸 수 分數 [나눌 분, 셈 수]

영 fraction

어떤 수를 0이 아닌 수로 나눈 몫을 가로선으로 나타낸 수를 분수라고 해요. 분수는 분자와 분모로 이루어져 있어요. 가로선 위쪽에 있는 수를 분자라고 하고, 아래쪽에 있는 수를 분모라고 해요.

가로선 ⟶ $\dfrac{1}{2}$ ⟵ 분자 ⟵ 분모   '2분의 1'이라고 읽어요.

분수 $\frac{1}{2}$은 전체 1을 2로 나눈 것 중의 하나예요.
분자 1은 나눌 수이고, 분모 2는 나누는 수를 뜻해요.

$\dfrac{1}{8}$ < $\dfrac{1}{6}$ < $\dfrac{2}{6}$

함께 알아보기!

· **분모** 分母 [나눌 분, 어미 모]: 분수의 가로선 아래에 적은 수   **영** denominator

   예 분자가 1인 분수에서는 **분모**가 더 작은 분수의 크기가 더 커요. $\dfrac{1}{3} > \dfrac{1}{5}$

· **분자** 分子 [나눌 분, 아들 자]: 분수의 가로선 위에 적은 수   **영** numerator

   예 분모가 같은 분수에서는 **분자**가 더 큰 분수의 크기가 더 커요. $\dfrac{2}{4} < \dfrac{3}{4}$

사칙 연산

네 가지 셈법을 이용한 계산 四則演算 [넉 사, 법칙 칙, 펼 연, 셈 산]

비 사칙계산

덧셈, 뺄셈, 곱셈, 나눗셈을 이용하는 셈을 말해요. 사칙 연산의 기호로는 덧셈 기호(+), 뺄셈 기호(−), 곱셈 기호(×), 나눗셈 기호(÷)가 있어요. 연산 기호에 따라 지켜야 하는 계산 순서나 방법이 있답니다.

함께 알아보기!

· **연산** 演算 [펼 연, 셈 산]: 수나 식을 정해진 규칙에 따라 계산하는 것

소수

일의 자리보다 작은 자릿값을 가진 수 小數 [작을 소, 셈 수]
영 decimal

소수는 일의 자릿수 다음에 소수점(.)을 찍어 나타내요. 소수 0.1은 '영 **점** 일'이라고 읽고, 소수 0.234는 '영 **점** 이삼사'라고 읽어요.

> 56.789 오십육 점 칠팔구 ← 소수점 뒤의 수는 자릿값을 붙이지 않고
> ┬   하나하나 읽어요.
> 소수점

소수에서 끝자리 0은 생략할 수 있기 때문에 56.789와 56.7890의 크기는 같아요.

예 같은 수를 $\frac{1}{10}$=0.1처럼 분수와 **소수**로 다르게 표현할 수 있어요.

함께 알아보기!

· **소수점** 小數點 [작을 소, 셈 수, 점 점]: 소수 부분과 정수 부분을 구별하기 위하여 찍는 점
  예 3.14는 정수 부분 3, 소수점, 소수 부분 0.14로 이루어진 수예요.

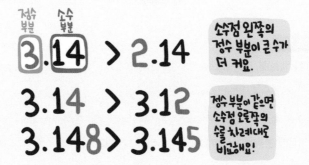

수학

숫자에 관한 학문 數學 [셈 수, 배울 학]
영 mathematics   비 산학, 산수

수량 및 공간의 성질에 대해 연구하는 학문을 수학이라고 해요. 초등학교에서 배우는 '수와 연산, 도형, 측정, 규칙성, 자료와 가능성' 등이 수학의 영역에 속해요.

함께 알아보기!

· **산수** 算數 [셈 산, 셈 수]: 수를 계산하는 방법   영 arithmetic   비 산법, 셈법

암산

속으로 하는 셈 暗算 [어두울 **암**, 셈 **산**]
영 mental arithmetic **비** 속셈, 주먹셈

필기도구, 계산기를 사용하지 않고 머릿속으로 계산하는 것을 말해요.

> **함께 알아보기!**
>
> • **필산** 筆算 [붓 **필**, 셈 **산**]: 종이와 연필을 이용하여 계산하는 것
> **예** 필산을 하면 계산 과정과 방법을 명확히 알 수 있어요.

약수

나누어떨어지게 하는 수 約數 [나눌 **약**, 셈 **수**]
영 divisor

어떤 수를 나머지 없이 나누어떨어지게 하는 수를 약수라고 해요.

Q 6의 약수를 구해 볼까요?

$6 \div 1 = 6$
$6 \div 2 = 3$ ← 약수는 나눗셈으로도 구할 수 있고, $1 \times 6 = 6$
$6 \div 3 = 2$ 곱셈으로도 구할 수 있어요. → $2 \times 3 = 6$
$6 \div 6 = 1$

> 숫자 6을 나머지 없이 나누어떨어지게 하는 자연수는 1, 2, 3, 6이에요.
> 따라서 6의 약수는 1, 2, 3, 6이랍니다.

예 1은 모든 수의 **약수**이고, 어떤 수의 약수 중 가장 큰 수는 자기 자신이에요.

> **함께 알아보기!**
>
> • **공약수** 公約數 [공평할 **공**, 나눌 **약**, 셈 **수**]: 어떤 두 수의 공통된 약수 **비** 공통 약수
> **예** 12와 18의 **공약수**는 1, 2, 3, 6이에요.
> • **최대 공약수** 最大公約數 [가장 **최**, 큰 **대**, 공평할 **공**, 나눌 **약**, 셈 **수**]: 공약수 중에서 가장 큰 수
> **예** 12와 18의 **최대 공약수**는 6이에요.

자연수

수를 셀 때 쓰는 자연스러운 수 自然數 [스스로 **자**, 그러할 **연**, 셈 **수**]
영 natural number

1부터 시작하여 하나씩 더하여 얻을 수 있는 모든 수를 자연수라고 해요. 양의 정수인 자연수는 수를 세거나 순서를 매길 때 사용해요. 1, 2, 3, 4, 5 … 와 같이 인간이 오랫동안 사용해 온 가장 자연스러운 수랍니다.

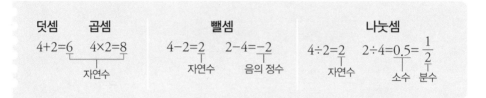

자연수의 덧셈과 곱셈의 결과는 자연수로 나오지만, 자연수의 뺄셈과 나눗셈의 결과는 반드시 자연수가 아닐 수도 있어요.

함께 알아보기!

- **정수** 整數 [가지런할 **정**, 셈 **수**]: 양의 정수, 0, 음의 정수를 통틀어 이르는 말   영 integer
  예 1, 2, 3은 양의 정수, -1, -2, -3은 음의 **정수**예요.

통분 서로 다른 분수의 분모를 같게 하는 것

通分 [통할 **통**, 나눌 **분**]

분모가 다른 분수의 크기를 비교하거나, 덧셈과 뺄셈을 할 때 통분을 이용해요. 통분하여 같아진 분모를 '공통분모'라고 하는데, 보통 각 분모의 최소 공배수를 공통분모로 삼아요. 통분할 때는 두 분모의 곱으로 통분하는 방법과 최소 공배수로 통분하는 방법이 있어요.

두 분모의 곱으로 통분하기

$$\frac{5}{6} = \frac{5 \times 4}{6 \times 4} = \frac{20}{24} , \quad \frac{3}{4} = \frac{3 \times 6}{4 \times 6} = \frac{18}{24}$$

두 분모 6과 4의 곱 24

두 분모의 최소 공배수로 통분하기

$$\frac{5}{6} = \frac{5 \times 2}{6 \times 2} = \frac{10}{12} , \quad \frac{3}{4} = \frac{3 \times 3}{4 \times 3} = \frac{9}{12}$$

두 분모 6과 4의 최소 공배수 12

> **함께 알아보기!**
> · **등분** 等分 [무리 **등**, 나눌 **분**]: 분량을 똑같이 나눔 영 equal division

---

합 더함 合 [합할 **합**]

영 sum 비 합계

둘 이상의 수나 식을 더하여 얻은 값을 합이라고 해요. 합은 더하기이고, 차는 빼기라고 생각하면 돼요. 어떤 두 수를 구할 때 합과 차를 알면 쉽게 두 수를 구할 수 있어요.

> **Q** □와 △의 합은 30, 차는 6일 때 □와 △의 값은? (단, □ 〉 △)
>
> 두 수의 합　두 수의 차
> $(□ + △) + (□ - △) = 30 + 6 = 36$　　　$□ + △ = 30$
> $□ + □ = 36$　　　　　　　　　　　　$18 + △ = 30$
> $□ = 18$　　　　　　　　　　　　　　$△ = 12$

> **함께 알아보기!**
> · **차** 差 [다를 **차**]: 어떤 수를 빼고 얻은 나머지 값 영 remainder 비 차이
>   예 9와 4의 합은 13이고, 9와 4의 차는 5예요.

혼합 계산

뒤섞어 합쳐 놓은 셈 混合計算 [섞을 혼, 합할 합, 셀 계, 셈 산]
(비) 혼합산

하나의 식에 덧셈, **뺄셈**, 곱셈, 나눗셈 등 여러 가지 부호가 섞여 있는 계산을 혼합 계산이라고 해요. 혼합 계산에서는 계산 순서가 무엇보다 중요해요.

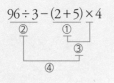

덧셈, 뺄셈, 곱셈, 나눗셈이 섞여 있는 식을 계산할 때는 왼쪽에서 오른쪽으로 차례대로 하되 괄호( )를 우선으로 계산하고, 곱셈과 나눗셈을 덧셈과 뺄셈보다 먼저 계산해야 해요.

위 문제의 정답은 4예요. 답이 틀렸다면 계산 순서에 맞게 풀었는지 확인해 보세요.

> **함께 알아보기!**
>
> • **계산** 計算 [셀 계, 셈 산]: 수를 헤아림 또는 수나 식을 풀어 값을 구함
> (영) calculation (비) 셈, 연산

도형

각   두 직선이 만나서 생기는 모서리 角 [각도 각]
영 angle   **비** 각도

두 개의 직선이 한 점에서 만나 이루어진 도형을 각이라고 해요. 두 직선이 한 점에서 만나지 않거나 곡선으로 이루어진 도형은 각이 아니에요. 일반적으로 각의 크기를 기호로 나타낼 때는 ∡ 표시를 해요.

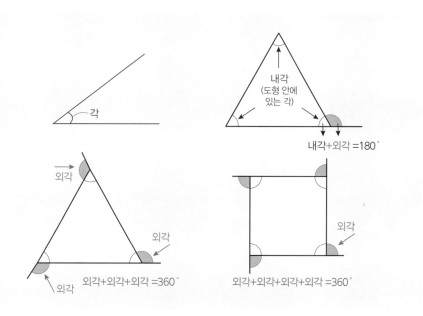

다각형의 안쪽에 생기는 각을 '내각'이라고 하고, 다각형의 한 변과 그 이웃한 변의 연장한 선분이 이루는 각을 '외각'이라고 해요. 다각형의 내각과 외각의 합은 항상 180˚예요.

다각형	삼각형	사각형	오각형
내각의 합	180˚	360˚	540˚
외각의 합	360˚	360˚	360˚

다각형의 내각의 합은 모두 다르지만, 외각의 합은 모두 360˚로 똑같아요.

곡선

굽은 선 曲線 [굽을 **곡**, 선 **선**]
영 curve　반 직선

모나지 않고 부드럽게 구부러진 선을 곡선이라고 해요. 곡선으로만 이루어진 도형은 꼭짓점이 없어요. 원과 포물선이 곡선에 속해요.

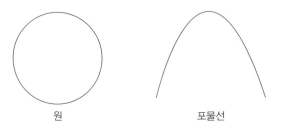

원　　　　　　　　포물선

함께 알아보기!

· **포물선** 抛物線 [던질 **포**, 만물 **물**, 선 **선**]: 물체가 반원 모양을 그리며 날아가는 선
영 parabola

구

공 球 [공 **구**]
영 sphere

반원의 지름을 회전축으로 하여 1회전 시킨 입체 도형이에요. 반원의 중심이 구의 중심이 되고, 반원의 반지름이 구의 반지름이 돼요. 구는 어느 방향으로 잘라도 단면은 항상 원이고, 구의 중심을 지나는 평면으로 잘랐을 때 가장 큰 원이 만들어져요. 반구는 반원의 지름을 회전축으로 하여 반회전 시킨 입체 도형이에요.

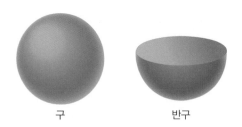

구　　　　　　　　반구

예 우리 주변에서 찾아볼 수 있는 **구** 모양에는 축구공, 구슬, 사탕 등이 있어요.

함께 알아보기!

· **반구** 半球 [반 **반**, 공 **구**]: 구의 절반　영 half sphere

다각형

각이 여럿인 도형 多角形 [많을 다, 각도 각, 꼴 형]

영 polygon   비 다변체, 다변형, 여러모꼴

3개 이상의 선분으로 둘러싸인 평면 도형을 다각형이라고 해요. 다각형은 변의 개수에 따라 삼각형, 사각형, 오각형, 육각형 … 등으로 나눌 수 있어요.

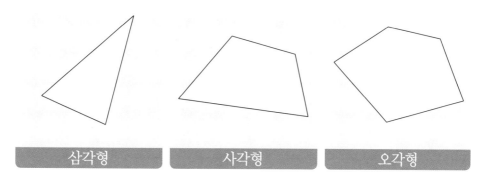

| 삼각형 | 사각형 | 오각형 |

함께 알아보기!

- **정다각형** 正多角形 [바를 정, 많을 다, 각도 각, 꼴 형]: 변의 길이와 내각의 크기가 모두 같은 다각형

영 regular polygon

예 마름모는 네 변의 길이는 같지만, 네 각의 크기가 모두 같지 않으므로 **정다각형**이 아니에요.

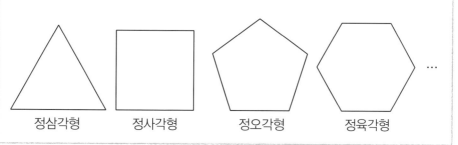

정삼각형   정사각형   정오각형   정육각형   …

다각형이 아닌 도형도 함께 알아볼까요?

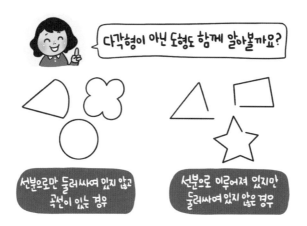

선분으로만 둘러싸여 있지 않고 곡선이 있는 경우

선분으로 이루어져 있지만 둘러싸여 있지 않은 경우

다면체

면이 여럿인 입체 多面體 [많을 다, 평면 면, 몸 체]
영 polyhedron　**비** 다변체, 다변형, 여러모꼴

다각형의 면으로 둘러싸인 입체 도형을 다면체라고 해요. 면의 수에 따라 사면체, 오면체, 육면체 … 등으로 나눌 수 있어요. 다면체의 종류로는 각기둥, 각뿔, 각뿔대가 있어요.

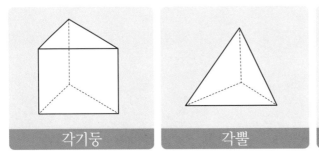

| 각기둥 | 각뿔 | 각뿔대 |

각뿔대란 각뿔을 밑면에 평행인 평면으로 잘랐을 때 생기는 입체 도형으로, 두 밑면의 크기가 다르고 옆면이 사다리꼴이에요.

예 원기둥의 윗면과 밑면은 **다각형**이 아닌 원으로 이루어져 있어 다면체가 아니에요.

> **함께 알아보기!**
>
> • **각기둥**: 다면체 중 위아래 면이 서로 평행하고 합동인 다각형으로 이루어진 도형　**영** prism
>   **예 각기둥**은 밑면의 모양에 따라 삼각기둥, 사각기둥, 오각기둥 등으로 나눌 수 있어요.
>
> • **각뿔**: 다면체 중 밑면이 다각형이고 옆면이 모두 삼각형인 도형　**영** pyramid
>   **예 각뿔**은 밑면의 모양에 따라 삼각뿔, 사각뿔, 오각뿔 등으로 나눌 수 있어요.

대각선

마주 대하는 각을 이은 선 對角線 [대할 대, 각도 각, 선 선]
영 diagonal

다각형에서 이웃하지 않은 두 꼭짓점을 이은 선분을 대각선이라고 해요.

 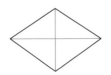

예 삼각형의 모든 꼭짓점은 서로 이웃하기 때문에 **대각선**을 그을 수 없어요.

마름모 네 변의 길이가 모두 같은 사각형 고유어

영 rhombus

마름모는 두 쌍의 마주 보는 변이 서로 평행이고, 마주 보는 두 각의 크기가 서로 같아요.

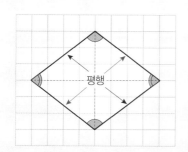

마름모의 두 대각선은 서로 길이가 다르지만, 수직으로 만나요.
마름모는 마주 보는 두 쌍의 변이 서로 평행하므로 평행 사변형이라고 할 수 있어요.

★**마름모의 넓이 = 한 대각선의 길이 × 다른 대각선의 길이 ÷ 2**

예 평행 사변형은 네 변의 길이가 모두 같지 않으므로 **마름모**라고 할 수 없어요.

모서리 입체 도형에서 면과 면이 만나는 선분 고유어

영 edge

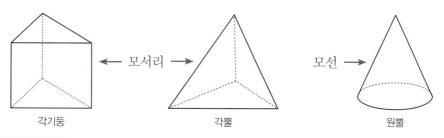

각기둥   각뿔   원뿔

삼각기둥	사각기둥	오각기둥	입체 도형	삼각뿔	사각뿔	오각뿔
9 (3×3)	12 (4×3)	15 (5×3)	모서리의 수	6 (3×2)	8 (4×2)	10 (5×2)

★**각기둥의 모서리 수 = 밑면의 변의 수 × 3**   ★**각뿔의 모서리 수 = 밑면의 변의 수 × 2**

함께 알아보기!

· **모선** 母線 [어미 **모**, 선 **선**]: 원뿔의 꼭짓점과 밑면인 원둘레의 한 점을 이은 선분
  예 원뿔의 **모선**은 무수히 많고, 길이는 모두 같아요.

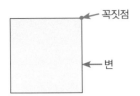

사각형

각이 네 개인 도형 四角形 [넉 사, 각도 각, 꼴 형]
🌐 quadrilateral　　🔵 사각, 네모꼴, 네모, 사변형

4개의 선분으로 둘러싸인 도형을 사각형이라고 해요. 다각형을 이루는 선분을 변이라 하고, 변과 변이 만나는 점을 꼭짓점이라고 해요. 사각형에는 변과 꼭짓점이 각각 4개씩 있어요.

← 꼭짓점

← 변

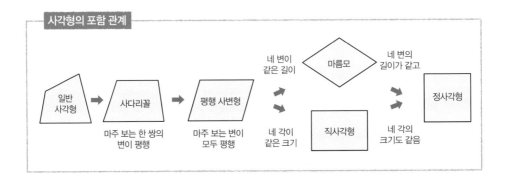

사각형의 포함 관계

일반 사각형 → 사다리꼴 → 평행 사변형

마주 보는 한 쌍의 변이 평행

마주 보는 변이 모두 평행

네 각이 같은 크기

네 변이 같은 길이

마름모

직사각형

네 변의 길이가 같고

네 각의 크기도 같음

정사각형

사다리꼴

마주 보는 한 쌍의 변이 서로 평행한 사각형 고유어
🌐 trapezoid

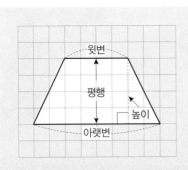

윗변
평행
높이
아랫변

평행 사변형, 마름모, 직사각형, 정사각형은 모두 사다리꼴이 될 수 있어요.
한 쌍의 변이 서로 평행한 사각형에 속하니까요.

★사다리꼴의 넓이 = (윗변+아랫변) × 높이 ÷ 2

삼각형

각이 세 개인 도형 三角形 [석 삼, 각도 각, 꼴 형]
영 triangle　비 삼각, 세모꼴, 세모

3개의 선분으로 둘러싸인 도형을 삼각형이라고 해요. 삼각형의 꼭짓점 개수는 3개, 변의 개수도 3개예요. 삼각형은 변의 길이에 따라 정삼각형, 이등변 삼각형, 부등변 삼각형으로 나눌 수 있어요.

정삼각형	**이등변 삼각형**	**부등변 삼각형**
세 변의 길이가 모두 같은 삼각형	두 변의 길이가 같은 삼각형	세 변의 길이가 모두 다른 삼각형

정삼각형은 이등변 삼각형이 될 수 있어요.
두 변의 길이가 같은 삼각형이라는 조건에 충족하니까요.

★삼각형의 넓이 = 밑변 × 높이 ÷ 2

선대칭

선을 사이에 둔 대칭 線對稱 [선 선, 대할 대, 일컬을 칭]
영 axial symmetry

직선을 사이에 두고 완전히 겹치는 대칭을 선대칭이라고 하고, 한 선을 기준으로 접었을 때 양쪽에서 완전히 겹치는 도형을 선대칭 도형이라고 해요. 이때, 기준이 된 직선을 대칭축이라고 하고, 대칭축을 중심으로 나뉜 두 도형은 서로 합동이에요.

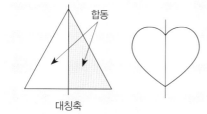
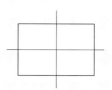

함께 알아보기!

・**대칭** 對稱 [대할 대, 일컬을 칭]: 기준이 되는 점, 선, 면을 사이에 두고 같은 거리에서 마주 보고 있는 것　영 symmetry

수선

수직으로 만나는 선 垂線 [드리울 수, 선 선]
영 vertical line　**비** 수직선

일정한 직선이나 평면과 만나 직각을 이루는 직선을 수선이라고 해요. 수직으로 만난 선이라고 해서 '수직선'이라고도 해요.

- 직선 ㄱㄴ에 대한 수선은 직선 ㄷㄹ이에요.
- 직선 ㄷㄹ에 대한 수선은 직선 ㄱㄴ이에요.
- 직선 ㄱㄴ과 직선 ㄷㄹ은 서로 수직이에요.

> 평면에서 두 직선이 서로 수직으로 만날 때, 한 직선을 다른 직선의 수선이라고 해요.

함께 알아보기!

- **수직** 垂直 [드리울 수, 곧을 직]: 두 직선이나 두 면이 만나 직각을 이루는 상태
  예 직선이 하나만 있을 때는 **수직**이나 수선이 될 수 없어요.

원

동그라미 圓 [둥글 원]
영 circle

일정한 점에서 같은 거리에 있는 점들의 집합을 원이라고 해요.

원주=원의 둘레
원의 중심　반지름
지름

원의 중심에서 원 위의 한 점까지의 거리를 반지름이라 해요.
한 원에서 반지름은 무수히 많이 그릴 수 있고,
반지름의 길이는 모두 같아요.
반지름의 길이를 알면 원의 둘레와 넓이를 구할 수 있어요.

★원의 넓이 = 반지름 × 반지름 × 3.14

함께 알아보기!

- **지름**: 원의 중심을 지나는 선분　**영** diameter　**비** 직경

원주율

원주와 지름의 비율 圓周率 [둥글 **원**, 둘레 **주**, 비율 **율**]
🔵 원둘레율

원주율은 **원의 둘레인 원주를 원의 지름으로 나눈 비**를 뜻하고, 기호는 파이(π)를 사용해요.

> ★**원주율 = 원주 ÷ 지름 = 3.141592653589··· = 약 3.14**

실제로 원주율은 끝없이 계속되는 소수이기 때문에 근삿값 3.14를 사용해요. 원주율은 원의 크기가 작든 크든 상관없이 늘 3.14로 일정하답니다. 그래서 지름 또는 반지름의 길이만 알면 원의 둘레를 구할 수 있어요.

> ★**원주(원의 둘레) = 지름 × 3.14**

> **함께 알아보기!**
> ・**원주** 圓周 [둥글 **원**, 둘레 **주**]: 원의 둘레   🔵 원둘레
> 예 지름이 3cm인 원의 **원주**는 3×3.14=9.42cm가 됩니다.

입체 도형

공간적으로 부피를 가지는 도형 立體圖形 [설 **입**, 몸 **체**, 그림 **도**, 꼴 **형**]
🟢 solid figure   🔴 평면 도형

공간에서 일정한 크기를 차지하는 도형을 입체 도형이라고 해요. 입체 도형은 각기둥, 각뿔, 원기둥, 원뿔, 구처럼 3차원 공간에 부피를 갖는 게 특징이에요.

| 원기둥 | 원뿔 | 구 |

예 직선은 1차원 도형, 직사각형은 2차원의 평면 도형, 직육면체는 3차원의 **입체 도형**이에요.

> **함께 알아보기!**
> ・**원기둥** : 윗면과 밑면이 서로 평행이고 합동인 원으로 이루어진 입체 도형 🟢 cylinder
> 예 원뿔에는 꼭짓점이 1개 있지만, **원기둥**에는 꼭짓점이 없어요.
> ・**원뿔** : 밑면이 원이고 옆면이 곡면인 뿔 모양의 입체 도형   🟢 cone
> 예 **원뿔**에는 모서리 대신 모선이 있어요.

전개도

펼쳐 연 그림 展開圖 [펼 전, 열 개, 그림 도]
ⓑ 펼친그림

입체 도형을 펼쳐서 평면에 나타낸 그림을 전개도라고 해요. 전개도를 보면 각 면의 모양이나 크기, 변의 수를 쉽게 알 수 있답니다.

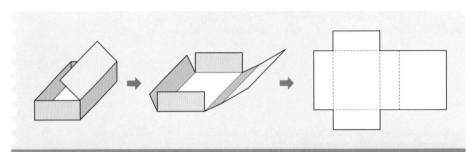

전개도는 서로 마주 보는 부분은 합동이 되도록 그려요.
접히는 부분은 점선으로, 나머지 부분은 실선으로 나타내요.

◉ 같은 입체 도형이라도 다양한 모양으로 **전개도**를 그릴 수 있어요.

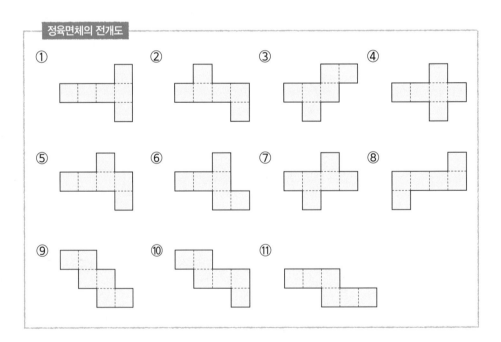

점대칭

점을 사이에 둔 대칭 點對稱 [점 점, 대할 대, 일컬을 칭]
영 point symmetry

한 점을 중심으로 180° 돌렸을 때 본래의 도형에 완전히 겹치는 대칭을 점대칭이라고 하고, 한 점을 중심으로 180° 돌렸을 때 처음 도형과 완전히 포개어지는 도형을 점대칭 도형이라고 해요.

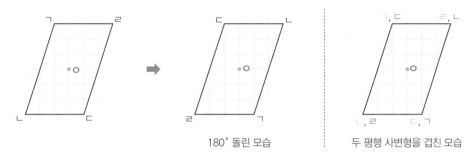

180° 돌린 모습　　　　두 평행 사변형을 겹친 모습

예 나비는 선대칭의 형태를 바람개비는 **점대칭**의 형태를 띠고 있어요.

점선

점으로 이루어진 선 點線 [점 점, 선 선]
영 dotted line

점선은 **점을 잇달아 찍어서 나타낸 선**이에요. 실선(─)에 대응하는 개념인 점선(┉)은 물체의 보이지 않는 부분을 그릴 때 이용해요. 전개도를 그릴 때는 접히는 부분을, 겨냥도를 그릴 때는 보이지 않는 모서리를 모두 점선으로 나타내요.

> **함께 알아보기!**
>
> • **실선** 實線 [열매 실, 선 선]: 끊어진 곳이 없이 이어져 있는 선　　영 full line
> • **겨냥도** : 입체 도형의 전체적인 모양을 잘 알 수 있게 그린 그림
>
> 정육면체의 겨냥도 ➡

정다면체   서로 같은 면이 여럿인 입체 正多面體 [바를 정, 많을 다, 평면 면, 몸 체]
영 regular polyhedron

각 면이 모두 합동인 정다각형으로 이루어진 다면체를 통틀어 정다면체라고 해요.
정다면체는 '정사면체, 정육면체, 정팔면체, 정십이면체, 정이십면체' 다섯 개 밖에 없
어요. 정다면체가 되려면 한 꼭짓점에 3면 이상, 모인 각의 합이 360°를 넘으면 안 되기
때문이에요.

정다면체	정사면체	정육면체	정팔면체	정십이면체	정이십면체
정다각형 개수	정삼각형 4개	정사각형 6개	정삼각형 8개	정오각형 12개	정삼각형 20개

예 피라미드는 정사각형 받침에 정삼각형 4개를 세워 붙인 꼴이라 **정다면체**가 아니에요.

정사각형   네 변의 길이와 네 각의 크기가 모두 같은 사각형
正四角形 [바를 정, 넉 사, 각도 각, 꼴 형]   영 square

정사각형의 두 대각선은 길이가 서로 같고, 서로 다른 것을 수직으로 이등분해요.

정사각형	직사각형
네 변의 길이가 모두 같고, 네 각이 모두 직각인 사각형	네 각이 모두 직각인 사각형
★넓이 = 한 변의 길이 × 한 변의 길이	★넓이 = 가로의 길이 × 세로의 길이

예 **정사각형**은 마름모와 직사각형이 될 수 있지만, 마름모와 직사각형은 정사각형이 될 수 없
어요.

> **함께 알아보기!**
>
> · **직사각형** 直四角形 [곧을 직, 넉 사, 각도 각, 꼴 형]: 네 각의 크기가 모두 직각인 사각형
>   영 rectangle
>   예 **직사각형**의 두 대각선은 길이가 서로 같고 중점에서 만나요.

정삼각형 세 변의 길이와 세 각의 크기가 모두 같은 삼각형

正三角形 [바를 정, 석 삼, 각도 각, 꼴 형]   equilateral triangle

정삼각형의 세 각의 크기는 $60°$로 모두 같아요. 정삼각형은 이등변 삼각형이 될 수 있어요. 두 변의 길이가 같은 삼각형이라는 조건에 충족하니까요. 하지만 이등변 삼각형은 정삼각형이 될 수 없답니다.

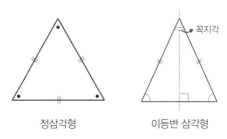

정삼각형 이등변 삼각형

함께 알아보기!

• **이등변 삼각형** 二等邊三角形 [두 이, 가지런할 등, 가장자리 변, 석 삼, 각도 각, 꼴 형]: 두 변의 길이가 같은 삼각형   isosceles triangle
 이등변 삼각형은 두 밑각의 크기가 같고, 꼭지각의 이등분선은 밑변을 수직 이등분해요.

정육면체 정사각형 여섯 개로 둘러싸인 도형

正六面體 [바를 정, 여섯 육, 평면 면, 몸 체]   cube

도형	정육면체	직육면체
겨냥도	꼭지점 / 면 / 모서리	면 / 꼭지점 / 모서리
면의 모양	정사각형	직사각형
면의 수	6개	6개
모서리의 수	12개	12개
꼭짓점의 수	8개	8개

함께 알아보기!

• **직육면체** 直六面體 [곧을 직, 여섯 육, 평면 면, 몸 체]: 직사각형 여섯 개로 둘러싸인 도형
 cuboid   직방체, 장방체
 직육면체는 서로 마주 보는 세 쌍의 면이 각각 평행한 육면체예요.

직선

곧은 선 直線 [곧을 **직**, 선 **선**]
영 straight line 반 곡선

꺾이거나 굽은 데가 없는 곧은 선을 직선이라고 해요. 직선은 선분을 양쪽으로 끝없이 늘인 곧은 선이에요.

직선	ㄱ ㄴ	점 ㄱ과 점 ㄴ을 지나는 직선을 '직선 ㄱㄴ' 또는 '직선 ㄴㄱ'이라고 해요.
반직선	ㄱ ㄴ	점 ㄱ에서 시작해 점 ㄴ을 지나는 반직선을 '반직선 ㄱㄴ'이라고 해요.
	ㄱ ㄴ	점 ㄴ에서 시작해 점 ㄱ을 지나는 반직선을 '반직선 ㄴㄱ'이라고 해요.
선분	ㄱ ㄴ	점 ㄱ과 점 ㄴ을 이은 선분을 '선분 ㄱㄴ' 또는 '선분 ㄴㄱ'이라고 해요.

함께 알아보기!

- **반직선** 半直線 [반 **반**, 곧을 **직**, 선 **선**]: 한쪽에는 끝이 있고, 다른 한쪽은 끝없이 늘인 곧은 선
- **선분** 線分 [선 **선**, 나눌 **분**]: 두 점을 곧게 이은 선 비 유한직선
  예 선분은 양 끝점이 있으므로 길이를 잴 수 있어요.

직각

곧은 각 直角 [곧을 **직**, 각도 **각**]
영 right angle

두 직선이 만나 이루는 90°의 각을 직각이라고 해요. 직각은 두 변 사이에 ⌐로 표시하여 나타내요.

예각 · 직각 · 둔각

함께 알아보기!

- **예각** 銳角 [날카로울 **예**, 각도 **각**]: 직각보다 작은 각 영 acute angle
  예 세 각이 모두 **예각**인 삼각형을 예각 삼각형이라고 해요.
- **둔각** 鈍角 [무딜 **둔**, 각도 **각**]: 직각보다 크고 180°보다 작은 각 영 obtuse angle
  예 한 각이 **둔각**인 삼각형을 둔각 삼각형이라고 해요.

평면 도형

평평한 표면에 그린 도형 平面圖形 [평평할 **평**, 표면 **면**, 그림 **도**, 꼴 **형**]
영 plane figure 반 입체 도형

평면에 그려진 입체적이지 않은 도형을 평면 도형이라고 해요. 도형은 크게 평면 도형과 입체 도형으로 나눌 수 있어요. 우리가 흔히 평면인 종이에 그리는 삼각형, 사각형, 원이 평면 도형이에요.

예 사각형처럼 두께가 없는 도형은 **평면 도형**, 육면체처럼 두께가 있는 도형은 입체 도형이에요.

> **함께 알아보기!**
>
> • **도형** 圖形 [그림 **도**, 꼴 **형**]: 점, 선, 면, 입체 또는 이것들로 이루어진 모양 영 figure
>   예 점, 선, 면, 각도 모두 **도형**이에요.

평행 사변형

마주 보는 두 쌍의 변이 서로 평행한 사각형
平行四邊形 [평평할 **평**, 다닐 **행**, 넉 **사**, 가장자리 **변**, 꼴 **형**] 영 parallelogram

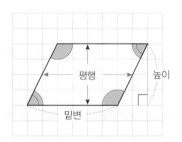

평행 사변형은 마주 보는 변의 길이가 서로 같고, 마주 보는 각의 크기가 서로 같아요. 평행 사변형의 두 대각선은 서로를 반으로 이등분해요.

★평행 사변형의 넓이 = 밑변 × 높이

예 **평행 사변형**의 이웃하는 두 내각의 크기의 합은 180°예요.

> **함께 알아보기!**
>
> • **평행** 平行 [평평할 **평**, 다닐 **행**]: 두 직선이나 평면이 나란히 있어 만나지 않는 상태 영 parallel
>   예 **평행**하지 않은 직선을 양쪽으로 늘여 나가면 어느 한쪽에서는 반드시 만나게 돼요.

합동

합하여 하나를 이룸 合同 [합할 **합**, 한 가지 **동**]
⑲ congruence

모양과 크기가 같아서 포개었을 때 완전히 겹쳐지는 두 도형을 합동이라고 해요.
합동인 두 도형을 완전히 포개었을 때 겹쳐지는 점을 대응점, 겹쳐지는 변을 대응변, 겹
쳐지는 각을 대응각이라고 해요.

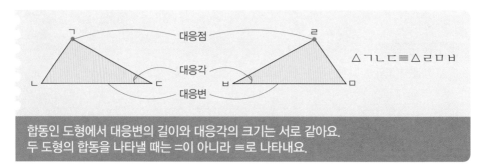

> 합동인 도형에서 대응변의 길이와 대응각의 크기는 서로 같아요.
> 두 도형의 합동을 나타낼 때는 =이 아니라 ≡로 나타내요.

⑩ 직사각형을 반으로 접으면 대칭축을 중심으로 **합동**인 직사각형 2개가 만들어져요.

회전체

회전하여 생기는 입체
回轉體 [돌 **회**, 구를 **전**, 몸 **체**]

한 직선을 축으로 평면 도형을 한 번 회전시켜 만들어진 입체 도형을 회전체라고
해요. 이때 축으로 사용한 직선을 회전축이라고 해요. 회전체가 평면 도형과 붙어 있으
면 속이 꽉 찬 회전체가 되고, 떨어져 있으면 속이 비어 있는 회전체가 돼요.

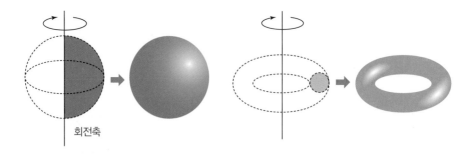

회전축

┌─ **함께 알아보기!** ─────────────────────────────┐
· **회전축** 回轉軸 [돌 **회**, 구를 **전**, 굴대 **축**]: 회전체의 중심이 되는 직선
  ⑩ 회전체를 **회전축**에 수직인 평면으로 자르면 단면은 항상 원이에요.
└──┘

측정

각도기

각도를 재는 도구 角度器 [각도 **각**, 정도 **도**, 도구 **기**]
🌐 protractor

각도를 잴 때 사용하는 기구를 말해요. 각도기는 투명한 반원형의 플라스틱판에 각도를 눈금으로 표시하였어요. 각도기의 아랫부분에 수평으로 그어진 눈금을 밑금이라고 하고, 밑금과 90° 눈금이 만나는 점을 각도기의 중심이라고 해요.

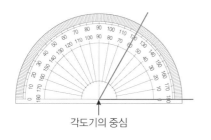

각도기의 중심

각도기의 밑금

예 각을 잴 때는 **각도기의 중심**에 각의 꼭짓점을 맞추어야 해요.

> **함께 알아보기!**
> • **각도** 角度 [각도 **각**, 정도 **도**]: 각의 크기　🌐 angle

Q 각도기를 이용해 각의 크기를 읽는 방법을 알아볼까요?

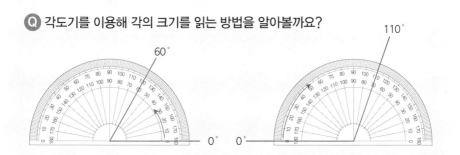

60°

110°

0°　0°

먼저 각도기의 밑금이 어느 쪽에 있는지 확인하고,
밑금이 '0'에서 시작하는 쪽의 각도로 읽어요.

넓이 평면에서 차지하는 공간의 크기 [고유어]
영 area

면적이라고도 하는 넓이의 단위에는 cm², m², km² 등이 있어요.

★**정사각형의 넓이 = 한 변의 길이 × 한 변의 길이**

한 변이 1cm인 정사각형의 넓이	한 변이 1m인 정사각형의 넓이	한 변이 1km인 정사각형의 넓이
1cm²	1m²	1km²
1제곱센티미터	1제곱미터	1제곱킬로미터

$10{,}000{,}000{,}000\text{cm}^2 = 1{,}000{,}000\text{m}^2 = 1\text{km}^2$

> **함께 알아보기!**
>
> ・**높이**: 사물이나 도형의 높고 낮은 정도 영 height
> 예 삼각형의 꼭짓점에서 밑변에 그은 수선의 길이를 **높이**라고 해요.

단위 기준 수치 單位 [홑 단, 자리 위]
영 unit

수량을 수치로 나타낼 때 사용하는 기준을 단위라고 해요. 길이, 무게, 부피, 들이, 시간 등을 나타내는 다양한 단위가 있어요. 옛날에는 나라마다 서로 다른 단위를 사용했는데요, 전 세계적으로 측정 단위를 통일하기 위해 국제적인 도량형 단위 체계가 만들어졌답니다. 이후로 길이는 미터, 무게는 킬로그램, 부피는 리터를 기본 단위로 사용하고 있어요.

> **함께 알아보기!**
>
> ・**도량형** 度量衡 [법도 도, 헤아릴 량, 저울 형]: 길이, 무게, 부피 등의 단위를 재는 법
> ・**들이**: 통이나 그릇 안에 담을 수 있는 공간의 크기
> 예 되, 말, 홉은 우리 조상들이 사용했던 **들이**의 단위예요.

리터 부피의 단위. 기호는 L

영 liter

미터법에 의한 부피의 단위를 리터라고 해요. 1리터는 가로, 세로, 높이가 모두 10cm인 그릇에 담긴 액체의 부피를 말해요. 1L는 1,000cm³와 같은 부피예요.

mL	밀리리터	
L	리터	1L = 1,000mL
kL	킬로리터	1kL = 1,000L

1,000,000mL = 1,000L = 1kL

함께 알아보기!

• **미터법** meter 法 [법 법] : 길이와 너비는 미터, 질량은 킬로그램, 부피는 리터를 기본 단위로 하는 국제적인 측정 단위 체계

 무게 물건의 무거운 정도

영 weight 비 중량

무게를 나타내는 단위에는 그램(g), 킬로그램(kg), 톤(t) 등이 있어요. 같은 부피를 가지고 있더라도 물체의 무게는 서로 다를 수 있어요. 그래서 무게의 단위를 정할 때는 물의 무게를 이용했어요. 4°C의 물 1cm³의 무게를 1g으로 정한 이유는, 물은 4°C일 때 부피가 가장 작아지기 때문이에요.

g	그램	
kg	킬로그램	1kg = 1,000g
t	톤	1t = 1,000kg

1,000,000g = 1,000kg = 1t

미만

어떤 수나 정도에 차지 못함 未滿 [아닐 미, 찰 만]
영 less than   **반** 초과

미만은 기준이 되는 수를 포함하지 않으면서 그 수보다 작은 수를 나타내는 범위예요.

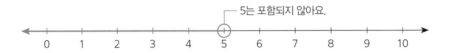

위 수직선에서 5 미만인 수는 0, 1, 2, 3, 4예요. 5를 포함하지 않으므로 속이 빈 ○를 그리고, 왼쪽으로 선을 그어요. 5 초과인 수는 6, 7, 8, 9, 10이에요. 미만과 초과 모두 기준이 되는 수를 포함하지 않아요.

> **함께 알아보기!**
> - **초과** 超過 [넘을 초, 지날 과]: 어떤 수나 정도를 넘음   **영** greater than
>   예 8 미만이고 6 **초과**인 수는 무엇일까요? 정답은 7입니다.

미터

길이의 단위. 기호는 m   외래어
영 meter

미터법에 의한 길이의 단위를 미터라고 해요.

1미터는 빛이 진공 상태에서 $\frac{1}{299792458}$ 초 동안 이동한 거리예요.

mm	밀리미터	
cm	센티미터	1km = 1,000m 1m = 100cm 1cm = 10mm
m	미터	
km	킬로미터	

1,000,000mm = 100,000cm = 1,000m = 1km

1나노미터는 $\frac{1}{1000000000}$ 미터로 눈으로 확인할 수 없는 아주 작은 크기예요.

부피 | 입체 도형이 차지하는 공간의 크기 ^{고유어}
영 volume

부피를 나타내는 단위에는 세제곱센티미터(cm^3), 세제곱미터(m^3), 리터(L) 등이 있어요. $1m^3$는 각 변의 길이가 1m인 정육면체의 부피라서 상당히 큰 양이에요. 그래서 일상생활에서는 그보다 작은 단위인 cm^3나 L를 많이 사용해요.

	한 변이 1cm인 정육면체의 부피	
단위부피 → $1cm^3$	$1cm^3$	$1cm^3=1mL$ $1,000cm^3=1,000mL=1L$
	1세제곱센티미터	

★입체 도형의 부피 = 밑면의 넓이 × 높이
★정육면체의 부피 = 한 모서리의 길이 × 한 모서리의 길이 × 한 모서리의 길이

수직선 | 수를 대응시킨 선 數直線 [셈 수, 곧을 직, 선 선]
영 number line

일정한 간격으로 눈금을 표시하여 수를 대응시킨 직선을 수직선이라고 해요. 직선 위에 0을 나타내는 원점을 기준으로 하여, 일정한 간격으로 양의 정수는 오른쪽에, 음의 정수는 왼쪽에 나타내요. 양의 정수는 0보다 큰 자연수이고, 음의 정수는 0보다 작은 수예요. 수직선에서 오른쪽으로 갈수록 수가 커지고, 왼쪽으로 갈수록 수가 작아져요.

함께 알아보기!

· **수평** 水平 [물 **수**, 평평할 **평**]: 기울지 않고 평평한 상태　**반** 수직
　예 양팔저울이나 윗접시 저울이 **수평** 상태를 이루면 양쪽 물체의 무게가 같아요.

시각

시간의 어느 한 지점 時刻 [때 시, 새길 각]
영 time　　**비** 시점 時點

사람들은 시간과 시각을 잘못 혼동해서 사용하는 경우가 많아요. 시각은 때를 나타내는 어느 한 지점이고, 시간은 시각과 시각 사이의 간격이에요.

해 뜨는 시각
오전 7시 34분

해 지는 시각
오후 5시 23분

해가 떠 있는 시간 = 9시간 59분

함께 알아보기!

· **시간** 時間 [때 시, 사이 간]: 어떤 시각에서 어떤 시각까지의 사이　　**영** hour
예 시계의 긴바늘이 한 바퀴 도는 데 60분의 **시간**이 걸립니다.

어림셈

대강 짐작으로 계산함 고유어
영 rough calculation

계산 문제에서 답을 어림하는 것으로, **정확한 값에 가까운 값을 구하는 연산**이에요.
자릿수가 많은 수를 계산할 때, 어림수를 써서 대략적인 값을 구하는 방법이에요.

실제 계산	어림셈
321 × 987 = 316,827	300 × 1,000 = 300,000 └─ 어림수

예 어떤 수를 반올림, 올림, 버림하여 계산하는 것도 **어림셈**이에요.

> **함께 알아보기!**
> · **어림수**: 대강 짐작으로 잡은 수 영 rough number

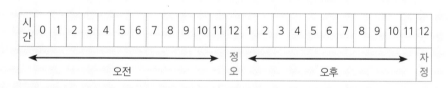

오전

자정부터 낮 열두 시까지의 시간 午前 [낮 오, 앞 전]
영 am 비 에이엠 반 오후

시간	0	1	2	3	4	5	6	7	8	9	10	11	12	1	2	3	4	5	6	7	8	9	10	11	12
					오전								정오					오후							자정

자정은 밤 열두 시, 정오는 낮 열두 시를 말해요.
오전을 뜻하는 영어 am은 라틴어 Ante Meridiem의 약자이고,
오후를 뜻하는 영어 pm은 Post Meridiem의 약자예요.
소문자로 쓰는 것이 보통이며 시간을 나타내는 숫자 뒤에 써요.

예 자정은 전날의 오후와 다음 날의 **오전**을 가르는 기준이에요.

> **함께 알아보기!**
> · **오후** 午後 [낮 오, 뒤 후]: 정오부터 밤 열두 시까지의 시간 영 pm 비 피엠

올림

구하려는 자리의 아래 숫자를 올려서 어림하는 것 고유어

영 round up   비 절상

올림은 **구하려는 자리 미만의 수를 올려서 나타내는 방법**이에요. 구하려는 자리 아래에 0이 아닌 숫자가 있을 때, 구하려는 자리의 숫자에 1을 더하고 그보다 아랫자리는 모두 버리는 거예요. 어떤 수를 올림하면 처음 수와 같거나 처음 수보다 커지고, 어떤 수를 버림하면 처음 수와 같거나 처음 수보다 작아져요.

80510을 어림셈으로 하면 다음과 같이 돼요.

어림셈	십의 자리까지	백의 자리까지	천의 자리까지	만의 자리까지
올림	80510	80600	81000	90000
버림	80510	80500	80000	80000
반올림	80510	80500	81000	80000

8 0 5 1 0 ➡ 80500
구하려는 자리┘ └구하려는 자리 미만의
(백의 자리)   수를 버림

1
↓
8 0 5 1 0 ➡ 80600
구하려는 자리┘ └구하려는 자리 미만의
(백의 자리)   수를 올림

함께 알아보기!

- **반올림**: 구하려는 자리의 아래 숫자가 4 이하면 버리고, 5 이상이면 그 윗자리에 1을 더해 주는 방법 영 round off
  예 4÷7의 몫을 **반올림**하여 소수 첫째 자리까지 나타내면 0.6이 됩니다.

- **버림**: 구하려고 하는 자리 미만의 수를 버려서 나타내는 방법 영 round down   비 내림
  예 4÷7의 몫을 **버림**하여 소수 첫째 자리까지 나타내면 0.5가 됩니다.

이상

어떤 수나 정도보다 크거나 같음 以上 [써 이, 위 상]

🟢 greater than or equal to   🔵 이하

이상은 기준이 되는 수를 포함하면서 그 수보다 큰 수를 나타내는 범위예요.

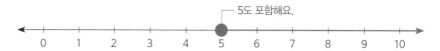

─ 5도 포함해요.

위 수직선에서 5 이상인 수는 5, 6, 7, 8, 9, 10이에요. 5를 포함하므로 속이 찬 점 ●을 그리고, 오른쪽으로 선을 그어요. 5 이하인 수는 0, 1, 2, 3, 4, 5예요. 이상과 이하 모두 기준이 되는 수를 포함해요.

> **함께 알아보기!**
>
> • **이하** 以下 [써 이, 아래 하]: 어떤 수나 정도보다 작거나 같음   🟢 less than or equal to
> 📝 8 이하이고 6 이상인 수는 무엇일까요? 정답은 6, 7, 8입니다.

제곱

같은 수를 두 번 곱함 `고유어`

🟢 square

제곱은 **같은 수나 문자를 두 번 곱한 것**을 말해요. 어떤 수 a의 제곱은 a를 두 번 곱한 값을 뜻하며 기호로 a^2과 같이 나타내요. $a^2 = a \times a$

정사각형의 한 변의 길이를 제곱하면 넓이를 구할 수 있고, 정육면체의 한 모서리의 길이를 세제곱하면 부피를 구할 수 있어요.

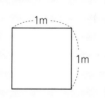

정사각형의 넓이=1m×1m=1m²

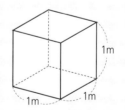

정육면체의 부피=1m×1m×1m=1m³

📝 **제곱**미터는 넓이의 단위이고, 세제곱미터는 부피의 단위예요.

> **함께 알아보기!**
>
> • **세제곱**: 같은 수를 세 번 곱함 또는 그렇게 하여 얻어진 수   🟢 cube   🔵 삼승
> 📝 한 변의 길이가 9미터인 정육면체의 부피는 729세제곱미터예요.

측정

재서 정함 測定 [잴 측, 정할 정]
영 measurement

도구나 장치를 이용하여 물체의 무게나 부피, 길이 등을 재는 것을 측정이라고 해요. 주로 길이를 잴 때는 자를 이용하고, 무게는 저울을, 액체의 부피는 눈금실린더를 이용해서 측정해요.

함께 알아보기!

• **환산** 換算 [바꿀 환, 셀 산]: 어떤 단위로 나타낸 수를 다른 단위로 고쳐 셈함   영 conversion
예 1미터를 센티미터로 **환산**하면 100센티미터예요.

킬로그램

질량의 단위. 기호는 kg   외래어
잘못된 표현 키로그램, 킬로그람   영 kilogram   비 킬로

질량을 나타내는 국제단위계의 기본 단위를 킬로그램이라고 해요. 국제단위계란 측정 단위를 국제적으로 통일한 체계를 말해요. 무게는 kg(킬로그램), 길이는 m(미터)를 기본 단위로 정하였어요. 1kg은 4°C의 물 1,000cm³의 무게를 말해요.

| $1g = 1cm^3$ | $1kg = 1,000g = 1,000cm^3$ |

규칙성

규칙성

다음에 무엇이 올지 예상할 수 있는 규칙이 있는 성질

規則性 [법 규, 법칙 칙, 성질 성]   영 regularity   반 불규칙성

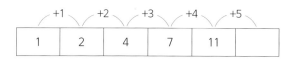

위 표는 1, 2, 3, 4, 5…씩 늘어나는 규칙성이 있어서 빈칸에 들어갈 숫자는 16이에요. 수뿐만 아니라 도형도 밀기, 뒤집기, 돌리기 등 일정한 규칙에 따라 배열하면 다양한 무늬를 만들 수 있어요.

> **함께 알아보기!**
>
> • **배열** 配列 [짝 배, 벌일 열]: 일정한 차례나 간격에 따라 벌여 놓음   영 array

대응

서로 마주 대하여 호응함 對應 [대할 대, 응할 응]

영 correspondence

두 대상이 서로 짝을 이루는 일을 대응이라고 해요. 예를 들어, 토끼의 수와 토끼 다리 수의 대응 관계는 다음과 같아요. 토끼가 1마리면 다리는 4개, 2마리면 8개, 3마리면 12개 …로 늘어나요.

토끼 수 (X)	1	2	3	…	
다리 수 (Y)	4	8	12	…	4배

이 대응 관계를 식으로 나타내면 Y=X×4가 됩니다.

반비례

반대인 비례 反比例 [되돌릴 **반**, 견줄 **비**, 법식 **례**]

영 inverse proportion　　**비** 역비례　　**반** 정비례

한쪽이 커질 때 다른 쪽은 같은 비율로 줄어드는 관계를 반비례라고 해요. 반비례는 어떤 값이 2배, 3배, 4배 …로 늘어날 때 다른 값은 $\frac{1}{2}$배, $\frac{1}{3}$배, $\frac{1}{4}$배 …로 줄어드는 관계를 말해요.

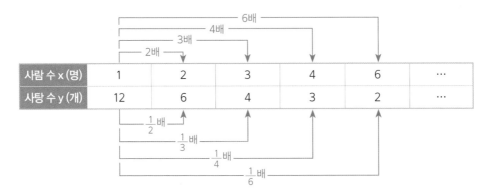

사람 수 x (명)	1	2	3	4	6	…
사탕 수 y (개)	12	6	4	3	2	…

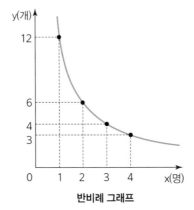

반비례 그래프

사람의 수와 내가 먹을 사탕의 수는 반비례 관계이고, 반비례 그래프는 원점에 대하여 대칭인 매끄러운 곡선 모양이에요.

함께 알아보기!

- **비례** 比例 [견줄 **비**, 법식 **례**]: 두 양이 서로 같은 비율로 증가하거나 감소하는 관계

  영 proportion　　**비** 비

  예 **비례**에는 정비례와 반비례가 있어요.

백분율

100으로 나눈 비율 百分率 [일백 **백**, 나눌 **분**, 비율 **율**]
영 percent　　비 퍼센트, 프로, 퍼센티지

전체 기준량을 100으로 할 때 차지하는 양의 비율을 백분율이라고 해요.

비율

비　분수　소수　백분율

$3 : 5 = \dfrac{3}{5} = 0.6 = 60\%$

백분율은 비율에 100을 곱한 값이에요.
기호는 %를 써서 나타내고, '퍼센트'라고 읽어요.

예 99%의 **백분율**을 분수로 나타내면 $\dfrac{99}{100}$, 소수로 나타내면 0.99가 됩니다.

> **함께 알아보기!**
>
> • **기호** 記號 [기록할 **기**, 부호 **호**]: 어떠한 뜻을 나타내기 위해 쓰는 부호　영 sign
>   예 흔히 사용하는 수학 **기호**에는 사칙 연산의 +, −, ×, ÷ 가 있어요.

비율

견준 비 比率 [견줄 **비**, 비율 **율**]
영 ratio

기준량에 어떤 수나 양을 비교하여 나타낸 값을 비율이라고 해요. 비율은 비교하는
양을 기준량으로 나누어 분수나 소수로 나타낼 수 있어요.

★비율 = 비교하는 양 ÷ 기준량 = $\dfrac{\text{비교하는 양}}{\text{기준량}}$		
비	비율	백분율
$\underset{\text{비교하는 양}}{1} : \underset{\text{기준량}}{4}$	$\dfrac{1}{4} = 0.25$	25%

예 3:5를 **비율**로 나타내면 $\dfrac{3}{5}$ 또는 0.60이 됩니다.

> **함께 알아보기!**
>
> • **기준량** 基準量 [터 **기**, 준할 **준**, 헤아릴 **량**]: 기준으로 삼는 양
>   예 비에서 비교하는 양은 왼쪽에, **기준량**은 오른쪽에 나타내요.

| **삼각수** | 정삼각형 모양을 이루는 점의 개수 三角數 [석 삼, 뿔 각, 셈 수]
영 triangular number |

●	● ● ●	● ● ● ● ● ●	● ● ● ● ● ● ● ● ● ●	...
1	3 (1+2)	6 (1+2+3)	10 (1+2+3+4)	...

1, 3, 6, 10과 같이 정삼각형 모양을 이루는 점의 개수는 '삼각수', 1, 4, 9, 16과 같이 정사각형 모양을 이루는 점의 개수는 '사각수', 1, 5, 12, 22와 같이 정오각형을 이루는 점의 개수는 '오각수'예요. 삼각수, 사각수, 오각수 등을 통틀어 '다각수'라고 해요.

예 1부터 100까지의 수 중에서 **삼각수**이면서 사각수인 수는 1과 36이에요.

| **연비** | 잇닿아 견준 비 連比 [잇닿을 연, 견줄 비]
영 continued ratio |

셋 이상의 수를 비로 나타낸 것을 연비라고 해요. 비는 두 개의 수를 비교하기 위해 기호 :을 써서 나타낸 것이에요. 연비도 비와 같이 기호 :을 사용하여 나타냅니다.

$$1:2:3 = 2:4:6 = 0.5:1:0.15$$

연비의 성질은 비의 성질과 똑같아요. 각항을 0이 아닌 같은 수를 곱하거나 나누어도 비의 값은 달라지지 않아요.

예 우리나라의 초·중·고등학교의 교육 기간을 **연비**로 나타내면 6:3:3이 됩니다.

> **함께 알아보기!**
> - **비례 배분** 比例配分 [견줄 비, 법식 례, 짝 배, 나눌 분]: 전체를 주어진 비로 배분하는 것
>   예 구슬 35개를 4:3으로 **비례 배분**하여 형과 동생에게 나눠 주면 각각 20개와 15개가 됩니다.

정비례

바른 비례 正比例 [바를 정, 견줄 비, 법식 례]
영 direct proportion

두 양이 같은 비율로 늘거나 줄거나 하는 관계를 정비례라고 해요. 정비례는 어떤 값이 2배, 3배, 4배 …로 늘어날 때 다른 값도 2배, 3배, 4배 …로 늘어나는 관계를 말해요.

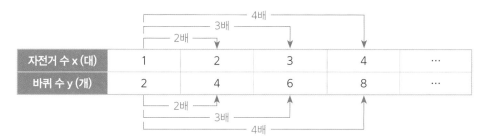

자전거 수 x (대)	1	2	3	4	…
바퀴 수 y (개)	2	4	6	8	…

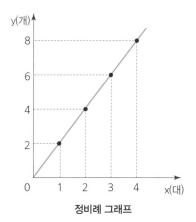

정비례 그래프

두발자전거의 수와 바퀴의 수는 정비례 관계이고, 정비례 그래프는 원점을 지나는 직선 모양이에요.

공부한 일수	1	2	3	4	5	6	7
공부한 시간	2	4	6	8	10	12	14

자료와 가능성

그래프

자료를 점, 직선, 곡선, 막대, 그림 등을 사용하여 나타낸 것 [외래어]
영 graph　비 도표, 그림표

그래프는 주어진 자료의 결과를 한눈에 볼 수 있도록 나타낸 그림을 뜻하고, 한자어로 '도표'라고 해요. 자료를 그래프로 나타내면 수량의 크기를 비교하거나, 수량이 변화하는 것을 한눈에 알아보기 쉬워요. 그래프의 종류에는 띠그래프, 원그래프, 막대그래프, 꺾은선그래프 등이 있어요.

〈우리반 아이들이 가장 좋아하는 운동 종목〉

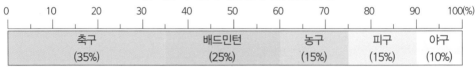

띠그래프

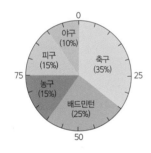

원그래프

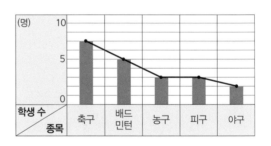

막대그래프 / 꺾은선그래프

띠그래프	전체에 대한 각 부분의 비율을 띠 모양으로 나타낸 그래프
원그래프	전체에 대한 각 부분의 비율을 원 모양으로 나타낸 그래프
막대그래프	조사한 수를 막대 모양으로 나타낸 그래프
꺾은선그래프	조사한 수를 점으로 표시하고, 그 점을 선분으로 이어 나타낸 그래프

함께 알아보기!

- **좌표** 座標 [자리 좌, 표할 표]: 직선, 평면, 공간에서 점의 위치를 나타내는 한 쌍의 수
  영 coordinate　예 x축과 y축이 수직으로 만나는 지점의 **좌표**는 (0,0)이에요.

수형도

나뭇가지 모양의 그림 樹型圖 [나무 수, 모형 형, 그림 도]
영 tree diagram

여러 요소의 관계를 나뭇가지 모양의 그림으로 나타낸 것을 수형도라고 해요.
수형도는 경우의 수를 구할 때 주로 사용해요.

↳ 어떤 사건이 일어나는 가짓수

숫자 카드 1 2 3으로 만들 수 있는 세 자리의 수를 수형도로 알아보면 경우의 수는
모두 6가지예요.

통계표

조사하여 알아낸 수를 표로 나타낸 것 統計表 [합칠 **통**, 셀 **계**, 겉 **표**]
영 statistical table

여러 가지 자료를 분석하고 정리하여 그 결과를 표로 나타낸 것을 말해요. 통계표는 책이나 신문, 뉴스에서 종종 볼 수 있는데요, 통계청의 인구수 통계표, 신문사의 여론 조사 통계표, 방송사의 시청률 통계표 등이 그 예에요. 이런 통계표를 이용하면 결과를 예측하거나 미래 계획을 세울 때 도움이 된답니다.

〈우리반 아이들이 가장 좋아하는 운동 종목〉

운동 종목	축구	배드민턴	농구	피구	야구
학생 수 (명)	7	5	3	3	2

함께 알아보기!
· **통계** 統計 [합칠 **통**, 셀 **계**]: 조사한 결과를 한눈에 알아볼 수 있도록 정리한 것 영 statistics

평균

수나 양을 통일적으로 고르게 함 平均 [평평할 **평**, 고를 **균**]
영 average

자료의 합계를 자료의 개수로 나눈 값을 평균이라고 해요. 평균을 구할 때는 주어진 자료의 값을 모두 더해 합계를 낸 다음에 자료의 개수로 나누면 돼요.

과목	국어	수학	사회	과학	총점	평균
점수	90	75	70	85	320	80

↳ 320÷4=80

★평균 = $\dfrac{\text{자료의 합계}}{\text{자료의 개수}}$

함께 알아보기!
· **총점** 總點 [합칠 **총**, 점 **점**]: 전체 점수의 합계 영 total score

확률

어떤 일이 일어날 확실성의 비율 確率 [확실할 **확**, 비율 **률**]
🌐 probability

어떤 일이 일어날 수 있는 가능성의 정도를 확률이라고 해요. 모든 경우의 수에 대한 어떤 사건이 일어날 경우의 수를 비율로 나타낸 거예요.

100원짜리 동전 한 개를 던졌을 때 숫자 면이 나올 확률

$$\text{동전의 숫자 면이 나올 확률} = \frac{\text{숫자 면이 나오는 경우의 수}}{\text{동전을 던져 나오는 면의 모든 경우의 수}} = \frac{1}{2}$$

그림 면 1 + 숫자 면 1

함께 알아보기!

· **가능성** 可能性 [옳을 **가**, 능할 **능**, 성질 **성**]: 앞으로 실현될 수 있는 성질　🅱 실현성
　🅰 성공 확률이 3%라면 거의 **가능성**이 없다고 보면 되겠네요.

----- 세 번째 -----

사회

초등 전과목
어휘력 사전

가야
삼국 시대에 낙동강 유역에 자리 잡았던 여섯 나라
伽倻 [절 **가**, 가야 **야**]

42년에 김수로왕과 다섯 형제가 낙동강 하류 지역에 세운 연맹 왕국을 말해요. 가야는 여섯 개의 작은 나라로 이루어져 있는데, 초기에는 김해에 자리 잡은 금관가야 가, 후기에는 고령에 자리 잡은 대가야가 주도권을 잡았어요. 품질 좋은 철이 풍부하게 생산되어 '철의 왕국'이라고 불렸던 가야는 신라와 백제, 두 나라 사이에 끼어 압박에 시달리다가 결국 562년 신라에 의해 멸망하고 말았어요. 가야는 사라졌지만 가야 사람들은 신라에 흡수되어 삼국을 통일하는 데 기여하였고, 일본으로 건너가 그 나라의 문화 발전에 커다란 영향을 주었답니다.

⑩ 삼국 통일을 하는 데 큰 공을 세운 김유신 장군은 금관**가야**의 왕족이었어요.

갑신정변
갑신년에 일으킨 정치상의 큰 변동
甲申政變 [첫째 천간 **갑**, 아홉째 지지 **신**, 정사 **정**, 변할 **변**]

갑신년인 1884년에 김옥균, 박영효 등의 개화당이 민씨 일파를 몰아내고, 혁신 적인 정부를 세우기 위해 일으킨 정변이에요. 정변이란 정권을 바꾸기 위해 혁명이나 쿠데타를 벌이는 것을 말해요. 갑신정변은 급진 개화파가 개화사상을 바탕으로 조선의 자주독립을 이루기 위해 일으켰지만, 정권을 잡은 지 3일 만에 실패하고 말아 '삼일 천하'라고 불려요.

⑩ 조선 최초의 우체국인 우정국이 처음 문을 여는 것을 축하하는 잔치에서, 급진 개화파는 **갑신정변**을 일으켰어요.

함께 알아보기!

• **임오군란** 壬午軍亂 [아홉째 천간 **임**, 일곱째 지지 **오**, 군사 **군**, 어지러울 **란**]: 임오년인 1882년에 구식 군대의 군인들이 신식 군대인 별기군과의 차별 대우에 불만을 품고 일으킨 반란
⑩ **임오군란**을 계기로 청나라가 조선의 정치에 간섭하기 시작하였어요.

개화

개방하여 변화함

開化 [열 **개**, 될 **화**]

다른 나라의 발전된 문화와 제도를 받아들이는 것을 개화라고 해요. 1876년에 조선이 일본과 불평등한 강화도 조약을 맺은 이후, 조선이 개화를 해야 한다고 주장한 사람들은 크게 두 파로 나뉘었어요. 김홍집을 중심으로 서양의 기술을 천천히 받아들여야한다는 '온건 개화파'와 김옥균을 중심으로 청의 내정 간섭에서 벗어나 하루빨리 변화해야 한다는 '급진 개화파'로 나뉘었어요.

예 **개화** 정책을 추진하려던 조선 정부는 위정척사파의 강렬한 반대에 부딪혔어요.

> **함께 알아보기!**
>
> • **위정척사** 衛正斥邪 [지킬 **위**, 바를 **정**, 물리칠 **척**, 사악할 **사**]: '바른 것인 유교를 지키고 사악한 것인 서양 문물을 물리치자'는 운동으로, 최익현과 뜻을 같이하는 유학자들이 주장함

사회

경국대전

나라를 다스리는 큰 법전

經國大典 [다스릴 **경**, 나라 **국**, 큰 **대**, 법 **전**]

조선 시대에 나라를 다스리는 기준이 된 최고의 법전을 말해요. 경국대전은 조선 초기의 법전인 조선경국전, 경제육전, 속육전을 모두 모아서 세조 때부터 만들기 시작하여 예종을 거쳐 성종 때 완성했어요. 조선의 정치, 경제, 사회 등 모든 기본 규범을 정리한 책으로, '이전, 호전, 예전, 병전, 형전, 공전'의 육전으로 이루어져 있어요.

이전 吏典 [관리 **이**, 법 **전**]	왕실과 국가 조직	병전 兵典 [병사 **병**, 법 **전**]	군사 제도
호전 戶典 [집 **호**, 법 **전**]	세금과 토지 등 경제	형전 刑典 [형벌 **형**, 법 **전**]	각종 범죄의 재판 및 형벌
예전 禮典 [예절 **예**, 법 **전**]	과거, 혼인 등 예절	공전 工典 [공업 **공**, 법 **전**]	도로, 건축 등의 산업

예 **경국대전**에는 노비 여성의 출산 휴가는 90일이고, 남편도 출산 휴가를 신청할 수 있다고 적혀 있어요.

> **함께 알아보기!**
>
> • **경제육전** 經濟六典 [다스릴 **경**, 건널 **제**, 여섯 **육**, 법 **전**]: 고려 우왕 때의 조례를 모아 만든 조선 시대 최초의 법전
>
> 예 태조 때 정도전, 조준 등이 육전의 형식을 갖추어 만든 **경제육전**은 오늘날에 전하지 않아요.

역사 135

경복궁

왕조의 큰 복을 비는 궁궐

景福宮 [볕 **경**, 복 **복**, 집 **궁**]

저 누각이 경회루야!

조선을 건국한 태조 이성계가 한양에 도읍을 정한 후 1395년에 창건한 궁궐이에요. 현재 서울에 있는 5대 궁궐 중에서 가장 먼저 지어진 으뜸 궁궐이에요. 경복궁, 창덕궁, 창경궁, 경희궁, 덕수궁이 조선 5대 궁궐이에요. 태종 때 지어진 창덕궁은 자연과의 조화가 잘 어우러진 아름다운 궁궐로, 1997년에 유네스코 세계 문화유산으로 지정되었답니다.

예 경회루는 **경복궁**에 있는 누각으로 외국 사신의 접대와 연회를 베풀던 곳이에요.

고구려

동명왕 주몽이 졸본에 도읍하여 세운 나라

高句麗 [높을 **고**, 글귀 **구**, 고울 **려**]

기원전 37년에 즉위한 동명왕부터 기원후 668년 마지막 왕인 보장왕에 이르기까지 28대의 왕이 집권했던 왕조를 말해요. 부여 출신의 주몽은 압록강 유역의 졸본에 고구려를 세우고, 활발하게 주변의 국가를 정복하여 세력을 넓혔어요. 고대 왕국의 기틀을 마련한 태조왕은 함경도 지역의 옥저를 정복하여 땅을 더 넓혔어요. 고구려의 전성기였던 광개토대왕 때는 국력이 매우 강해져 남으로는 강원도 지역의 동예를 정복하고, 북으로는 만주와 연해주 지역까지 아우르는 광활한 영토를 차지했어요. 뒤를 이은 장수왕은 도읍을 평양성으로 옮기고 백제로부터 한강 유역을 빼앗았어요. 하지만 고구려는 중국 세력을 막는 울타리 구실을 하느라 국력이 약해진데다 신라와 당나라가 손을 잡고 공격해 오자, 이를 막지 못하고 668년에 멸망했어요.

예 기마 민족의 후예답게 **고구려** 사람들은 말타기와 활쏘기를 잘했어요.

고려

태조 왕건이 개경에 도읍하여 세운 나라
高麗 [높을 고, 고울 려]

918년에 즉위한 왕건부터 1392년 마지막 왕인 공양왕에 이르기까지 왕 씨가 34 대에 걸쳐 집권했던 왕조를 말해요. 고려는 왕건이 후삼국을 통일하고 세운 나라로, 고구려의 뒤를 이었다는 뜻으로 나라 이름을 '고려'라고 지었어요. 고려 시대에는 세계 최초의 금속 활자본인 '직지심체요절', 중국에서 인기가 높았던 '고려청자', 부처의 힘으로 나라를 구하려고 만든 '팔만대장경' 등 명품 문화가 꽃을 피운 시기예요. 또한, 아라비아 상인도 고려의 벽란도에 와서 교류할 정도로 무역 활동이 활발해 '코리아'라는 이름이 널리 알려지는 계기가 되었어요. 하지만 고려는 40여 년간에 걸친 몽골의 침입과 간섭, 북쪽의 홍건적과 남쪽의 왜구 등의 침략으로 혼란을 겪다가 1392년에 이성계에 의해 멸망했어요.

예 왕건은 후고구려를 세웠던 궁예를 몰아내고, **고려**를 건국했어요.

사회

고려청자

고려 시대에 만들어진 푸른빛의 자기
高麗靑瓷 [높을 고, 고울 려, 푸를 청, 사기그릇 자]

고려청자는 은은하면서도 투명한 푸른빛인 비색을 띠고 있어요. 선의 흐름이 부드러우면서 도자기 표면에 동물과 식물, 사람 등을 실감 나게 표현한 것이 특징이에요. 고려청자 중에는 특히 상감 청자가 유명해요. '상감'이란 도자기 표면에 무늬를 새기고, 그 속에 다른 색깔의 흙을 채워 넣는 기법을 말해요.

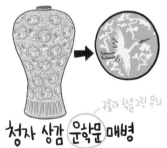

구름과 학을 그린 무늬
청자 상감 운학문 매병

예 중국인들은 조선백자에는 별 관심이 없었지만, **고려청자**는 너도나도 갖고 싶어 했어요.

> **함께 알아보기!**
>
> • **백자** 白瓷 [흰 백, 사기그릇 자]: 흰 빛깔의 자기
>   예 조선 시대에는 순백색의 바탕흙 위에 투명한 유약을 발라 구워 만든 **백자**가 유행했어요.

고인돌 큰 돌로 만든 청동기 시대 지배자의 무덤 [고유어]
영 dolmen

청동기 시대의 대표적인 무덤인 고인돌은 '돌을 고이다'에서 온 말이에요. '고이다'라는 말은 기울어지거나 쓰러지지 않도록 아래를 받친다는 뜻이에요. 고인돌은 거대한 바위를 굄돌 위에 올려놓은 모양을 하고 있지요. 그것으로 보아 무덤의 주인이 수많은 사람을 동원할 수 있는 힘을 가진 지배자라고 추측할 수 있어요.

청동기 시대

예 '고인돌 왕국'이라고 불릴 만큼 우리나라에 전 세계 **고인돌**의 40% 이상이 모여 있어요.

> **함께 알아보기!**
> · **청동기** 靑銅器 [푸를 청, 구리 동, 도구 기]: 청동으로 만든 도구   영 bronze ware
>   예 구하기도 만들기도 어려웠던 **청동기**는 주로 지배 계급의 칼이나 무기, 장신구로 쓰였어요.

고조선 단군왕검이 아사달에 도읍하여 세운 우리나라 최초의 국가
古朝鮮 [옛 고, 아침 조, 고울 선]   비 단군 조선

기원전 2333년에 단군왕검이 한반도 북부와 만주 지방을 통합하여 세운 우리나라 최초의 국가예요. 단군은 '홍익인간'을 건국 이념으로 삼고, 사회 질서를 유지하기 위해 8조법을 만들어 나라를 다스렸어요. 고조선은 점차 주변 부족을 점령하여 중국의 연나라와 맞설 정도로 세력을 넓혀 나갔지요. 기원전 194년에 서쪽 국경을 지키던 장군인 위만이 집권한 뒤, 고조선은 철기 문화를 바탕으로 강력한 국가로 성장했어요. 하지만 이를 경계한 한나라의 침략으로 기원전 108년에 평양의 왕검성이 함락되어 멸망하였어요. 고조선의 건국 신화는 일연이 지은 『삼국유사』에 실린 단군 신화에 나와 있어요. 당시에는 조선이라 불렀지만, 이성계가 세운 조선과 구분하기 위해 고조선이라 부르게 되었어요.

예 10월 3일 개천절은 **고조선**의 건국을 기념하기 위한 국경일이에요.

골품제 혈통에 따라 등급을 두는 신분 제도

骨品制 [뼈 골, 등급 품, 제도 제]

출신에 따라 골과 품으로 등급을 나누는 신라 시대의 독특한 신분 제도예요. 왕족은 성골과 진골, 귀족은 6두품에서 5두품과 4두품까지 평민은 3두품 이하로 나뉘어요. 신라 시대의 사람들은 신분에 따라 관직의 직급, 집의 크기, 옷의 색깔, 장신구까지 차별받았어요.

⑩ 신분이 낮은 사람은 능력이 있어도 **골품제** 때문에 높은 관직에 오르지 못했어요.

> **함께 알아보기!**
>
> • **성골** 聖骨 [성스러울 성, 뼈 골]: 골품제의 첫째 등급
> ⑩ **성골**은 진성 여왕을 끝으로 사라졌으며, 태종 무열왕부터는 진골 출신의 왕으로 세습되었어요.

관혼상제
관례, 혼례, 상례, 제례를 아울러 이르는 말
冠婚喪祭 [갓 **관**, 혼인할 **혼**, 죽을 **상**, 제사 **제**]

사람이 살면서 겪는 중요한 네 가지 예식을 말해요. '관례'는 어른이 되는 것을 기념하는 성년식, '혼례'는 부부가 되는 맹세를 하는 결혼식, '상례'는 사람이 죽었을 때 치르는 장례식, '제례'는 돌아가신 조상을 기리기 위한 예식을 뜻해요.

예 조선 시대에는 **관혼상제**를 무척 중요하게 생각해 백성들도 그 예를 따르게 하였어요.

구석기 시대
뗀석기를 도구로 사용하던 시대
舊石器時代 [옛 **구**, 돌 **석**, 도구 **기**, 때 **시**, 시대 **대**]   **영** paleolithic age

역사를 기록하기 이전의 시대를 '선사 시대'라고 하는데요. 어떤 도구를 사용했느냐에 따라 선사 시대를 구석기, 신석기, 청동기, 철기 시대로 구분해요. 구석기와 신석기 시대에는 돌을 사용했고, 청동기 시대부터 금속을 사용하기 시작했어요. 구석기 시대의 대표적인 도구인 뗀석기는 돌과 돌을 부딪쳐 깨뜨려서 만들었고, 신석기 시대의 대표적인 도구인 간석기는 돌을 갈아서 만들었어요.

예 **구석기 시대**에는 사냥과 채집을 하며 이동 생활을 했어요.

> **함께 알아보기!**
>
> • **신석기 시대** 新石器時代 [새 **신**, 돌 **석**, 도구 **기**, 때 **시**, 시대 **대**]: 간석기를 도구로 사용하던 시대
> **영** neolithic age
> **예** 신석기 시대에는 농경과 목축을 시작하고, 정착 생활을 했어요.

구석기 시대

신석기 시대

국보

나라의 보물 國寶 [나라 **국**, 보배 **보**]

영 national treasure

문화재 중에서 특히 역사적·예술적 가치가 뛰어난 것을 말해요. 국보는 특별히 더욱 아끼고 보호해야 할 귀중한 문화재이기 때문에 나라에서 법률로 보호하고 있어요.

예 우리나라 **국보** 제1호는 남대문이고, 보물 제1호는 동대문이에요.

함께 알아보기!

• **보물** 寶物 [보배 **보**, 만물 **물**]: 국보 다음으로 중요한 유형 문화재
  예 제야의 종을 칠 때 사용하는 보신각종은 우리나라 **보물** 제2호예요.

사
회

군역

군대에 가야 하는 의무

軍役 [군사 **군**, 부릴 **역**]

고려와 조선 시대에 16세부터 60세까지의 양인 남자는 누구나 군대에 가야 했던 의무를 군역이라고 해요. 양반과 같은 지배층과 노비나 백정 같은 천민들은 군역을 지지 않았고, 주로 농민과 같은 백성들이 군대에 가야 했어요.

예 조선 시대에 **군역**을 면제받는 대가로 내는 옷감을 군포라고 해요.

함께 알아보기!

• **호패** 號牌 [이름 **호**, 패 **패**]: 조선 시대에 16세 이상의 남자에게 발급하던 패
  예 **호패**는 오늘날의 주민 등록증과 같은 것으로, 조세와 군역의 대상자를 알아보기 위해 사용되었어요.

규장각   임금의 글이나 글씨를 보관하는 집

奎章閣 [문장 규, 글 장, 집 각]

조선 정조 때 설치한 왕실 도서관이자 학술과 정책을 연구하는 기관을 말해요. 제 22대 임금인 정조는 창덕궁 후원에 규장각을 짓고, 역대 왕들의 글이나 현판을 모아 보관했어요. 그리고 정약용 같은 유능한 인재들을 뽑아 각종 정책을 연구하고, 그 결과를 책으로 펴내도록 했어요.

예 **규장각**은 정조가 왕권을 강화하기 위해 만든 학술 연구 기구예요.

> **함께 알아보기!**
>
> • **외규장각** 外奎章閣 [바깥 **외**, 문장 **규**, 글 **장**, 집 **각**]: 정조가 왕실 관련 서적을 따로 보관할 목적으로 강화도에 설치한 규장각의 부속 도서관

단기   단군이 즉위한 해를 기원으로 함 檀紀 [박달나무 단, 해 기]

비 단군기원

우리나라의 시조 단군왕검이 고조선을 세우고, 임금의 자리에 오른 **기원전 2333년을 원년으로 하는 연호**예요.

기원전 2333년		서기 2020년
2333 BC ◀── BC는 연도 뒤에 써요.	AD는 연도 앞에 써요. ──▶ AD 2020	

BC는 Before Christ(예수 탄생 이전)의 약어로 기원전을 가리켜요. AD는 Anno Domini(예수 탄생 이후)의 약어로 기원후를 가리켜요.

예 서기 2020년을 **단기**로 나타내면 4353년이 돼요.

> **함께 알아보기!**
>
> • **서기** 西紀 [서녘 **서**, 해 **기**]: 예수가 태어난 해를 원년으로 하는 연호   비 기원후

단발령
머리카락을 자르라고 내린 명령
斷髮令 [끊을 **단**, 터럭 **발**, 명령 **령**]

명성 황후가 시해된 지 한 달 뒤인 1895년 11월에 조선의 제26대 임금인 **고종이 일본과 친일 내각의 압력을 받아 백성들에게 상투와 머리를 깎으라고 내린 명령**을 말해요. 이로 인해 많은 조선인들은 강제로 머리카락을 잘리는 수난을 당했어요. 단발령은 을미사변으로 격해진 반일 감정에 불을 붙여 대규모의 의병 운동으로 이어지게 돼요.

예 부모님께 물려받은 몸을 훼손할 수 없다고 하며 많은 백성들이 **단발령**에 반대했고 결국 단발령은 폐지되었어요.

> **함께 알아보기!**
>
> • **시해** 弑害 [죽일 **시**, 해칠 **해**]: 부모나 임금 등 윗사람을 죽이는 것
> 예 명성 황후의 **시해** 사건과 단발령에 대한 반발로 을미의병이 일어났어요.

사
회

대동여지도
동쪽 큰 나라의 지도
大東輿地圖 [큰 **대**, 동녘 **동**, 많을 **여**, 땅 **지**, 그림 **도**]

조선 후기의 지리학자 김정호가 1861년에 만든 우리나라의 지도예요. '대동'은 '동쪽의 큰 나라'라는 뜻으로, 우리나라를 가리켜요. 대동여지도는 김정호가 27년간 전국을 답사하고 실제로 측량해서 만들었기 때문에 조선에서 가장 보기 쉽고 정확한 지도였어요. 보물 제1581호인 대동여지도의 목판본은 국립중앙도서관에, 필사본은 규장각에 소장되어 있어요.

예 **대동여지도**는 가로 약 4m, 세로 약 7m 크기로 건물 3층 높이와 비슷한 엄청 큰 지도예요.

대원군

왕의 아버지에게 주던 벼슬

大院君 [큰 **대**, 집 **원**, 임금 **군**]

왕위를 이을 왕의 자손이나 형제가 없어, 새 왕의 친아버지에게 주던 벼슬을 말해요. 조선 시대에 대원군의 작위를 받은 사람은 4명이에요. 선조의 아버지 '덕흥 대원군', 인조의 아버지 '정원 대원군', 철종의 아버지 '전계 대원군', 고종의 아버지 '흥선 대원군'인데요, 이 중 살아 있을 때 벼슬을 받은 사람은 흥선 대원군뿐이에요. 고종이 12세의 어린 나이로 왕위에 오르자, 아버지 흥선 대원군이 10여 년 동안 섭정을 맡아 최고의 권력을 휘두르게 되었어요.

🗨 흥선 **대원군**은 세도 정치의 잘못된 점을 고치고 왕권을 강화하는 정책을 폈어요.

> **함께 알아보기!**
> • **섭정** 攝政 [다스릴 **섭**, 정사 **정**]: 임금을 대신하여 나라를 다스림
>   🗨 왕세자가 **섭정**하면 대리청정, 여자인 왕대비나 대왕대비가 섭정하면 수렴청정이라고 해요.

대한 제국

고종 34년에 새로 정한 우리나라의 국호

大韓帝國 [큰 **대**, 나라 **한**, 임금 **제**, 나라 **국**]

1897년에 새로 정한 조선 왕조의 국호예요. 명성 황후가 시해되고, 일본의 위협을 피해 러시아 공사관에서 거처하다가 1년 만에 덕수궁으로 돌아온 고종은 나라 이름을 대한 제국으로 바꾸고, 원구단에서 황제 즉위식을 가졌어요. 우리나라가 자주 독립국이며 황제가 다스리는 나라라는 것을 널리 알린 것이지요. 대한 제국이라는 국호는 1910년 일본에 의해 나라를 강제로 빼앗길 때까지 사용했어요.

🗨 **대한 제국**은 '황제가 다스리는 한민족의 국가'라는 뜻을 가지고 있어요.

> **함께 알아보기!**
> • **대한민국** 大韓民國 [큰 **대**, 나라 **한**, 백성 **민**, 나라 **국**]: 아시아 대륙 동쪽에 있는 한반도와 부속 도서로 이루어진 민주 공화국 **영**Korea **비** 한국
>   🗨 **대한민국**이라는 이름은 고종 황제가 창안한 대한 제국에서 유래하였어요.

동의보감 | 동양 최고의 의학 백과사전

東醫寶鑑 [동녘 **동**, 의원 **의**, 보배 **보**, 거울 **감**]

조선 시대의 의학자인 허준이 선조 임금의 명령으로 편찬한 의학 서적이에요. 동의보감은 실제로 환자를 치료하면서 경험한 의학 정보뿐만 아니라 전쟁으로 고통받는 백성들을 위해 자연에서 쉽게 구할 수 있는 약재를 자세히 적어 놓았어요. 중국과 우리나라의 의학 서적을 하나로 모아 완성한 동양 의학의 백과사전이라는 점을 인정받아 2009년에 유네스코 세계 기록 유산으로 등재되었어요.

예 건강 관리와 예방을 중시했던 17세기 **동의보감**의 내용은 현재 21세기의 세계 보건 기구가 중시하는 건강의 개념과 일치해요.

> **함께 알아보기!**
>
> • **내의원** 內醫院 [안 **내**, 의원 **의**, 집 **원**]: 조선 시대 왕실 의료 기관
> **예** 허준이 서자 출신이었던 까닭에 **내의원**에 들어가기까지의 청년 시절은 잘 알려지지 않았어요.

동학 | 서학인 천주교에 대응할 만한 한국의 종교

東學 [동녘 **동**, 배울 **학**]

1860년에 최제우가 창시한 민족 종교를 말해요. 동학은 '사람이 곧 하늘이요, 하늘의 마음이 곧 사람의 마음'이라는 인내천 사상을 내세웠어요. 이런 가르침은 오랫동안 짓눌려 살았던 농민들의 마음을 사로잡았어요. 세도 정치 속에 고통받던 농민들은 1894년에 서로 힘을 모아 못된 관리들의 착취와 횡포에 맞서 싸웠어요. 이것을 동학 농민 운동이라고 해요.

예 제3대 교주인 손병희는 **동학**의 이름을 '천도교'로 바꾸고 종교의 기틀을 다졌어요.

> **함께 알아보기!**
>
> • **동학 농민 운동** 東學農民運動 [동녘 **동**, 배울 **학**, 농사 **농**, 백성 **민**, 옮길 **운**, 움직일 **동**]: 1894년 전봉준을 중심으로, 동학도와 농민이 힘을 합쳐 못된 관리들에 맞서 싸운 운동
> **예** **동학 농민 운동**은 전라도 고부 군수 조병갑의 횡포가 불씨가 되어 일어난 사건이에요.

무신

무관인 신하 武臣 [굳셀 **무**, 신하 **신**]

(비) 무관 (반) 문신

신하 가운데 무과 출신의 벼슬아치를 무신이라고 해요. 고려 시대 때 무신과 문신은 모두 지배층이었지만, 유학 중심의 사회가 되면서 무신보다 문신의 지위가 높아졌어요. 무신은 정3품 이상의 벼슬에 올라갈 수 없었고, 전쟁이 일어나면 무신이 아닌 문신에게 군사 지휘권이 주어졌어요. 반면에 문신은 중요한 관직을 차지하고, 그 권력을 이용해 많은 땅을 차지하고는 무신을 무시하고 차별했답니다.

(예) 김부식의 아들이었던 문신 김돈중이 **무신** 정중부의 수염을 촛불로 태우는 사건이 일어났어요.

함께 알아보기!

- **문신** 文臣 [글월 **문**, 신하 **신**]: 신하 가운데 문과 출신의 벼슬아치 (비) 문관
  (예) 강감찬은 귀주대첩에서 거란족을 물리친 유명한 장군이지만, 무신이 아니고 과거 시험에 합격한 문신이에요.

무신정변

무신들이 일으킨 정변

武臣政變 [굳셀 **무**, 신하 **신**, 정사 **정**, 변할 **변**]

고려 의종 때 무신들이 정변을 일으켜 권력을 차지한 사건이에요. 무신은 문신보다 지위가 낮아 오랫동안 차별을 받고 있었어요. 그때 젊은 문신이 나이 많은 무신의 뺨을 때리는 사건이 일어나자, 그동안 쌓였던 무신들의 불만이 폭발한 거예요. 무신정변 이후 100여 년 동안 무신들이 정권을 잡고 고려를 이끌어 갔답니다.

(예) 무신에 대한 차별, 군인들의 불만, 의종 임금의 잘못된 정치는 **무신정변**을 일으키는 계기가 되었어요.

무용총

무용하는 벽화가 그려져 있는 무덤

舞踊塚 [춤출 **무**, 뛸 **용**, 무덤 **총**]

중국 길림성에 있는 고구려 시대의 옛 무덤으로, 무용하는 그림이 그려진 벽화가 발견되었다고 해서 무용총이라는 이름이 붙었어요. 무덤의 벽에는 14명의 남녀가 춤을 추는 모습과 말을 탄 4명의 무사가 사슴과 호랑이를 사냥하는 모습이 그려져 있어요. 무용총의 수렵도는 활달하고 힘찬 고구려인의 사냥 모습을 묘사한 것으로 유명하답니다.

ⓔ 천마도가 발견된 천마총은 경주에, 무용하는 벽화가 그려진 **무용총**은 중국에 있어요.

> **함께 알아보기!**
>
> • **천마총** 天馬塚 [하늘 **천**, 말 **마**, 무덤 **총**]: 경상북도 경주에 있는 신라 시대의 옛 무덤
> ⓔ **천마총**의 천마도는 벽화가 아니라, 말의 안장 양쪽에 늘어뜨린 말다래에 그려진 그림이에요.

문화재

문화적으로 가치가 높은 것

文化財 [글월 **문**, 될 **화**, 재물 **재**] ⓔ cultural properties

문화유산 가운데에서 역사적·문화적으로 귀중한 가치가 있는 것을 말해요. 문화재는 크게 유형 문화재와 무형 문화재로 나눌 수 있어요. 무형 문화재는 형체가 없기 때문에 그 기능을 가지고 있는 사람을 '국가 무형 문화재 보유자'로 지정하여 보호하고 있답니다.

유형 문화재	무형 문화재
형체가 있어 실제로 눈으로 볼 수 있는 문화재	음악, 무용, 연극처럼 형체는 없지만, 사람들의 행위를 통해 나타나는 문화재
ⓔ 궁궐, 탑, 도자기, 책	ⓔ 판소리, 강강술래, 하회 별신굿 탈놀이

ⓔ 경주에 가면 신라 **문화재**를, 공주와 부여에 가면 백제 문화재를 볼 수 있어요.

발해	대조영이 동모산에 도읍하여 세운 나라

渤海 [바다 이름 발, 바다 해]

698년에 대조영이 고구려의 유민과 말갈족을 거느리고 만주 동모산에 도읍하여 세운 나라를 말해요. 발해의 지배층은 고구려인이고, 피지배층은 말갈족이었어요. 선왕 때는 고구려와 부여의 영토를 거의 되찾아 당나라로부터 '바다 동쪽의 번성한 나라'라는 뜻의 '해동성국'으로 불리며 최고의 전성기를 누렸어요. 만주 벌판을 달리던 고구려의 씩씩하고 자유로운 기상을 이어받은 발해는 세련된 문화를 꽃피우지만, 926년에 거란의 침입을 받아 멸망하였어요.

예 발해는 중국의 동북 3성, 러시아 연해주, 한반도 북부에 이르는 넓은 영토를 가진 대국이었어요.

백제	온조왕이 위례성에 도읍하여 세운 나라

百濟 [일백 백, 건널 제]

기원전 18년에 즉위한 온조왕부터 660년 마지막 왕인 의자왕에 이르기까지 31대의 왕이 집권했던 왕조를 말해요. 온조왕은 지금의 한강 유역인 위례성에 도읍을 정하고, 주변 지역을 정복하여 차츰 큰 나라로 성장시켰어요. 백제의 전성기인 근초고왕 때는 고구려를 공격하여 황해도 일부 지역까지 영토를 넓히고, 남해안 지역으로 진출하여 가야에 영향력을 미쳤어요. 백제는 중국의 새로운 문물을 받아들이고, 세련되고 우아한 자신들만의 독창적인 문화를 만들어 일본에 전해 주었어요. 문화 선진국이었던 백제는 후기로 접어들면서 지배층의 부패와 분열로 정치가 혼란해지자 660년에 신라와 당나라 연합군에 패하여 멸망하였어요.

예 백제는 신라나 고구려보다 앞서 한강 유역의 땅을 차지하지만, 가장 먼저 멸망했어요.

병인양요

병인년에 서양인들이 일으킨 난리
丙寅洋擾 [셋째 천간 **병**, 셋째 지지 **인**, 서양 **양**, 어지러울 **요**]

병인년인 1866년에 프랑스 함대가 강화도를 침범한 사건이에요. 어린 고종을 대신하여 정권을 잡고 있던 흥선 대원군이 천주교 신도를 박해하고, 프랑스 선교사를 처형한 것에 대한 보복이었지요. 하지만 프랑스군은 정족산성에서 양헌수가 이끄는 조선군에 패하여 약 40일 만에 물러났어요. 이때 프랑스군은 강화도의 외규장각을 불태우고, 각종 서적을 약탈해 갔어요.

<details>

예 강화도로 프랑스가 쳐들어온 사건은 **병인양요**, 미국이 쳐들어온 사건은 신미양요예요.

함께 알아보기!

- **신미양요** 辛未洋擾 [여덟째 천간 **신**, 여덟째 지지 **미**, 서양 **양**, 어지러울 **요**]: 신미년인 1897년에 미국이 제너럴셔먼호 사건을 빌미로 강화도에 침범한 사건
  예 병인양요와 **신미양요**를 겪은 후, 흥선 대원군은 서양을 배척하는 척화비를 세웠어요.

병자호란

병자년에 오랑캐들이 일으킨 난리

丙子胡亂 [셋째 천간 **병**, 첫째 지지 **자**, 오랑캐 **호**, 어지러울 **란**]

병자년인 1636년에 청나라가 조선을 침입한 난리를 말해요. 조선이 오랑캐라 부르며 얕잡아 본 여진족은 강성했던 명나라를 무너뜨린 뒤 청나라를 세우고, 조선에 신하의 예를 갖추라고 요구해 왔어요. 이를 거절하자 화가 난 청나라 태종은 20만 대군을 거느리고 조선을 침략했지요. 남한산성으로 몸을 피한 제16대 임금 인조는 45일간 맞서 싸우지만, 강화도가 함락되고 종묘사직이 적에게 넘어가자 결국 삼전도에서 3번 큰절하고 땅바닥에 9번 머리를 박는 굴욕적인 항복을 했어요. 장남인 소현세자와 차남인 봉림대군은 20만 명의 백성과 함께 청나라에 인질로 잡혀가야만 했어요.

예 봉림대군은 효종으로 즉위한 후 **병자호란**의 치욕을 씻기 위해 북벌 정책을 추진했어요.

함께 알아보기!

· **오랑캐**: 만주 지방을 떠돌아다니며 말과 양을 기르던 여진족을 멸시하며 이르던 말

예 조선은 명나라를 아버지의 나라로 여기고, 청나라를 **오랑캐**의 나라라며 무시했어요.

붕당 정치

붕당이 주체가 되어 운영되던 정치

朋黨政治 [벗 **붕**, 무리 **당**, 주인 **정**, 다스릴 **치**]

조선 시대에 사람들이 붕당을 이루어 서로 비판하며 견제하던 정치를 말해요. 붕당이 만들어진 최초의 발단은 이조 전랑(관리들의 인사권을 담당하는 중급 관리)의 임명 문제를 두고 관리들이 두 개의 파, '동인'과 '서인'으로 나뉘면서부터예요. 나중에 동인은 남인과 북인으로, 서인은 노론과 소론으로 분열되어 서로 자기 당의 이익만을 추구하게 돼요. 상대방을 인정하고 공존하던 붕당 정치의 원칙이 깨지고, 후기로 갈수록 한 붕당이 권력을 독차지하고 왕실을 쥐락펴락하는 폐단이 생겨났어요.

예 조선의 몇몇 임금들은 왕권을 강화하기 위해 편을 갈라 다투는 **붕당 정치**를 이용하기도 했어요.

> **함께 알아보기!**
>
> • **붕당** 朋黨 [벗 **붕**, 무리 **당**]: 서로 뜻이 같은 사람끼리 뭉친 당
>   **예** 사도세자는 아버지 영조와의 갈등과 **붕당**의 이간질까지 겹쳐 죽음을 맞이한 비운의 왕세자예요.

삼강오륜 | 세 가지 삶의 강령과 다섯 가지 인륜

三綱五倫 [석 **삼**, 벼리 **강**, 다섯 **오**, 인륜 **륜**]

유교의 도덕에서 기본이 되는 세 가지 강령과 다섯 가지 도리를 삼강오륜이라고 해요. 조선 시대에는 삼강오륜을 바탕으로 하는 유교 사회를 만들려고 했어요. 국가에서는 모범이 될 만한 충신, 효자, 열녀들의 이야기를 글과 그림으로 엮어 『삼강행실도』를 펴냈어요.

삼강	❶ **군위신강** : 임금과 신하 사이에는 지켜야 할 도리가 있음. ❷ **부위자강** : 부모와 자식 사이에는 지켜야 할 도리가 있음. ❸ **부위부강** : 부부 사이에는 지켜야 할 도리가 있음.
오륜	❶ **군신유의** : 임금과 신하 사이에는 의리가 있어야 함. ❷ **부자유친** : 부모와 자식 사이에는 사랑이 있어야 함. ❸ **부부유별** : 부부 사이에는 차이가 있어야 함. ❹ **장유유서** : 어른과 아이 사이에는 순서가 있어야 함. ❺ **붕우유신** : 친구 사이에는 믿음이 있어야 함.

예 유교의 가르침 중에서 가장 중요하게 생각했던 것은 **삼강오륜**과 관혼상제 예절이었어요.

장유유서

삼국 시대
세 나라가 맞서 있던 시대
三國時代 [석 **삼**, 나라 **국**, 때 **시**, 시대 **대**]

고구려, 백제, 신라가 세워진 때부터 통일 신라 전까지의 시대를 말해요. 삼국은 한강 유역을 차지하기 위해 서로 다투었어요. 한반도의 중심에 위치한 한강 유역은 삼국 통일의 주도권을 잡기에 유리한 곳이었거든요. 백제의 성인 몽촌토성, 고구려의 유적이 있는 아차산, 신라의 진흥왕 순수비가 있는 북한산 등 세 나라의 유적지가 한강을 낀 서울에 있는 것만 봐도 한강 유역이 격전지였음을 알 수 있어요. 한강 유역을 차지한 순서는 '백제→고구려→신라' 순이에요. 삼국 중에 가장 발전이 빨랐던 백제가 제일 먼저 망하고, 발전이 가장 늦었던 신라가 한강 유역을 마지막으로 차지하게 되면서 삼국을 통일했답니다.

(예) **삼국 시대**는 고구려, 백제, 신라가 한반도의 주도권을 놓고 다투던 시기예요.

> **함께 알아보기!**
> · **도읍지** 都邑地 [도읍 **도**, 고을 **읍**, 땅 **지**]: 한 나라의 수도로 정한 곳
> (예) 고구려는 '졸본 → 국내성 → 평양성' 순으로, 백제는 '위례성 → 웅진 → 사비' 순으로, 신라는 금성을 **도읍지**로 정했어요.

삼정
전정, 군정, 환곡 세 가지를 이르는 말
三政 [석 **삼**, 정사 **정**]

조선 후기에 나라의 재정을 튼튼히 하기 위해 백성들에게 거두어들인 세금을 말해요. 삼정에는 전정, 군정, 환곡 세 가지가 있어요. 전정은 토지에 세금을 매기는 제도이고, 군정은 병사로 일하지 않는 대신에 군포를 내는 제도예요. 환곡은 식량이 궁핍한 봄철에 백성들에게 곡식을 빌려주었다가 가을철에 이자를 붙여서 갚도록 한 제도랍니다.

(예) 관리들의 수탈과 부정부패로 **삼정**이 제대로 지켜지지 않아 백성들의 생활은 더욱 고달파지고, 농민 봉기가 일어났어요.

> **함께 알아보기!**
> · **춘궁기** 春窮期 [봄 **춘**, 궁할 **궁**, 때 **기**]: 묵은 곡식은 다 떨어지고 햇곡식은 아직 익지 않아 식량이 궁핍한 봄철의 때
> (예) 곡식이 바닥난 **춘궁기**에는 풀뿌리나 나무껍질 등으로 음식을 만들어 주린 배를 채워야 했어요.

사회

서원

유생들이 글을 배우던 집
書院 [글 서, 집 원]

조선 시대에 선비들이 모여 유학을 공부하던 곳을 서원이라고 해요. 서원은 학문이 깊고 지혜가 뛰어났던 조상들의 제사를 지내고, 지방의 인재를 기르기 위한 교육 기관이었어요. 조선 시대의 교육 기관으로는 서당, 서원, 향교, 성균관 등이 있었어요.

⑩ 최초의 **서원**은 조선 중종 때 풍기 군수 주세붕이 세운 백운동 서원이에요.

> **함께 알아보기!**
> • **유생** 儒生 [선비 유, 날 생]: 유학을 공부하는 선비
> ⑩ 소과에 응시하여 합격한 사람만 성균관 **유생**이 될 수 있었어요.

세도 정치

위임받아 권세를 휘두르는 정치
勢道政治 [권세 세, 길 도, 정사 정, 다스릴 치]

순조, 헌종, 철종 3대에 걸쳐 60여 년간 특정한 가문이 권력을 잡은 비정상적인 정치 형태를 말해요. 세도 정치는 왕이 어려서 왕권이 약할 때 행해졌는데요, 제23대 임금 순조 때는 안동 김씨, 제24대 임금 헌종 때는 풍양 조씨, 제25대 임금 철종 때는 다시 안동 김씨 가문이 권력을 장악하고 부정부패를 일삼았어요. 세도 정치로 인해 왕권이 약화되고, 뇌물로 벼슬을 사고파는 매관매직이 유행했으며 탐관오리의 횡포로 백성들의 삶은 더욱 어려워졌어요.

⑩ 60여 년 동안 계속된 **세도 정치**로 인해 조선의 정치는 크게 퇴보했어요.

> **함께 알아보기!**
> • **탐관오리** 貪官汚吏 [탐할 탐, 벼슬 관, 더러울 오, 벼슬아치 리]: 백성의 재물을 탐내어 빼앗는 행실이 깨끗하지 못한 관리 ⑪ 청백리
> ⑩ '홍경래의 난'은 지방의 차별과 **탐관오리**의 수탈을 견디다 못해 일어난 농민 항쟁이에요.

신라
박혁거세가 금성에 도읍하여 세운 나라
新羅 [새 신, 벌일 라]

기원전 57년에 즉위한 박혁거세부터 기원후 935년 마지막 왕인 경순왕까지 박씨, 석 씨, 김 씨가 56대에 걸쳐 집권했던 왕조를 말해요. 한반도의 동남쪽에 위치한 신라의 도읍지는 지금의 경주인데요, 신라는 천 년 동안 수도를 한 번도 옮기지 않았어요. 순장 풍습을 최초로 폐지한 지증왕은 강원도 북부까지 진출하였으며 장군 이사부로 하여금 지금의 울릉도인 우산국을 정복하게 하였어요. 신라의 전성기인 진흥왕 때는 화랑도를 국가 조직으로 만들어 인재를 키웠으며 한강 유역을 빼앗고, 대가야를 정복해 영토를 넓혔답니다. 태종 무열왕 때는 당나라와 손을 잡고 백제를 멸망시켜 삼국 통일의 기틀을 마련했고, 문무왕 때 고구려를 멸망시키면서 삼국을 통일했어요.

📦 선덕 여왕, 진덕 여왕, 진성 여왕은 모두 **신라** 시대의 사람이에요.

> **함께 알아보기!**
> • **박혁거세** 朴赫居世 [클 박, 붉을 혁, 있을 거, 인간 세]: 신라의 시조
> 📦 박처럼 생긴 큰 알에서 나왔다고 하여 **박혁거세**라는 이름이 붙었어요.

신문고
분하고 억울한 소리를 듣기 위해 만든 북
申聞鼓 [알릴 신, 들을 문, 북 고]

조선 시대에 억울한 일을 당한 백성들이 하소연할 수 있도록 궁궐 밖 문루 위에 달아 놓은 북이에요. 왕이 백성들의 사정을 직접 듣고 그 문제를 해결해 주기 위해 만든 북이지만, 실제로 신문고를 치는 백성들은 거의 없었다고 해요. 왜냐하면 신문고가 한양에만 설치되어 있었고, 무엇보다 절차가 무척 까다로웠기 때문이에요.

📦 태종 때 만들었던 **신문고**는 연산군 때 폐지되었고, 그 대신 정조 때 격쟁이라는 제도가 생겼어요.

> **함께 알아보기!**
> • **격쟁** 擊錚 [칠 격, 쇳소리 쟁]: 원통한 일을 당한 사람이 꽹과리를 쳐서 왕에게 하소연하던 제도
> 📦 정조는 궁궐 밖으로 자주 나가 백성들이 **격쟁**을 활용할 기회를 최대한 많이 주었대요.

신분 제도

출신에 따라 계급을 나누는 제도

身分制度 [몸 신, 나눌 분, 제도 제, 법도 도] 영 status system

삼국 시대의 신분 제도는 크게 귀족, 평민, 노비로 나뉘었고, 조선 시대에는 양반, 중인, 상민, 천민으로 나뉘었어요.

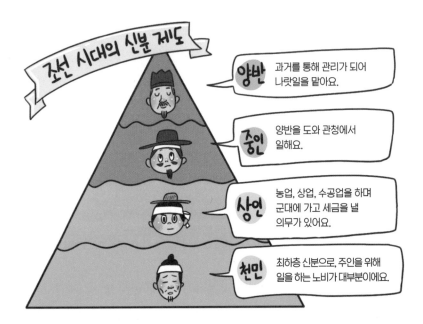

조선 시대의 신분 제도

양반 과거를 통해 관리가 되어 나랏일을 맡아요.

중인 양반을 도와 관청에서 일해요.

상인 농업, 상업, 수공업을 하며 군대에 가고 세금을 낼 의무가 있어요.

천민 최하층 신분으로, 주인을 위해 일을 하는 노비가 대부분이에요.

예 고구려의 **신분 제도**는 고분 벽화를 통해 알 수 있는데 왕족과 귀족은 크게, 노비는 작게 그려져 있어요.

함께 알아보기!

· **노비** 奴婢 [종 노, 여자 종 비]: 남자 종과 여자 종을 아울러 이르는 말 영 slave 비 종
예 고조선 법에는 '남의 물건을 훔친 자는 **노비**로 삼는다'는 기록이 있어요.

실학 실제로 쓸모가 있는 학문
實學 [열매 **실**, 배울 **학**]

나라를 다스리거나 사람이 살아가는 데 실제로 도움이 되는 학문을 뜻하는 실학은 조선 후기에 등장했어요. 그전까지 조선의 근본 사상이었던 성리학이 이론과 형식에만 치우쳐 백성들의 실생활에 도움을 주지 못했거든요. 실학자들은 백성들의 어려운 삶을 변화시키기 위해 토지 제도 고치기, 상공업 발전시키기 등 여러 가지 방법을 제안하며 사회 개혁을 부르짖었어요.

예 서양의 과학 기술이 조선에 소개되면서 **실학**을 중요하게 생각하는 학자들이 나타났어요.

> **함께 알아보기!**
> · **성리학** 性理學 [성품 **성**, 다스릴 **리**, 배울 **학**]: 공자와 맹자의 가르침을 더욱 발전시킨 학문
> **예** 조선 왕조는 도덕과 바른 정치를 강조한 **성리학**을 나라를 다스리는 이념으로 삼았어요.

아관파천 러시아 공사관에 옮겨 거처함
俄館播遷 [러시아 **아**, 집 **관**, 달아날 **파**, 옮길 **천**]

1896년 2월 11일부터 1897년 2월 20일까지 약 1년간 고종과 세자가 왕궁을 떠나 러시아 공사관으로 옮겨 살았던 사건이에요. '아관'은 조선에 있던 러시아 공사관을 뜻해요. 명성 황후가 무참하게 살해된 뒤, 고종은 일본의 감시를 받으며 자신도 죽을 수 있다는 위협을 느끼며 살았어요. 일제의 감시를 피해 러시아 공사관으로 향한 고종은 명성 황후 시해 사건과 관련된 친일파를 처단하고, 친러파 관리들을 등용했어요.

예 **아관파천**으로 조선은 일본의 위협을 피했으나 러시아의 내정 간섭을 받게 되었어요.

역사

과거에 일어났던 사실에 대한 기록 歷史 [지낼 역, 역사 사]
영 history

인류 사회가 시간의 흐름에 따라 변화해 온 과정을 말해요. 역사를 시대별로 크게 구분하면 선사 시대와 역사 시대로 나눌 수 있어요. 문자를 사용하기 전의 시대를 '선사 시대', 문자를 사용한 이후의 시대를 '역사 시대'라고 해요. 문자가 없어서 기록이 불가능했던 선사 시대의 역사는 유물과 유적으로 당시의 생활 모습을 짐작한답니다.

예 문자와 종이는 인류의 **역사**를 바꿔 놓은 위대한 발명품이에요.

열사

나라를 위해 충성을 다하며 싸운 사람 烈士 [세찰 열, 선비 사]
영 patriotic martyr   비 의사

나라와 민족을 위해 맨몸으로 저항하여 싸운 사람을 뜻해요. 을사늑약에 반대해 자결한 민영환 열사, 헤이그 특사로 파견되었으나 뜻을 이루지 못하고 순국한 이준 열사, 만세 운동을 주도하다가 감옥에 잡혀간 유관순 열사가 대표적이에요.

예 유관순 **열사**는 일본 경찰에게 체포되어 모진 고문을 받았으나 끝내 굴하지 않았어요.

> **함께 알아보기!**
> • **독립운동** 獨立運動 [홀로 독, 설 립, 옮길 운, 움직일 동]: 일제 강점기에 우리나라의 독립을 위해 일어났던 민족 운동
> 예 만세 운동에서 시작된 **독립운동**은 국산품만 쓰자는 '물산 장려 운동'으로까지 확대되었어요.

유교

유학의 가르침 儒敎 [유학 유, 가르칠 교]
영 confucianism

유교는 **공자의 가르침을 따르는 종교**예요. 유교는 나라에 대한 충성과 부모에 대한 효를 무엇보다 중요시했고, 조선은 유교를 국교로 삼아 사회 질서를 유지했어요. 일상생활에서 삼강오륜을 중시하여 나라의 행사뿐만 아니라 집안의 행사도 유교의 예에 따라 치렀어요.

예 태조 이성계는 고려 사회의 폐단을 불교로 보고, **유교**를 정치 이념으로 삼았어요.

> **함께 알아보기!**
> • **유학** 儒學 [유학 유, 배울 학]: 유교를 학문적으로 연구하는 것
> 예 지폐에 등장하는 퇴계 이황과 율곡 이이는 조선 시대의 **유학**을 크게 빛낸 대표적인 학자예요.

유네스코

국제 연합 교육 과학 문화 기구 외래어
영 UNESCO

국가 간의 교육·과학·문화 교류를 통해 협력을 이루고자 만들어진 국제 연합 전문 기구예요. 유네스코에는 인류가 보존해야 할 문화, 자연, 기록물 등을 유산으로 지정하여 보호하고 있어요.

예 국채 보상 운동 기록물은 2017년에 **유네스코** 세계 기록 유산으로 등재되었어요.

> **함께 알아보기!**
>
> · **국제 연합** 國際聯合 [나라 **국**, 사이 **제**, 잇닿을 **연**, 합할 **합**]: 세계 평화와 안전 보장을 위해 만든 국제기구 영 United Nations 비 유엔

사회

유물

조상들이 남긴 물건 遺物 [남길 **유**, 물건 **물**]
영 relic

조상들이 후대에 남긴 물건을 말해요. 옛날 사람들이 쓰던 도자기, 장신구, 무기, 서적처럼 크기가 작고 가벼워 이동이 가능한 것은 유물이에요. 역사적인 건축물이나 싸움터, 고분과 같이 형태가 크고 무거워 옮길 수 없는 것은 유적이랍니다.

예 고려 시대의 대표적인 **유물**은 독특한 푸른빛을 자랑하는 고려청자예요.

> **함께 알아보기!**
>
> · **유적** 遺跡 [남길 **유**, 자취 **적**]: 조상들이 남긴 발자취 영 remains
> 예 국보 1호인 숭례문과 보물 1호인 흥인지문은 우리나라의 대표적인 **유적**이에요.

을미사변

을미년에 명성 황후가 살해된 사건

乙未事變 [둘째 천간 **을**, 여덟째 지지 **미**, 일 **사**, 변할 **변**]

🄱 명성 황후 시해 사건

을미년인 1895년에 일본 자객들이 경복궁을 습격하여 명성 황후를 시해한 사건이에요. 외교 능력이 뛰어났던 명성 황후는 일본을 견제할 세력으로 러시아를 선택했어요. 이를 못마땅하게 여기던 일본은 명성 황후를 죽이려는 계획을 세웠지요. 새벽에 궁궐을 침입한 일본 자객들은 명성 황후를 찾아내 잔인하게 죽이고 시신을 불태우는 만행을 저질렀어요.

🄰 **을미사변**으로 왕비를 잃은 고종은 공포와 혼돈 속에서 조선의 앞날을 지키기 위해 고군분투했어요.

> **함께 알아보기!**
> • **사변** 事變 [일 **사**, 변할 **변**]: 선전 포고 없이 다른 나라를 침입하는 일

을사조약

을사년에 강제로 맺은 조약

乙巳條約 [둘째 천간 **을**, 여섯째 지지 **사**, 가지 **조**, 맺을 **약**]

🄱 을사늑약, 을사오조약

을사년인 1905년에 일본이 대한 제국의 외교권을 빼앗기 위해 강제로 맺은 조약이에요. 을사조약 체결을 끝까지 반대한 제26대 임금 고종은 이 조약이 일본의 강압으로 이루어졌다는 것을 전 세계에 폭로하기 위해 1907년 네덜란드 헤이그에 특별한 임무를 띤 사신을 몰래 파견해요. 이를 빌미로 일본은 고종을 왕위에서 물러나도록 몰아붙였어요. 결국 고종은 임금의 자리에서 물러나고, 아들인 순종이 대한 제국의 마지막 황제가 된답니다.

🄰 **을사조약** 체결에 찬성했던 다섯 명의 대신을 '을사오적'이라고 해요.

> **함께 알아보기!**
> • **늑약** 勒約 [억지로 **늑**, 맺을 **약**]: 억지로 맺은 조약
> 🄰 이토 히로부미는 경운궁 중명당에 들어가 고종과 대신들을 위협하며 을사늑약에 서명할 것을 강요했어요.

의궤 의례의 본보기가 되는 책
儀軌 [본보기 의, 바퀴 자국 궤]

조선 시대에 왕실이나 국가의 중요한 행사 과정을 정리한 책이에요. 임금과 왕비의 결혼, 세자 책봉, 왕의 행차, 장례식 등의 절차가 상세한 그림과 함께 기록되어 있어요. 의궤의 그림은 도화서 소속의 화원들이 직접 현장에서 그렸기 때문에 컬러 사진을 보는 듯한 생생함이 느껴지는 것이 특징이에요. 조선 왕조 의궤는 역사적으로 가치가 뛰어나 2007년에 유네스코 세계 기록 유산으로 선정되었답니다.

📖 병인양요 때 프랑스군에 의해 약탈당했던 외규장각 **의궤**가 145년 만에 한국으로 돌아왔어요.

> **함께 알아보기!**
> • **도화서** 圖畵署 [그림 도, 그림 화, 관청 서]: 조선 시대에 그림에 관한 일을 맡아보던 관아
> 📖 우리에게 잘 알려진 김홍도, 신윤복, 안견 같은 화원은 모두 **도화서** 출신이에요.

의병 의를 위하여 일어난 군사 義兵 [옳을 의, 군사 병]
영 righteous army 비 민병, 의군

백성들이 나라를 구하기 위해 스스로 만든 군대를 의병이라고 해요. 외적의 침입으로 나라가 위기에 처했을 때 양반에서 천민, 승려에 이르기까지 다양한 신분의 사람들이 전국 각지에서 의병을 일으켰어요. 임진왜란 때 의병은 관군과 협력하여 김시민 장군이 이끄는 진주성에서, 권율 장군이 이끄는 행주산성에서 큰 승리를 이끌어 냈지요.

📖 붉은 옷을 입어 '홍의장군'이라고 불린 곽재우 장군은 임진왜란 때 제일 먼저 **의병**을 일으켜 왜구를 무찔렀어요.

> **함께 알아보기!**
> • **관군** 官軍 [벼슬 관, 군사 군]: 예전에 국가에 소속되어 있던 정규 군대 비 관병

일제 강점기 일본 제국이 우리나라를 강제로 점령한 시기
日帝强占期 [날 **일**, 임금 **제**, 억지로 **강**, 점령할 **점**, 때 **기**]

일제에게 나라를 **빼앗긴** 1910년부터 해방된 1945년까지 우리 민족이 수난을 겪었던 시기를 일제 강점기라고 해요. 일제는 '일본 제국주의'를 줄여 이르는 말이에요. 우리의 국권을 강탈한 일제는 조선 총독부를 설치한 뒤 입법, 사법, 행정 및 군대 통수권까지 손에 쥐고 우리 민족을 탄압했어요.

ⓔ **일제 강점기** 때 김구는 중국 상하이에 '대한민국 임시 정부'를 세우고 독립운동을 했어요.

> ┌ 함께 알아보기! ┐
> · **조선 총독부** 朝鮮總督府 [아침 **조**, 고울 **선**, 거느릴 **총**, 살펴볼 **독**, 관청 **부**]: 일제 강점기에 일본이 우리나라를 지배하기 위해 설치한 기관
> ⓔ 일본군 현역 대장이 **조선 총독부**의 우두머리로 임명되어 모든 권력을 장악했어요.

임진왜란 임진년에 일본이 우리나라를 침입하여 일으킨 난리
壬辰倭亂 [아홉째 천간 **임**, 다섯째 지지 **진**, 왜나라 **왜**, 어지러울 **란**]

임진년인 1592년에 일본이 조선을 침략하여 1598년까지 7년 동안 계속된 전쟁을 임진왜란이라고 해요. 처음에는 일본군이 우세했지만, 이순신과 권율, 김시민 장군이 이끄는 조선군과 전국 곳곳에서 일어난 의병의 활약으로 전세가 역전되었어요.

ⓔ 이순신 장군은 판옥선과 거북선을 이끌고 나가 **임진왜란**에서 큰 승리를 거두었어요.

> ┌ 함께 알아보기! ┐
> · **대첩** 大捷 [큰 **대**, 이길 **첩**]: 크게 이김   🔵 대승   🔴 대패
> ⓔ 을지문덕의 살수 대첩, 강감찬의 귀주 대첩, 이순신의 한산도 대첩을 우리나라 3대 **대첩**이라고 해요.

제정일치

제사와 정치가 일치하는 사상
祭政一致 [제자 **제**, 정사 **정**, 한 **일**, 이를 **치**]

종교와 정치권력이 분리되지 않고 한 사람에게 집중된 체제를 말해요. 제정일치는 고대 국가에서 흔히 볼 수 있는 권력 형태예요. 우리나라 최초의 국가인 고조선을 세운 단군왕검이 바로 그 예에요. '단군'은 제사장을 뜻하고, '왕검'은 정치 지배자를 뜻하므로 단군왕검이 임금과 제사장의 역할을 함께 맡았음을 알 수 있어요.

예 단군 신화를 통해 고조선은 **제정일치** 사회이고, 농경 생활을 했다는 걸 알 수 있어요.

사회

함께 알아보기!

- **홍익인간** 弘益人間 [넓을 **홍**, 더할 **익**, 사람 **인**, 사이 **간**]: 널리 인간을 이롭게 함
  예 **홍익인간**은 단군왕검이 세운 고조선의 건국 이념으로, 『삼국유사』에 기록되어 있어요.

조선 — 이성계가 한양에 도읍하여 세운 나라
朝鮮 [아침 **조**, 고울 **선**]

1392년에 즉위한 태조부터 1910년 마지막 왕인 순종에 이르기까지 이 씨가 27대에 걸쳐 집권했던 왕조를 말해요. 태조 이성계는 한양에 경복궁을 짓고, 유교를 정치 이념으로 삼아 새 왕조의 터전을 닦았어요. 세종대왕은 세계에서 가장 과학적인 글자인 훈민정음을 만들었으며, 정치·경제·문화 등을 골고루 발전시켜 전성기를 이루었어요. 선조 때의 임진왜란, 인조 때의 병자호란 등으로 나라가 어려워지기도 하지만, 영조와 그 뒤를 이은 정조는 당파와 관계없이 인재를 골고루 등용하는 탕평책을 실시하여 새로운 전성기를 이루어 내요. 하지만 조선 후기에 이르러 세도 정치로 인해 정치 기강이 문란해지고, 서양 강대국과 일본의 압력을 받는 고난을 겪게 돼요. 1897년에 고종 임금이 대한 제국으로 국호를 바꾸고 개혁을 실시하지만, 결국 1910년에 일본에 의해 강제로 나라의 주권을 빼앗기고 만답니다.

예 조선은 단군이 세운 고조선과 같은 이름으로, 긴 역사를 이어온 나라예요.

종묘 — 왕실의 사당
宗廟 [마루 **종**, 사당 **묘**]

조선의 역대 왕과 왕비의 위패를 모시던 왕실의 사당을 말해요. 태조 이성계는 유교에서 정한 법도에 따라 왕이 머무는 궁궐인 경복궁은 가운데에, 종묘는 오른쪽에, 사직단은 왼쪽에 세웠어요. 종묘의 중심 건물인 정전은 가로 길이가 매우 길고, 단일 목조 건물로는 세계에서 규모가 가장 큰 건축물이에요. 유래를 찾아볼 수 없는 독특한 건축 양식인 점이 인정되어 종묘는 1995년에 유네스코 세계 문화유산으로 지정되었어요.

예 종묘는 무덤이 아니라 조선 시대 역대 왕들의 제사를 모시는 곳이에요.

- **사직단** 社稷壇 [토지신 **사**, 곡신 **직**, 단 **단**]: 왕이 백성을 위해 토지의 신과 곡식의 신에게 제사를 지내던 곳
  예 농업이 중심이었던 조선 시대에 농사의 풍요를 비는 **사직단**은 매우 신성한 곳이었어요.

직지심체요절
부처님의 가르침을 중요한 대목만 뽑아 해설함
直指心體要節 [곧을 **직**, 가리킬 **지**, 마음 **심**, 몸 **체**, 요긴할 **요**, 마디 **절**]

'백운 화상'이라는 승려가 부처님과 큰스님들의 말씀 중에서 좋은 구절만 뽑아 만든 불교 서적이에요. '직지심경'이라고도 불리는 『직지심체요절』은 금속 활자로 인쇄된 책 중에서 세계에서 가장 오래되었어요. 서양에서 인쇄된 구텐베르크의 『42행 성서』보다 78년이나 앞선 1377년에 인쇄되었답니다.

예 유네스코 세계 기록 유산에 등재된 『**직지심체요절**』은 프랑스 국립 도서관에 소장되어 있어요.

> **함께 알아보기!**
> • **금속 활자** 金屬活字 [쇠 **금**, 엮을 **속**, 살 **활**, 글자 **자**]: 납이나 구리 등의 금속으로 만든 활자
>   예 우리나라는 고려 시대부터 **금속 활자**를 만들기 시작했어요.

탕평책
어느 쪽으로 치우침 없이 공평한 정책
蕩平策 [쓸어버릴 **탕**, 평평할 **평**, 꾀 **책**]

조선 영조 때 각 당파에서 고르게 인재를 등용하던 정책을 말해요. 영조는 정치 혼란의 가장 큰 원인이 붕당의 대립 때문이라고 생각했어요. 따라서 신하들이 서로 당을 이루어 싸우지 못하도록 탕평책을 실시한 거예요. 영조에 이어 정조도 탕평책을 계승하여 노론과 소론은 물론, 능력만 있으면 서얼도 등용하여 관직을 주었어요.

예 여러 가지 재료가 골고루 섞인 음식인 탕평채는 여러 붕당을 공평하게 섞어 정치를 펼쳐 나가겠다는 **탕평책**의 뜻을 담고 있어요.

사회

통일 신라 — 삼국 통일 이후의 신라

統一新羅 [합칠 **통**, 한 **일**, 새 **신**, 벌일 **라**] 비 **후기 신라**

백제와 고구려를 무너뜨리고 삼국을 통일한 676년부터 935년까지의 신라를 말해요. 통일 신라는 고구려 북쪽 영토를 포함하지 못했다는 아쉬움이 있지만, 삼국의 문화가 한데 어우러져 새로운 문화를 꽃피우는 계기가 되었어요. 세계 문화유산으로 지정될 정도로 가치가 높은 불국사와 석굴암 같은 불교 문화재도 바로 이 시기에 만들어졌어요. 하지만 말기에 이르러 왕과 귀족들의 부패와 향락으로 나라가 혼란에 빠지자, 그 틈을 타고 견훤이 후백제를, 궁예가 후고구려를 세웠어요. 후백제, 후고구려, 신라 세 나라가 대립하던 후삼국 시대는 고려에 의해 멸망할 때까지 계속되었답니다.

예 **통일 신라** 때의 장군인 장보고는 완도에 청해진을 설치하여 신라인을 납치한 해적을 물리쳤어요.

> **함께 알아보기!**
>
> • **후삼국** 後三國 [뒤 **후**, 석 **삼**, 나라 **국**]: 통일 신라 말기의 신라, 후백제, 후고구려를 통틀어 이르는 말

팔만대장경 — 팔만여 개의 대장경

八萬大藏經 [여덟 **팔**, 일만 **만**, 큰 **대**, 감출 **장**, 경서 **경**] 비 **고려 대장경**

고려 고종 때 부처님의 말씀을 담은 불교 경전을 목판에 새긴 것을 말해요. 수천만 개의 글자 하나하나가 고르고 정밀하게 새겨진 팔만대장경은 부처의 힘으로 고려에 침입한 몽골군을 물리치기를 바라는 마음을 담아 만들었어요. 목판으로 만든 팔만대장경이 오랜 세월 동안 썩지 않고 완벽한 상태로 보존될 수 있었던 것은 과학적인 구조로 설계된 합천 해인사의 장경판전에 보관했기 때문이에요. 그 가치를 인정받아 장경판전은 1995년에 유네스코 세계 문화유산으로, 팔만대장경은 2007년에 세계 기록 유산으로 등재되었답니다.

예 **팔만대장경**은 불경을 새긴 목판의 수가 팔만여 개여서 붙여진 이름이에요.

정치

간선제

간접 선거 제도 間選制 [사이 **간**, 뽑을 **선**, 제도 **제**]
영 indirect election system 반 직선제

국민을 대표하는 선거인단을 만들어 그들에게 선거를 치르도록 하는 제도예요. 우리나라에서는 1대, 4대, 8~12대 대통령 선거에서 간선제를 실시했어요. 1대와 4대는 국회에서, 8~11대에는 통일 주체 국민 회의에서, 12대는 대통령 선거인단이 대통령을 뽑았지요. 하지만 1987년 6월 대규모 민주화 시위인 '6월 민주 항쟁'이 전국적으로 일어난 이후, 13대부터 직선제로 대통령을 뽑게 되었어요.

예 우리나라의 초대 대통령인 이승만은 제헌 국회에서 **간선제**로 선출되었어요.

> **함께 알아보기!**
>
> • **직선제** 直選制 [곧을 **직**, 뽑을 **선**, 제도 **제**]: 국민들이 직접 선거를 통하여 대표를 선출하는 제도
> 영 direct election system 반 직접 선거 제도
> 예 현재 우리나라는 **직선제**로 대통령을 뽑고 있으며, 간선제를 시행하는 대표적인 나라는 미국이에요.

공무원

공적인 일을 맡은 사람 公務員 [공평할 **공**, 일 **무**, 인원 **원**]
영 public servant

국가나 지방 자치 단체를 위해 일하는 모든 사람을 뜻해요. 공무원은 정부 부처, 도청, 시·군·구청, 동사무소 등에서 우리의 일상생활과 밀접하게 관련된 업무를 담당하고 있어요. 공무원이 되려면 국가에서 시행하는 자격시험에 합격해야 하고, 국민이 낸 세금으로 월급을 받기 때문에 국민을 위해 봉사해야 할 의무가 있어요.

예 경찰관, 소방관, 군인뿐만 아니라 대통령과 국회의원, 법관도 모두 **공무원**이에요.

> **함께 알아보기!**
>
> • **대통령** 大統領 [큰 **대**, 거느릴 **통**, 우두머리 **령**]: 행정부의 우두머리이자 국가를 대표하는 최고 통치자 영 president
> 예 **대통령**은 나라 살림을 맡은 행정부의 공무원들을 임명할 수 있는 권한을 갖고 있어요.

공청회

함께 모여 의견을 들음 公聽會 [함께할 **공**, 들을 **청**, 모일 **회**]

🌐 public hearing

국가나 지방 자치 단체에서 중요한 정책을 시행하기 전에 국민들과 전문가의 의견을 듣는 모임이에요. 공청회를 통해 행정 기관은 다양한 의견에 귀를 기울이고, 지혜를 모아 합리적인 정책을 만들 수 있답니다.

📝 우리 부모님은 대학 입시 제도의 개선을 위한 **공청회**에 참여했어요.

공화국

주권이 국민에 있는 나라 共和國 [함께 **공**, 화할 **화**, 나라 **국**]

🌐 republic

공화국은 주권을 가진 국민이 대표자를 선출하고, 이 대표자가 법과 제도를 통해 국가를 운영하는 나라예요. 대한민국 헌법 첫머리를 보면 공화국에 대한 내용이 나와요.

대한민국 헌법	제1조 ❶ 대한민국은 민주 공화국이다. ❷ 대한민국의 주권은 국민에게 있고, 모든 권력은 국민으로부터 나온다.

📝 2007년에 네팔은 국민 투표를 통해 군주제를 폐지하고 **공화국**을 수립할 것을 결정했어요.

> **함께 알아보기!**
>
> • **주권** 主權 [주인 **주**, 권세 **권**]: 국민이 한 나라의 주인으로서 나라의 중요한 일을 스스로 결정하는 권리 🌐 sovereignty
>
> 📝 4·19 혁명, 5·18 민주화 운동, 6월 민주 항쟁은 국민의 **주권**을 역사적으로 확인한 사건이에요.

국경일　나라의 경사를 기념하는 날 國慶日 [나라 **국**, 경사 **경**, 날 **일**]
영 national holiday

국가의 경사스러운 날을 기념하기 위해 법률로 정한 날이에요. 우리나라는 삼일절(3월 1일), 제헌절(7월 17일), 광복절(8월 15일), 개천절(10월 3일), 한글날(10월 9일)을 5대 국경일로 정했답니다.

예 우리나라 **국경일**에는 기념식을 하고, 가정에서는 국기를 게양해요.

국회　국민의 대표로 구성된 입법 기관 國會 [나라 **국**, 모일 **회**]
영 national assembly　비 의회

국민의 대표인 국회 의원이 나라의 중요한 일을 의논하고 결정하는 곳이에요. 국회는 나라의 살림에 필요한 예산을 심의하여 확정하고, 정부가 법에 따라 일을 잘하고 있는지 확인하려고 국정 감사를 해요. 국회가 하는 일 가운데 가장 중요한 것은 법을 만드는 일이에요. 그래서 법을 만드는 기관이라는 뜻으로, 국회를 '입법부'라고 해요.

예 **국회**의 구성원인 국회 의원에 출마하려면 만 25세 이상의 대한민국 국민이어야 해요.

> **함께 알아보기!**
> · **국정 감사** 國政監査 [나라 **국**, 정사 **정**, 볼 **감**, 조사할 **사**]: 국회가 행정부의 일을 살펴 조사함
> 예 **국정 감사**를 통해 국회의원은 장관에게 국민을 위한 일을 제대로 수행했는지 추궁할 수 있어요.

기본권

기본적인 권리 基本權 [터 기, 근본 본, 권세 권]
📧 fundamental rights   🔵 기본적 인권

태어날 때부터 가지고 있는 기본적인 권리를 말해요. 우리나라 헌법에서는 인간의 존엄성과 행복을 추구할 권리를 보장하고자 국민의 기본권을 정했어요.

⬛ 우리나라 헌법이 보장하고 있는 **기본권**에는 자유권, 평등권, 참정권, 청구권, 사회권 등이 있어요.

함께 알아보기!

· **인권** 人權 [사람 인, 권세 권]: 인간답게 살아가기 위해 당연히 누려야 할 권리
  ⬛ 아직도 외모나 성별, 국적 등을 이유로 **인권**을 무시하는 무식한 사람이 있나요?

망명

목숨을 건지기 위해 도망감 亡命 [도망할 **망**, 목숨 **명**]

🔵 exile

정치적인 이유로 자기 나라에서 박해를 받는 사람이 외국으로 피하는 것을 뜻해요. 망명은 주로 전쟁이나 혁명, 쿠데타 등이 발생할 때 많이 생겨요. 일제 강점기 때 일본의 박해를 피해 해외로 망명한 독립운동가들이 그 예에요.

㉐ 조선 후기 급진 개화파인 김옥균은 갑신정변이 실패한 후 일본으로 **망명**했어요.

> **함께 알아보기!**
>
> · **난민** 難民 [어려울 **난**, 백성 **민**]: 전쟁이나 재난으로 곤경에 빠진 사람
> ㉐ 영화 『망명』은 시리아 내전을 피해 이웃 나라 레바논으로 향한 **난민** 아동들의 이야기예요.

민주주의

국민이 주인인 나라의 정치 제도

民主主義 [백성 **민**, 주인 **주**, 주인 **주**, 옳을 **의**]   🔵 democracy

모든 국민이 나라의 주인으로서 권리를 갖고, 그 권리를 자유롭고 평등하게 행사하는 정치 제도를 말해요. 민주주의 국가의 국민은 누구나 정치에 참여할 수 있고, 누구나 자유롭게 말을 하며 글을 쓸 수 있어요. 지금은 세계 대부분의 나라가 '국민의, 국민에 의한, 국민을 위한' 민주주의 정치를 하고 있답니다.

㉐ 최초의 **민주주의**는 고대 그리스의 도시 국가인 아테네에서 시작되었어요.

> **함께 알아보기!**
>
> · **정치** 政治 [정사 **정**, 다스릴 **치**]: 나라를 다스리는 일   🔵 politics
> ㉐ **정치**는 도시 국가를 의미하는 그리스어 '폴리스(polis)'에서 유래했어요.

법원

법에 따라 재판을 하는 곳 法院 [법 **법**, 집 원]
영 court 비 재판소

사법권을 행사하는 국가 기관을 말해요. 법원에서는 사람들 간에 다툼이 생기거나 억울한 일을 당했을 때 재판으로 문제를 해결해 줘요. 그리고 국민이 공정한 재판을 받을 수 있도록 한 사건에 세 번까지 재판을 받을 수 있는 3심 제도를 두고 있어요. 1심 판결에 불복하여 2심 법원에 상소하는 것을 항소, 3심 법원에 상소하는 것을 상고라고 해요.

예 우리나라 최고 **법원**인 대법원은 모든 재판의 최종 판결을 내리는 곳이에요.

> **함께 알아보기!**
> • **법** 法 [법 **법**]: 모든 국민들이 지키기로 약속한 나라의 규범 영 law
>   예 만약 **법**이 없다면 힘이 강한 자가 약한 자를 괴롭혀도 이를 막지 못할 거예요.

복지

행복한 삶 福祉 [복 **복**, 복 **지**]
영 welfare

행복한 생활을 누릴 수 있는 상태를 복지라고 해요. 우리나라는 국민의 인간다운 삶을 위해 사회 보험, 공공 부조, 사회 복지 서비스 같은 사회 보장 제도를 마련해 놓았어요.

사회 보험	국민연금, 건강 보험 등
공공 부조	국민 기초 생활 보장 제도, 의료 급여 등
사회 복지 서비스	아동 복지, 장애인 복지 등

예 국민 기초 생활 보장 제도는 생활이 어려운 사람들에게 국가가 돈을 지급하여 최저 생활을 보장해 주는 **복지** 제도예요.

삼권 분립 · 국가 권력을 셋으로 나눈 것

三權分立 [석 **삼**, 권세 **권**, 나눌 **분**, 설 **립**]

국가의 권력을 입법부, 사법부, 행정부의 삼권으로 나누어 균형을 이루도록 하는 **제도**를 말해요. 국민의 자유와 권리를 보호하는 법을 만드는 국회를 '입법부', 법에 따라 국가의 살림을 하는 정부를 '행정부', 법에 따라 재판을 하는 법원을 '사법부'라고 해요. 이 세 기관이 국가의 일을 나누어 맡아 균형을 이루면서 서로서로 감시하고 견제하는 역할을 해요.

예 **삼권 분립**은 국가 권력이 어느 한쪽에 집중되는 독재를 막기 위한 장치예요.

사회

함께 알아보기!

· **권력** 權力 [권세 **권**, 힘 **력**]: 다른 사람을 다스리고 복종시킬 수 있는 힘   영 power
  예 루이 14세는 '짐이 곧 국가다'라고 할 정도로 절대적인 **권력**을 휘둘렀던 프랑스 왕이에요.

선거

투표로 가려 뽑음 選擧 [가릴 선, 들 거]
영 election

선거권을 가진 사람이 국민의 대표를 투표로 뽑는 일을 선거라고 해요. 우리나라는 대통령, 국회 의원, 도지사, 시장, 군수, 구청장, 지방 의회 의원을 선거로 뽑아요.

〈 민주 선거의 4대 원칙 〉

❶ 보통 선거: 선거일 기준으로 만 18세 이상의 국민이면 누구나 투표할 수 있어요.
❷ 평등 선거: 누구나 한 사람이 한 표씩만 행사할 수 있어요.
❸ 직접 선거: 투표는 내가 직접 해야 해요.
❹ 비밀 선거: 누구에게 투표했는지 다른 사람이 알 수 없어요.

예 '선거 관리 위원회'라는 독립된 기관에서 **선거**와 국민 투표가 공정하게 이루어지는지 관리하고 있어요.

> **함께 알아보기!**
> • **도지사** 道知事 [길 도, 알 지, 일 사]: 도의 행정 사무를 총괄하는 최고 책임자　영 governor
> 　예 도를 대표하는 **도지사**는 조선 시대에는 관찰사, 고려 시대에는 절도사라고 불렀어요.

소송

호소하여 판결을 구함 訴訟 [호소할 소, 송사할 송]
영 lawsuit　　비 송사

재판을 통해 판결을 내려 줄 것을 법원에 요구하는 것을 말해요. 소송을 제기하는 사람을 '원고', 소송을 당한 사람을 '피고'라고 불러요. 소송의 종류에는 민사 소송, 형사 소송, 행정 소송 등이 있어요. 민사 소송은 개인 간의 소송을 말해요. 형사 소송은 검사가 원고가 되어 피고인인 범죄자를 처벌하기 위해 제기하는 소송이에요. 행정 소송은 국가 기관이 국민의 권리를 침해했을 때 제기하는 소송이랍니다.

예 자격증을 갖고 각종 **소송**에서 원고나 피고를 변호하는 사람을 변호사라고 해요.

> **함께 알아보기!**
> • **피고인** 被告人 [입을 피, 고할 고, 사람 인]: 형사 소송에서 죄를 지었다고 검사에게 재판을
> 　청구당한 사람　영 accused　비 피고　반 원고
> 　예 검사에게 재판을 청구당하기 전이면 '피의자', 재판을 청구당하면 '**피고인**'이 돼요.

말이나 글로 자신의 뜻을 발표하여 논의함 言論 [말씀 언, 말할 론]

🔵 press　🔶 매스컴

매체를 통해 어떤 사실을 알리거나 여론을 형성하는 활동을 언론이라고 해요. 대표적인 언론 매체로는 신문, 라디오, 텔레비전, 인터넷 등이 있어요. 언론은 공정성, 공익성, 객관성, 책임감을 가지고 국민에게 정확한 사실을 전달해야 해요.

🔵 신문이나 방송과 같은 **언론**이 여론 형성에 미치는 영향은 실로 막강해요.

사회

외교

다른 나라와 하는 교제 外交 [바깥 외, 사귈 교]

🔵 diplomacy

다른 나라와 정치적·경제적·문화적 관계를 맺는 일을 말해요. 우리나라는 전 세계의 수많은 나라와 외교 관계를 맺고 있어요. 또한, 외교 업무를 맡아보는 중앙 행정 기관인 '외교부'를 두어 다른 나라와 협력할 수 있는 정책을 만들고, 다른 나라에 있는 우리 국민을 보호하고 지원해요.

🔵 중국과 일본은 오래전부터 우리나라와 **외교** 관계를 맺은 가까운 이웃 나라예요.

함께 알아보기!

• **외교관** 外交官 [바깥 외, 사귈 교, 벼슬 관]: 국가를 대표하여 외국에 파견되어 일하는 공무원
　🔵 diplomat
　🔵 **외교관**은 우리나라를 알리는 역할뿐만 아니라 그곳에 사는 우리 국민을 보호해 줘요.

의무

마땅히 해야 할 일 義務 [옳을 의, 힘쓸 무]
영 duty   비 임무   반 권리

사람으로서 마땅히 해야 할 일을 의무라고 해요. 우리나라는 국민의 5대 의무를 헌법으로 정해 놓았어요.

〈 국민의 5대 의무 〉

❶ 모든 국민이 일정한 교육을 받아야 하는 **교육의 의무**
❷ 일을 해야 하는 **근로의 의무**
❸ 나라의 살림을 운영하는 데 필요한 세금을 내야 하는 **납세의 의무**
❹ 나라를 지켜야 하는 **국방의 의무**
❺ 깨끗한 환경을 지키기 위해 노력해야 하는 **환경 보전의 의무**

예 누려야 할 권리와 마땅히 해야 할 **의무** 중 어느 한쪽으로만 치우치면 문제가 발생해요.

> **함께 알아보기!**
> • **권리** 權利 [권세 **권**, 이로울 **리**]: 어떤 일을 하거나 누릴 수 있는 힘이나 자격   영 right   비 권한
> 예 교육받을 **권리**는 우리나라 헌법에서 보장하는 기본권이에요.

정당

정치 모임 政黨 [정사 정, 무리 당]
영 political party   비 당

정치에 대해 비슷한 생각을 가진 국회 의원들이 모여서 만든 단체를 정당이라고 해요. 정당의 가장 큰 목적은 여럿이 힘을 합쳐 정치권력을 차지하는 거예요. 정당은 여당과 야당으로 구분할 수 있어요. 대통령을 당선시켜 현재 정권을 잡고 있는 정당을 '여당', 정권을 잡고 있지 않는 정당을 '야당'이라고 해요.

예 유권자들은 바람직한 공약을 제시하는 **정당**을 지지하여 정치에 참여해요.

> **함께 알아보기!**
> • **유권자** 有權者 [있을 **유**, 권세 **권**, 사람 **자**]: 선거할 권리를 가진 사람   영 voter   비 선거인
> 예 우리나라에서는 2020년부터 만 18세 학생들이 **유권자**로 선거에 참여할 수 있게 되었어요.

정부

행정을 맡아보는 기관 政府 [정사 **정**, 마을 **부**]
🔵 government   🔴 행정부

삼권 분립에 따라 행정을 맡아보는 국가 기관을 말해요. 정부는 국회에서 만든 법에 따라 나라의 살림을 하는 곳으로, 대통령을 중심으로 국무총리와 여러 개의 부, 처, 청 그리고 위원회가 있어요. 국무총리는 대통령을 도와 각 부를 관리하고, 대통령이 외국을 방문했을 때는 그 임무를 대신하는 역할을 해요.

📖 대통령은 **정부**의 최고 우두머리로 우리나라를 대표하여 외국의 여러 지도자를 만나고 국제회의에 참석해요.

주민 소환제

주민이 소환하는 제도
住民召還制 [살 **주**, 백성 **민**, 부를 **소**, 돌아올 **환**, 제도 **제**]

지역 주민들이 투표하여 문제가 있는 의원이나 단체장을 자리에서 물러나게 하는 **제도**를 말해요. 주민 소환제는 공직자의 부패를 막기 위한 강력한 견제 장치예요. 유권자 3분의 1 이상이 투표하여 과반수의 찬성이 나오면 해당 공직자를 언제든지 해임할 수 있거든요.

📖 우리나라를 비롯해 미국, 스위스, 독일, 일본 등에서 **주민 소환제**를 시행하고 있어요.

> **함께 알아보기!**
>
> • **지방 자치** 地方自治 [땅 **지**, 모 **방**, 스스로 **자**, 다스릴 **치**]: 지역 주민들과 그들이 뽑은 대표들이 자신들의 일을 스스로 결정하고 처리하는 것
> 📖 **지방 자치** 제도를 실시하면서 그 지역만의 독특한 축제나 문화가 발전하게 되었어요.

집회

여러 사람이 모임 集會 [모을 집, 모일 회]
영 rally 비 회합

여러 사람이 어떤 목적을 위해 일시적으로 모이는 모임을 뜻해요. 집회는 어떤 일에 대한 반대나 지지를 나타내는 시위와 함께 생기는 경우가 많아요. 집회와 시위의 자유는 현대 민주주의 사회의 중요한 시민의 기본 권리예요.

예 우리 헌법에서는 표현의 자유와 함께 **집회**와 결사의 자유를 보장하고 있어요.

> **함께 알아보기!**
>
> • **결사** 結社 [맺을 결, 모일 사]: 여러 사람이 공동의 목적을 이루기 위해 만든 단체
> 예 민주주의 국가에서는 누구든지 단체를 가입하거나 탈퇴할 수 있는 **결사**의 자유가 있어요.

청와대

푸른 기와 집
靑瓦臺 [푸를 청, 기와 와, 관청 대]

대한민국 대통령의 관저를 청와대라고 해요. 서울 경복궁 뒤 북악산 기슭에 있는 청와대는 대통령이 거주하는 공간이자 일을 하는 집무 공간이에요.

예 경복궁의 북문인 신무문을 나서면 바로 **청와대** 본관이 보여요.

> **함께 알아보기!**
>
> • **백악관** 白堊館 [흰 백, 백토 악, 집 관]: 미국 워싱턴에 있는 대통령 관저 영 White House
> 예 워싱턴에서 가장 오래된 건물인 **백악관**은 외벽을 하얗게 칠한 데서 유래한 이름이에요.

행정 구역 행정 기관의 권한이 미치는 지역

行政區域 [다닐 **행**, 정사 **정**, 나눌 **구**, 지경 **역**] 영 administrative district

행정 기관이 영향력을 끼칠 수 있는 일정한 지역을 말해요. 행정 구역은 나라를 편리하게 다스리기 위해 땅을 나누어 놓은 거예요.

우리나라의 행정 구역	
특별시	서울
광역시	부산, 대구, 인천, 광주, 대전, 울산
도	경기도, 강원도, 경상남도, 경상북도, 전라남도, 전라북도, 충청남도, 충청북도
특별자치시	세종시
특별자치도	제주도

예 우리나라의 **행정 구역**은 특별시, 광역시, 도, 시, 군, 구, 읍, 면, 동, 리로 구획되어 있어요.

> **함께 알아보기!**
>
> · **광역시** 廣域市 [넓을 **광**, 지경 **역**, 도시 **시**]: 특별시에 버금갈 정도로 넓은 행정 구역을 가진 도시
> 영 metropolitan city
> 예 보통 인구가 100만 명 이상이 되면 **광역시**로 승격을 추진하게 돼요.

사회

헌법

으뜸이 되는 법 憲法 [법 헌, 법 법]
영 constitution

우리나라 최고의 법을 헌법이라고 해요. 우리 헌법은 국민의 자유와 권리 및 인간다운 생활을 보장하는 인간 존엄을 가장 중요한 원리로 규정하고 있어요. 우리나라 법에는 헌법 이외에도 법률, 명령, 조례, 규칙이 있어요. 최고법인 헌법을 고치기 위해서는 반드시 국민 투표를 거쳐야 한답니다.

예 **헌법**은 한 국가의 최고 법이기 때문에 법률은 헌법의 내용을 위반할 수 없어요.

> **함께 알아보기!**
>
> • **헌법 재판소** 憲法裁判所 [법 헌, 법 법, 마를 재, 판가름할 판, 바 소]: 헌법에 관한 분쟁을 법적인 절차에 따라 해결하는 곳 영 constitutional court
> 예 **헌법 재판소**는 법원의 요청에 따라 법률이 헌법에 어긋나지 않는지 심판해요.

혁명

고쳐서 바꿈 革命 [고칠 혁, 목숨 명]
영 revolution

이전의 방식에서 벗어나 새로운 것으로 고쳐 변화시키는 일을 뜻해요. 혁명이 일어나면 관습과 제도가 바뀔 뿐만 아니라 정권이 바뀌기도 해요. 대표적인 예로 4·19 혁명은 부정한 방법으로 선출된 이승만 정부의 잘못을 바로잡으려는 데서 비롯되었어요. 많은 시민들과 학생들은 부정 선거로 짓밟힌 민주주의를 바로 세우고자 시위에 나섰지요. 그 결과 이승만 대통령은 자리에서 물러나고, 재선거를 하여 새로운 정부가 세워졌답니다.

예 1960년에 일어난 4·19 혁명은 우리나라 최초의 민주 **혁명**이라고 할 수 있어요.

> **함께 알아보기!**
>
> • **시위** 示威 [보일 시, 위엄 위]: 뜻을 같이하는 사람들끼리 공개적인 장소에 모여 주장을 알리는 행위 영 demonstration

경제

가계

가정의 경제 家計 [집 **가**, 셈 **계**]
영 household finances

한 가정의 수입과 지출 상태를 말해요. 가계는 경제 활동을 하는 가장 기초적인 단위예요. 대부분의 가정에서는 생산 활동에 참여하는 대가로 소득을 얻고, 그 돈으로 물건을 사거나 서비스를 받는 등의 소비 활동을 해요.

예 **가계**가 소득을 얻지 못하면 정부에 세금을 내기 힘들고, 기업의 물건을 사기도 어려워져요.

> **함께 알아보기!**
>
> • **소비** 消費 [사라질 **소**, 쓸 **비**]: 필요한 물건이나 서비스를 구매하기 위해 돈을 쓰는 것
> 영 consumption
> 예 **소비**를 합리적으로 하기 위해서는 자신의 소득이 얼마인지 파악하는 것이 중요해요.

개발 도상국

경제 개발이 뒤지고 있는 나라
開發途上國 [열 **개**, 쏠 **발**, 길 **도**, 위 **상**, 나라 **국**]
영 developing country 비 개도국 반 선진국

산업 근대화와 경제 개발이 선진국보다 뒤떨어진 나라를 말해요. 개발 도상국은 공업화가 어느 정도 진행되어 2차 산업의 비중이 높은 나라예요. 개발 도상국보다 못사는 후진국은 1차 산업에 의존하고, 1인당 국민 소득이 낮으며 식량 부족 문제를 겪기도 해요.

예 **개발 도상국**에서는 급격한 인구 증가와 대도시의 인구 집중 문제가 나타나고 있어요.

> **함께 알아보기!**
>
> • **선진국** 先進國 [먼저 **선**, 나아갈 **진**, 나라 **국**]: 다른 나라보다 정치, 경제, 문화 등의 발달이 앞선
> 나라 영 advanced country
> 예 소득이 높은 국가라고 할지라도 **선진국**이 아닐 수 있는 것처럼, 선진국을 판단하는 기준은 명확하지 않아요.

경공업   가벼운 물건을 만드는 일 輕工業 [가벼울 **경**, 만들 **공**, 일 **업**]
🔵 light industry   🔴 중공업

무게가 가벼운 물건을 만드는 산업을 말해요. 경공업에는 섬유, 식품, 제지 공업 등이
있어요. 우리나라는 1960년대까지 경공업이 발달했지만, 1970년대부터 조선, 자동차,
철강 등을 만드는 중공업이 발달했어요.

🔵 공업은 생산물의 무게에 따라 가벼운 **경공업**과 무거운 중공업으로 나뉘어요.

경제   재화와 서비스를 만들고 사고파는 활동
經濟 [다스릴 **경**, 구할 **제**]   🔵 economy

생활에 필요한 재화나 서비스를 생산하고, 분배하고, 소비하는 모든 활동을 경제
라고 해요. 재화는 옷, 음식, 학용품처럼 직접 만질 수 있는 것을 뜻하고, 서비스는 미용
사가 손님의 머리 모양을 다듬는 것처럼 다른 사람에게 혜택을 주는 행위를 말해요.

🔵 **경제** 활동은 돈을 버는 소득 활동만 가리키는 것이 아니라, 돈을 쓰는 소비 활동도 포함돼요.

> **함께 알아보기!**
> • **경제 주체** 經濟主體 [다스릴 **경**, 구할 **제**, 주인 **주**, 몸 **체**]: 경제 활동을 하는 개인이나 집단
> 🔵 국가의 경제를 이루는 **경제 주체**에는 가계, 기업, 정부가 있어요.

고령화   노인의 인구 비율이 높은 상태
高齡化 [높을 **고**, 나이 **령**, 될 **화**]   🔵 aging

전체 인구에서 노인의 비율이 높은 상태를 고령화라고 해요. 한 나라에서 65세 이상
의 인구 비율이 7% 이상이면 고령화 사회, 14% 이상이면 고령 사회, 20% 이상이면 초
고령 사회라고 해요. 고령화 사회는 경제 활동을 할 수 있는 인구가 감소하면서 국가 경
쟁력이 약화되고, 노인 부양비에 대한 젊은 사람들의 부담이 늘어나는 문제가 있답니다.

🔵 우리는 지금 저출생·**고령화** 사회에 살고 있어요.

> **함께 알아보기!**
> • **저출생** 低出生 [낮을 **저**, 날 **출**, 날 **생**]: 일정한 기간에 태어난 사람의 수가 적음

국제 통화 기금

세계 무역의 안정을 위해 만든 국제 금융 기구

國際通貨基金 [나라 **국**, 사이 **제**, 통할 **통**, 재화 **화**, 터 **기**, 쇠 **금**]

영 International Monetary Fund   비 아이엠에프(IMF)

국제 통화 기금은 국제 연합의 전문 기구 중 하나로, 경제가 어려워진 나라에 돈을 빌려주는 역할을 해요. 우리나라는 1997년에 외환 위기를 맞아 국제 통화 기금에서 지원을 받은 적이 있어요. 외화가 바닥이 나서 더 이상 외국과 거래를 할 수 없었거든요. 그래서 국제 통화 기금에 도움을 청해서 급히 외화를 빌렸고 국가 부도 사태를 피했답니다.

예 **국제 통화 기금**에서는 매년 세계 각 나라의 경제 규모를 파악하여 그 순위를 발표해요.

> **함께 알아보기!**
>
> • **외화** 外貨 [바깥 **외**, 재화 **화**]: 외국의 돈
>   예 대표적인 **외화**에는 미국의 달러($), 유럽 연합의 유로(€), 영국의 파운드(£), 중국의 위안(元) 등이 있어요.

사회

금융 기관

금융 업무를 하는 기관

金融機關 [돈 **금**, 통할 **융**, 틀 **기**, 관계할 **관**]   영 financial institution

금융이란 돈을 빌리거나 빌려주는 일을 말해요. 대표적인 금융 기관으로는 돈을 맡아 주기도 하고 빌려주기도 하는 은행, 사고가 났을 때 도와주는 보험 회사, 기업의 주식을 사고파는 증권 회사 등이 있어요. 특히 한국은행은 우리나라에서 사용하는 지폐와 동전을 발행하고, 정부와 은행에 돈을 빌려주는 일을 하는 '은행의 은행'이랍니다.

예 **금융 기관**은 돈이 필요한 사람과 돈을 빌려주는 사람을 연결해 주는 역할을 해요.

> **함께 알아보기!**
>
> • **주식** 株式 [그루 **주**, 법 **식**]: 회사에 필요한 돈을 투자해 준 사람들에게 파는 증서
>   영 stock   비 증권
>   예 **주식**을 발행한 회사를 주식회사라고 하고, 주식을 가진 사람들을 주주라고 해요.

| 기업 | **이익을 목적으로 일을 하는 조직**
企業 [꾀할 **기**, 업 **업**] 영 enterprise

이윤을 얻기 위해 재화나 서비스를 생산하고 판매하는 조직을 기업이라고 해요.
기업은 사람들에게 일자리를 제공하고, 사람들이 생활하는 데 필요한 물건을 만들어 판매하거나 서비스를 제공해 이윤을 얻어요.

예 아이스크림을 만들고 팔아서 돈을 버는 **기업**도 있고, 학원에서 학생들을 가르치며 돈을 버는 기업도 있는 것처럼 기업의 형태는 다양해요.

┌─ 함께 알아보기!
│ • **이윤** 利潤 [이로울 **이**, 윤택할 **윤**]: 물건이나 서비스를 생산하고 판매해 얻게 되는 순수한 이익
│   영 profit 비 이익
│   예 박리다매란 **이윤**은 적게 남기면서 물건을 많이 판매하려는 전략이에요.
└─

| 독과점 | **독점과 과점을 아울러 이르는 말**
獨寡占 [홀로 **독**, 적을 **과**, 점령할 **점**]

이익을 독차지하거나 시장의 대부분을 지배하는 **상태**를 말해요. 독과점은 특정 상품에 하나의 기업이 시장을 점유하는 '독점'과 두 개 이상의 기업이 시장을 장악하는 '과점'을 합쳐 일컫는 말이에요. 독과점일 때 기업은 상품의 가격을 지나치게 비싸게 정하는 경향이 있어요. 그래서 우리나라는 공정 거래법을 통해 시장 가격을 규제한답니다.

예 소비자의 피해를 막기 위해 공정 거래 위원회가 기업의 **독과점**을 감시하고 있어요.

┌─ 함께 알아보기!
│ • **공정 거래법** 公正去來法 [공평할 **공**, 바를 **정**, 갈 **거**, 올 **래**, 법 **법**]: 독과점 기업의 횡포를 막고 기업들의 공정한 거래를 유도하기 위해 만들어진 법률
└─

무역 물건을 사고팔거나 바꾸는 것 貿易 [살 **무**, 바꿀 **역**]
영 trade 비 수출입

나라끼리 물건을 사고파는 활동을 무역이라고 해요. 우리나라가 다른 나라에 물건을 파는 것을 '수출', 다른 나라에서 물건을 사 오는 것을 '수입'이라고 해요. 우리나라는 뛰어난 기술력으로 자동차, 선박, 반도체를 수출하고, 우리나라에 부족한 석유, 철광석 등의 천연자원을 수입한답니다.

예 우리나라가 '코리아'라고 불리게 된 것은 고려 시대에 아라비아 상인들과 **무역**을 하면서부터예요.

> **함께 알아보기!**
> • **반도체** 半導體 [반 **반**, 이끌 **도**, 몸 **체**]: 도체와 부도체의 중간 특성을 가진 물질로, 낮은 온도에서는 전기가 통하지 않으나 높은 온도에서는 전기가 통함 영 semiconductor
> 예 **반도체**는 전자 제품은 물론 자동차, 로봇, 비행기 등에 다양하게 사용되고 있어요.

사회

산업 생산하는 일 産業 [생산할 **산**, 일 **업**]
영 industry

사람이 살아가는 데 필요한 재화나 서비스를 생산하는 활동을 뜻해요. 산업은 1차 산업, 2차 산업, 3차 산업으로 나눌 수 있어요.

1차 산업	자연에서 직접 생산물을 얻는 산업 예 농업, 수산업, 축산업 등
2차 산업	자연에서 얻은 재료를 이용해 새로운 생산물을 만드는 산업 예 제조업, 건설업 등
3차 산업	사람들의 생활을 편리하게 도와주는 산업 예 관광업, 서비스업 등

예 지역마다 발달한 **산업**이 다른 까닭은 기후와 자연환경이 다르기 때문이에요.

> **함께 알아보기!**
> • **제조업** 製造業 [만들 **제**, 만들 **조**, 일 **업**]: 원료를 가공하여 새로운 제품을 대량으로 만드는 산업
> 영 manufacturing industry
> 예 **제조업**은 굴뚝이 있는 공장에서 산업 활동을 하기 때문에 '굴뚝 산업'이라고도 해요.

석유 땅속에서 얻은 기름

石油[돌 석, 기름 유] ⑧ petroleum

바다에 살던 생물이 땅에 묻힌 다음, 열과 압력을 받으면서 만들어진 액체 혼합물을 석유라고 해요. 검은 갈색을 띤 액체인 천연 그대로의 기름을 원유라고 하는데요. 원유는 정유 공장에서 휘발유, 등유, 경유, 중유 등으로 분리되어 난방이나 자동차, 비행기, 배 등의 연료로 사용된답니다.

⑩ 석탄이나 **석유**, 천연가스와 같은 화석 연료는 그 양이 정해져 있어서 계속 쓸 수 없어요.

석탄 땅속에서 얻은 숯

石炭[돌 석, 숯 탄] ⑧ coal

식물이 땅에 묻힌 다음, 열과 압력을 받으면서 만들어진 고체 상태의 물질을 석탄이라고 해요. 석탄에는 토탄, 갈탄, 역청탄, 무연탄이 있는데, 우리나라에서 생산되는 석탄은 대부분 무연탄이에요. 무연탄을 연탄이나 조개탄으로 만들어 겨울철 난방용 연료로 사용할 수 있어요. 가장 품질이 좋아 증기 기관, 난방 등의 연료로 쓰이는 유연탄은 외국에서 수입하고 있답니다.

⑩ **석탄**의 사용량이 감소함에 따라 강원도의 많은 탄광이 문을 닫았어요.

- **탄광** 炭鑛[숯 탄, 쇳돌 광]: 석탄을 캐내는 광산 ⑧ coal mine ⑪ 석탄광

세금 나라에서 거두어들이는 돈

稅金[거둘 세, 돈 금] ⑧ tax ⑪ 조세

국가나 지방 자치 단체가 국민들에게 거두어들이는 돈을 세금이라고 해요. 세금은 나라를 지키는 국토방위에 쓰기도 하고, 학교나 도서관, 박물관 같은 공공시설을 짓는 데 사용하기도 해요.

⑩ 우리나라 국민이라면 모두 **세금**을 내야 하고, 정부는 세금으로 나라의 살림을 꾸려요.

소득

얻는 것

所得 [것 **소**, 얻을 **득**] 영 income

경제 활동의 대가로 얻는 것을 소득이라고 해요. 회사에서 일하고 받은 월급, 가게나 회사를 운영하면서 벌어들인 수입, 방이나 건물을 빌려주고 받는 월세 등 소득의 종류는 다양해요.

예 일정한 기간에 한 나라의 국민이 벌어들인 소득의 총계를 '국민 총**소득**'이라고 해요.

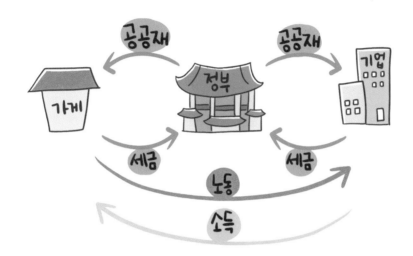

원산지

상품이 생산된 지역

原産地 [근원 **원**, 생산할 **산**, 땅 **지**] 영 place of origin

원료나 제품이 처음으로 만들어진 곳을 원산지라고 해요. 물건을 살 때는 원산지와 유통 기한을 확인하는 것이 좋아요. 우리나라는 1991년부터 원산지 표시 제도를 시행했어요. 수입 농산물을 값싸게 들여와 국내산으로 속여 비싸게 파는 행위를 막고, 우리나라 농산물의 품질 경쟁력을 높이기 위해서 시행한 제도랍니다.

예 호주산 소고기를 한우라고 **원산지**를 속여 판매한 업체가 적발되었어요.

> **함께 알아보기!**
>
> · **유통 기한** 流通期限 [흐를 **유**, 통할 **통**, 시기 **기**, 제한 **한**]: 상품이 시중에 널리 쓰일 수 있는 시기
> 영 expiration date
> 예 우유나 계란처럼 빨리 상하는 음식은 **유통 기한**을 꼭 확인해야 해요.

의식주

옷과 음식과 집

衣食住 [옷 의, 밥 식, 집 주]

의식주는 사람이 살아가는 데 기본적으로 필요한 것으로, **입을 옷과 먹을 음식, 자거나 쉴 수 있는 집**을 통틀어 이르는 말이에요.

例 우리나라는 강화도 조약 이후 커피, 양복, 양옥과 같은 서양식 **의식주**가 생겨났어요.

> **함께 알아보기!**
>
> • **양옥** 洋屋 [서양 양, 집 옥]: 서양식으로 지은 집　英 western house
>　例 옛날에는 초가집이나 기와집 같은 한옥에서, 오늘날에는 아파트나 단독 주택, 연립 주택 같은 **양옥**에서 살아요.

자본

사업의 근본이 되는 재물

資本 [재물 자, 근본 본]　英 capital

생산을 위해 필요한 돈과 시설을 자본이라고 해요. 하나의 상품을 생산하려면 그것을 만들 장소와 사람, 돈이 꼭 있어야 해요. 따라서 생산을 위해 필요한 토지, 노동, 자본을 '생산의 3요소'라고 한답니다.

例 우리나라는 **자본**주의 사회이기 때문에 개인이 자기 재산을 가질 수 있어요.

> **함께 알아보기!**
>
> • **자본주의** 資本主義 [재물 자, 근본 본, 주인 주, 옳을 의]: 개인이 재산을 소유하는 것을 인정하고, 이윤을 얻기 위한 생산 활동을 보장하는 경제 체제　英 capitalism

자원

생산에 사용되는 모든 요소 資源 [재물 **자**, 근원 **원**]
영 resource　**비** 물자

생산 활동에 필요한 원료와 노동력을 통틀어 이르는 말이에요. 옛날에는 '자원'이라고 하면 석유나 석탄 같은 광물이나 농수산물 등 자연에서 얻을 수 있는 천연자원만을 뜻했어요. 오늘날에는 사람의 기술이나 노동력 같은 인적 자원, 전통과 문화재 같은 문화적 자원도 포함해요.

예 석유, 석탄, 철광석 같은 지하**자원**은 매장량에 한계가 있어서 언젠가는 고갈될 거예요.

함께 알아보기!

- **노동력** 勞動力 [일할 **노**, 움직일 **동**, 힘 **력**]: 물건을 만드는 데 필요한 사람의 정신적, 육체적인 모든 능력　**영** labor

중화학

중공업과 화학 공업을 아울러 이르는 말

重化學 [무거울 **중**, 될 **화**, 배울 **학**]　영 heavy chemical industry

중화학 공업의 준말을 중화학이라고 해요. 중공업은 조선, 자동차, 철강, 기계 등과 같이 무거운 제품을 생산하는 산업을 말해요. 화학 공업은 석유 화학, 화학 비료, 화학 섬유 등과 같이 화학적 원리나 변화를 응용하여 새로운 물질을 만드는 산업이에요.

예 울산광역시는 우리나라 최대의 **중화학** 공업 도시로 급성장해 왔어요.

> **함께 알아보기!**
>
> • **화학 비료** 化學肥料 [될 **화**, 배울 **학**, 살찔 **비**, 재료 **료**]: 화학적으로 처리하여 만든 인공 비료
> 예 **화학 비료**와 농약을 지나치게 함부로 쓰면 토지를 황폐화시키는 등 환경을 오염시켜요.

천연 섬유

천연에서 얻어지는 섬유　天然纖維 [하늘 **천**, 그럴 **연**, 가늘 **섬**, 벼리 **유**]

영 natural fiber　비 자연 섬유　반 합성 섬유

천연의 식물, 동물, 광물에서 얻어지는 섬유인 **천연 섬유**는 습기를 흡수하는 성질이 있어 옷감으로 적당해요. 촉감이 부드럽고 질기지 않으며 따뜻하다는 장점이 있어요. 하지만 미생물에 의해 곰팡이가 생기거나 썩기 쉽고, 많은 양을 얻지 못해 값이 비싼 것이 단점이에요. 면, 마, 모 등이 천연 섬유에 해당해요.

예 건조한 날에 합성 섬유로 만든 옷을 입으면 정전기가 일어나지만, **천연 섬유**로 만든 옷은 정전기가 일어나지 않아요.

> **함께 알아보기!**
>
> • **섬유** 纖維 [가늘 **섬**, 밧줄 **유**]: 실을 만들 수 있는 가늘고 긴 물질　영 fiber
> 예 동식물의 **섬유**를 가공하여 실을 뽑아 천을 짜는 공장을 방직 공장이라고 해요.

철광석

철을 함유한 광석

鐵鑛石 [쇠 **철**, 쇳돌 **광**, 돌 **석**]　영 iron ore

제철의 원료가 되는 광석이에요. 세계적으로 널리 사용되는 가장 대표적인 자원으로, 제철 공업이 발달한 우리나라와 일본에서 주로 수입하고 있어요. 철광석의 주요 생산국은 중국, 러시아, 캐나다, 브라질, 오스트레일리아 등이 있답니다.

예 우리나라는 석유와 **철광석** 같은 지하자원이 없어서 원료를 수입해서 써요.

> **함께 알아보기!**
> • **제철** 製鐵 [지을 **제**, 쇠 **철**]: 철광석을 용광로에 넣고 녹여서 철을 뽑아내는 일　영 iron making

특산물

어떤 지역에서 특별히 생산되는 물건

特産物 [특별할 **특**, 생산할 **산**, 물건 **물**]　영 indigenous products

다른 지역에 비해 품질이 뛰어나거나 많이 생산되는 물건을 특산물이라고 해요. 각 지역의 기후나 지형에 따라 특산물이 정해져요. 평야 지역은 곡식과 과일, 산간 지역은 약초나 산나물, 해안 지역은 해산물이나 소금이 대부분이에요.

예 강원도 평창의 **특산물**은 고랭지 채소이고, 경기도 이천은 도자기로 유명해요.

> **함께 알아보기!**
> • **고랭지** 高冷地 [높을 **고**, 찰 **랭**, 땅 **지**]: 해발 고도가 높고 한랭한 고원이나 산지　영 highland
> 예 여름철에도 비교적 선선한 산간 지역은 **고랭지** 채소를 재배하기에 적합해요.

합성 섬유

화학적으로 합성한 섬유 合成纖維 [합할 **합**, 이룰 **성**, 가늘 **섬**, 밧줄 **유**]
영 synthetic fiber　비 화학 섬유　반 천연 섬유

석유, 석탄, 천연가스 등을 원료로 하여 화학적으로 합성한 섬유를 합성 섬유라고 해요. 합성 섬유는 흔한 원료로 만들기 때문에 값이 싸고 천연 섬유보다 훨씬 질기지만, 땀을 잘 빨아들이지 못하고 정전기가 잘 일어나는 단점이 있어요. 많이 사용되는 3대 합성 섬유에는 나일론, 폴리에스터, 아크릴이 있어요.

예 **합성 섬유**는 대부분 옷감을 만드는 데 쓰이지만 밧줄, 그물, 낙하산 등으로도 이용돼요.

지리

강수량　일정한 지역에 내린 물의 총량 降水量 [내릴 **강**, 물 **수**, 헤아릴 **량**]
영 precipitation

비, 눈, 우박, 서리, 안개 등과 같이 땅에 떨어져 내린 물의 전체 양을 말해요. 일정한 시간 동안 일정한 곳에 내린 비의 양을 '강우량', 눈의 양을 '강설량'이라고 한답니다.

예 **강수량**은 우량계를 이용하여 mm(밀리미터) 단위로 측정해요.

> **함께 알아보기!**
> • **우량계** 雨量計 [비 **우**, 헤아릴 **량**, 셀 **계**]: 일정 시간 동안 비가 내린 양을 재는 기구
> 예 장영실은 서양보다 200년 앞서 세계 최초의 **우량계**인 측우기를 발명했어요.

건조 기후　습기가 없는 마른 기후 乾燥氣候 [마를 **건**, 마를 **조**, 공기 **기**, 상태 **후**]
영 dry climate

강수량이 증발량보다 적어 매우 건조한 기후를 말해요. 건조 기후 지역 중에서 아프리카의 사하라처럼 강수량이 매우 적은 곳은 사막이 나타나고, 중앙아시아처럼 우기에 짧은 풀이 자라는 곳은 초원이 넓게 나타나요. 사막 지역의 사람들은 오아시스나 강 주변에서 농사를 짓고, 초원 지역의 사람들은 물과 풀을 찾아 가축과 함께 유목 생활을 한답니다.

예 **건조 기후** 지역은 연 강수량이 500mm 미만이고, 기온의 일교차가 매우 커요.

> **함께 알아보기!**
> • **일교차** 日較差 [날 **일**, 견줄 **교**, 다를 **차**]: 하루 중 최고 기온과 최저 기온의 차이

고산 기후

높은 산지의 기후 高山氣候 [높을 고, 뫼 산, 공기 기, 상태 후]
영 alpine climate

해발 고도가 높은 지역에서 나타나는 기후로, 연중 기온이 일정한 게 특징이에요. 서늘한 고산 기후가 나타나는 지역은 사람이 살기에 적합해서 일찍부터 도시가 발달하였어요. 잉카 문명이 꽃피웠던 페루의 마추픽추가 대표적인 고산 기후 지역 중 하나예요.

예 멕시코 고원, 동부 아프리카 고원, 안데스 산지에서 **고산 기후**를 볼 수 있어요.

> **함께 알아보기!**
>
> • **해발 고도** 海拔高度 [바다 해, 뽑을 발, 높을 고, 정도 도]: 바다의 표면을 기준으로 측정한 높이
>   예 볼리비아의 수도인 라파스는 **해발 고도**가 무려 3,600m나 되는 곳에 있어요.

국토

나라의 땅 國土 [나라 국, 흙 토]
영 territory

한 나라가 주권을 가지고 다스리는 지역을 말해요. 국토는 '영토, 영해, 영공'으로 이루어져 있어 땅뿐만 아니라 바다와 하늘의 영역까지 포함해요.

예 세계에서 **국토**가 가장 넓은 나라는 러시아이고, 가장 좁은 나라는 바티칸 시국이에요.

> **함께 알아보기!**
>
> • **바티칸 시국** Vatican市國 [도시 시, 나라 국]: 이탈리아의 로마 안에 있는 도시 국가
>   예 로마 교황청이 다스리는 **바티칸 시국**의 총인구는 1,000여 명이 채 안 돼요.

기후

대기의 상태 氣候 [공기 **기**, 상태 **후**]
영 climate   **비** 날씨

일정한 지역에서 여러 해에 걸쳐 나타나는 평균적인 날씨를 말해요. 기후는 생물이 자라는 데 영향을 주는 기온과 강수량을 기준으로 구분한답니다. 세계의 기후는 적도에 가까운 순으로, 열대, 온대, 냉대, 한대 등 지역별로 다양하게 나타나요.

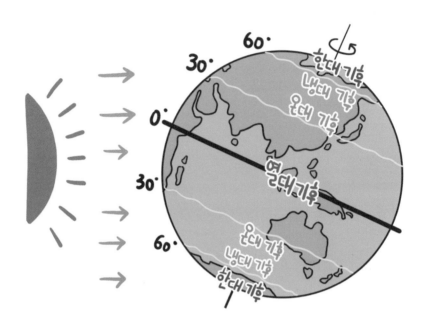

예 기후를 결정짓는 가장 중요한 요소는 기온, 강수량, 바람이에요.

> **함께 알아보기!**
>
> • **적도** 赤道 [붉을 **적**, 길 **도**]: 위도의 기준이 되는 선   **영** equator
> **예** 태양의 열을 많이 받는 **적도** 부근은 열대 기후, 적게 받는 극지방은 한대 기후가 나타나요.

남극

지구의 가장 남쪽에 있는 대륙 南極 [남녘 **남**, 다다를 **극**]
영 Antarctica

세계에서 다섯 번째로 큰 대륙으로 가장 추운 곳이에요. 평균 두께가 2,000m나 되는 단단하고 두꺼운 얼음덩어리가 커다란 대륙을 뒤덮고 있기 때문이에요. 남극은 가장 따뜻할 때의 월평균 온도가 −30°C, 가장 추울 때는 −70°C라서 식물이 거의 자라지 못해요. 극한 환경에 적응한 펭귄, 고래, 바다표범 등의 동물들이 살아가고 있을 뿐이에요.

예 우리나라는 **남극**에 '세종 과학 기지'를 세우고, 극지방에 관한 연구를 하고 있어요.

> **함께 알아보기!**
>
> • **남극해** 南極海 [남녘 **남**, 다다를 **극**, 바다 **해**]: 남극 대륙을 둘러싸고 있는 바다
>   영 Antarctica ocean
>   예 국제 사법 재판소가 **남극해**에서 벌어지는 일본의 고래 사냥을 금지하는 판결을 내렸어요.

사회

냉대 기후

차가운 지역의 기후 冷帶氣候 [찰 **냉**, 띠 **대**, 공기 **기**, 상태 **후**]
영 microthermal climate

온대 기후와 한대 기후 사이에 나타나는 기후로, 겨울은 춥고 여름은 따뜻해 기온의 연교차가 커요. 사계절이 나타나지만, 온대 기후보다 겨울이 더 길고 추우며 여름은 짧고 비교적 따뜻해 풀과 나무가 잘 자라요. 냉대 기후가 나타나는 러시아와 캐나다 북부에서 대규모의 침엽수림을 볼 수 있답니다.

예 **냉대 기후**는 러시아의 시베리아, 캐나다와 같이 북반구의 중위도와 고위도 지역에 널리 나타나요.

> **함께 알아보기!**
>
> • **연교차** 年較差 [해 **연**, 견줄 **교**, 다를 **차**]: 일 년 동안 가장 추운 달과 가장 더운 달의 기온 차이

대륙

크고 넓은 땅 大陸 [큰 대, 육지 륙]

영 continent

바다로 둘러싸인 큰 땅덩어리를 뜻해요. 세계에서 가장 큰 섬인 그린란드보다 면적이 넓으면 대륙이라고 해요. 아시아, 아프리카, 유럽, 오세아니아, 북아메리카, 남아메리카를 6대륙이라고 하고, 남극 대륙을 더해 7대륙으로 구분하기도 해요. 남극은 단단하고 두꺼운 얼음덩어리가 커다란 대륙을 뒤덮고 있는 것이고, 북극은 땅이 아닌 거대한 얼음덩어리가 바다에 떠 있는 것이라 대륙이 아니에요.

예 남극은 얼음과 눈이 녹으면 땅이 드러나기 때문에 **대륙**에 속해요.

함께 알아보기!

• **그린란드** Greenland: 유럽과 북아메리카 사이에 있는 세계에서 가장 큰 섬

예 <u>그린란드</u>의 수도는 '누크'이며, 국토의 85%가 얼음으로 뒤덮여 있어요.

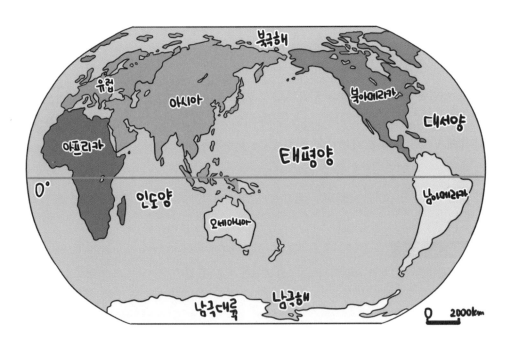

| 대양 | **크고 넓은 바다** 大洋 [큰 대, 큰 바다 양] |
| | 영 ocean |

넓은 해역을 차지하는 대규모의 바다를 뜻해요. 태평양, 대서양, 인도양처럼 '양'으로 불리는 바다는 매우 큰 바다를 뜻하고, 북극해와 남극해처럼 '해'로 불리는 바다는 대부분 육지에 둘러싸여 있어요. 크기는 '태평양 〉 대서양 〉 인도양 〉 남극해 〉 북극해' 순이에요.

예 북극해나 남극해는 **대양**보다 훨씬 규모가 작지만, 다른 바다보다는 크기 때문에 대양으로 분류해요.

태평양	아시아, 남북아메리카, 오세아니아 대륙 사이에 있는 가장 큰 바다
대서양	유럽, 아프리카, 남북아메리카 대륙 사이에 있는 바다
인도양	아시아, 오세아니아, 아프리카 대륙 사이에 있는 바다

| 독도 | **우리나라 동쪽 끝에 있는 섬** |
| | 獨島 [홀로 독, 섬 도] |

독도는 경상북도 울릉군에 속하는 화산섬으로 두 개의 큰 섬인 동도와 서도, 그리고 작은 바위섬 89개로 이루어져 있어요. 독도는 동해의 한가운데에 자리 잡고 있어서 선박의 항로뿐만 아니라 군사적으로도 중요한 위치에 있어요. 독도 주변의 바다는 한류와 난류가 만나는 곳이라 플랑크톤이 풍부해 다양한 해양 생물이 살기에 좋아요. 또한, 바다의 밑바닥에는 미래의 새로운 에너지원으로 주목받은 가스 하이드레이트가 묻혀 있어요. 독도는 섬 전체가 천연기념물로 지정되어 있을 정도로 천혜의 절경을 자랑하는 우리나라의 소중한 영토랍니다.

예 **독도**는 신라 때부터 우리의 영토였고, 조선 숙종 때 안용복이 일본에 건너가 독도의 영유권을 확인하는 문서를 받아 냈어요.

> **함께 알아보기!**
>
> • **영유권** 領有權 [거느릴 영, 있을 유, 권세 권]: 일정한 지역을 해당 국가가 다스릴 수 있는 권한
> 예 울릉도와 독도의 **영유권**은 대한민국에 있습니다.

등고선   높이가 같은 곳을 이은 선 等高線 [같을 등, 높을 고, 줄 선]
영 contour line

지도에서 높이가 같은 곳을 선으로 이어 땅의 높낮이를 나타낸 것을 말해요. 땅의 모양을 지도상에서 보면 높이를 알 수 없기 때문에 등고선으로 나타내는 거예요. 등고선의 간격이 좁을수록 경사가 급하고, 넓을수록 완만하답니다.

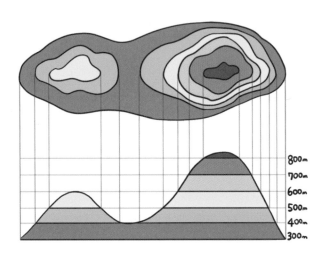

땅의 높낮이는 색깔로도 나타낼 수 있는데요. 높이가 낮은 곳은 초록색으로 칠하고, 높이가 높아질수록 노란색, 갈색, 고동색의 순서로 칠한답니다.

예 지도를 보면 산은 꼬불꼬불한 **등고선**으로 나타나 있는 것을 알 수 있어요.

반도   한 면은 육지로 다른 면은 바다로 둘러싸인 땅
半島 [반 반, 섬 도]   영 peninsula

삼면이 바다로 둘러싸이고 한 면은 육지로 이어진 땅이에요. 한반도는 동쪽, 남쪽, 서쪽의 삼면이 바다로 둘러싸여 있고, 북쪽은 중국과 러시아 땅으로 이어져 있어요.

예 아시아의 베트남과 캄보디아, 유럽의 이탈리아와 그리스는 우리나라처럼 **반도**예요.

> **함께 알아보기!**
> • **한반도** 韓半島 [한국 한, 반 반, 섬 도]: 아시아 대륙 북동쪽 끝에 있는 반도 국가인 우리나라를 지형적으로 일컫는 말 영 Korean Peninsula
> 예 한국을 뜻하는 '한'과 '반도'를 합쳐서 **한반도**라는 이름이 생겨났어요.

방위

방향을 나타내는 위치 方位 [사방 **방**, 자리 **위**]
영 point of compass **비** 방향

지도에서 동서남북의 방향을 나타내는 것으로, 주로 4방위표와 8방위표를 이용해요. 지도에 방위가 표시되어 있지 않을 때는 위쪽이 북쪽, 아래쪽이 남쪽, 오른쪽이 동쪽, 왼쪽이 서쪽에 해당한답니다.

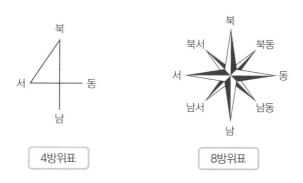

예 나침반이 없을 때는 해가 뜨고 지는 것으로 **방위**를 알 수 있어요.

북극

지구의 북쪽 끝 지역 北極 [북녘 **북**, 다다를 **극**]
영 Arctic

북극은 육지가 아니라 북극해의 한 지점이에요. 북극의 대부분은 바다이고, 두께 2~3m의 얼음과 얼음 조각들로 이루어져 있어요. 북극은 무척 춥지만 남극보다는 따뜻해서 그린란드, 알래스카, 시베리아 등의 북극해 연안에는 '이누이트'라고 불리는 원주민이 살고 있답니다. 요즘은 지구 온난화로 북극의 얼음이 녹아내리면서 북극을 통과하는 뱃길의 개발이 추진되고 있어요.

예 **북극**해에는 해저 자원과 수산 자원이 풍부해서 많은 나라가 소유권을 주장하고 있어요.

> **함께 알아보기!**
>
> • **북극해** 北極海 [북녘 **북**, 다다를 **극**, 바다 **해**]: 북극을 중심으로 유라시아 대륙과 북아메리카 대륙에 둘러싸인 바다 **영** Arctic ocean
> **예** 세계에서 가장 큰 섬인 그린란드는 **북극해**에 있어요.

북반구

지구의 북쪽 부분 北半球 [북녘 북, 반 반, 공 구]
영 northern hemisphere

적도를 경계로 지구를 둘로 나누었을 때 북쪽 부분을 말해요. 북반구는 남반구보다 육지의 비율이 높고, 전 세계 육지의 67.4%를 차지하고 있어요. 그리고 세계 인구의 90%가 북반구에 집중되어 있을 정도로 인구 밀도가 높아요. 또한, 북반구와 남반구는 계절이 서로 반대로 나타난답니다.

예 **북반구**에 있는 우리나라가 여름일 때 남반구에 있는 오스트레일리아는 겨울이랍니다.

> **함께 알아보기!**
> · **남반구** 南半球 [남녘 남, 반 반, 공 구]: 적도를 경계로 지구를 둘로 나누었을 때 남쪽 부분
> 영 southern hemisphere
> 예 북반구는 육지의 비율이 높고, **남반구**에는 바다가 대부분 차지하고 있어요.

분지

오목한 그릇처럼 생긴 땅 盆地 [화분 분, 땅 지]
영 basin

해발 고도가 높은 지형으로 둘러싸인 평평한 땅을 분지라고 해요. 분지는 높은 산들로 둘러싸여 있어 적을 방어하기에 알맞고, 땅이 평평하고 강물이 풍부해 농사짓기에 좋아요. 그래서 옛날부터 분지에는 크고 작은 도시가 발달했어요.

예 여름철에 몹시 무덥기로 유명한 대구는 우리나라의 대표적인 **분지**예요.

아메리카

북아메리카와 남아메리카를 함께 부르는 말 외래어
영 America

아메리카는 파나마 운하를 경계로 북아메리카 대륙과 남아메리카 대륙으로 나뉘어요. 북아메리카의 북쪽은 북극해, 서쪽은 태평양, 동쪽은 대서양과 접해 있어요. 남아메리카의 서쪽은 태평양, 남쪽은 남극해, 동쪽은 대서양, 북쪽은 북아메리카와 연결되어 있어요. 북아메리카에는 미국, 캐나다, 멕시코 등의 나라가 있고, 남아메리카에는 브라질, 아르헨티나, 콜롬비아 등이 속해 있어요.

예 **아메리카**는 이탈리아의 탐험가 '아메리고 베스푸치'의 이름을 따서 붙인 이름이에요.

아시아

세계에서 첫 번째로 큰 대륙 ^{외래어}
영 Asia

아시아는 **북반구에 속해 있으며 전 세계 육지 면적의 약 30%를 차지하는 가장 큰 대륙**이에요. 하지만 크기에 비해 인간이 살 수 없는 불모지가 많아 인구 밀도가 높은 편이에요. 세계 인구의 약 60%가 모여 사는 아시아는 면적이 넓은 만큼 기후도 다양하게 나타나요. 북쪽의 시베리아는 냉대 기후, 동남쪽의 필리핀과 인도네시아는 열대 기후, 우리나라와 일본, 중국은 온대 기후, 서남아시아의 고비 사막은 건조 기후가 나타나요.

예 **동아시아**는 우리나라, 일본, 중국 등이 속해 있는 대륙이에요.

> **함께 알아보기!**
> · **인구 밀도** 人口密度 [사람 **인**, 입 **구**, 빽빽할 **밀**, 정도 **도**]: 일정한 면적에 살고 있는 인구수의 비율
>   예 우리나라는 산지가 많은 북동쪽보다 평지가 많은 남서쪽의 **인구 밀도**가 더 높아요.

아프리카

세계에서 두 번째로 큰 대륙 ^{외래어}
영 Africa

아프리카는 **북반구와 남반구에 걸쳐 있으며 아시아 다음으로 큰 대륙**이에요. 대륙 한가운데로 적도가 지나고 있어 무더운 곳이 많아요. 세계 최대의 사막인 사하라 사막을 기준으로 북쪽에 위치한 북부 아프리카는 백인종이 대부분이고, 남쪽에 위치한 중남부 아프리카는 흑인종이 대부분이에요. 과거 아프리카 대부분의 나라가 유럽의 식민지였으나, 제2차 세계 대전 이후에 많은 나라가 독립하였어요.

예 남아프리카 공화국은 **아프리카**에서 최초로 제19회 월드컵을 개최한 나라예요.

열대 기후

더운 지역의 기후 熱帶氣候 [더울 **열**, 띠 **대**, 공기 **기**, 상태 **후**]
영 tropical climate

일 년 내내 매우 덥고 비가 많이 내리는 기후로, 보통 적도 부근인 저위도 지방에서 나타나요. 열대 기후 지역은 가장 추운 달의 평균 기온이 18°C 이상일 정도로 더운 곳이에요. 열대 기후는 강수량에 따라 열대 우림 기후와 사바나 기후로 나눌 수 있어요.

영남 지방

조령의 남쪽 지방
嶺南地方 [재 **영**, 남녘 **남**, 땅 **지**, 모 **방**]

영남 지방은 **경상남도와 경상북도를 이르는 말**이에요. 조령의 남쪽에 있다고 해서 붙여진 이름이지요. 예로부터 오랜 시간 정착되어 온 지방의 명칭을 지금도 사용하고 있어요.

대관령의 동쪽	영동 지방	강원도 동부
대관령의 서쪽	영서 지방	강원도 서부
호강(금강의 옛 이름)의 남쪽	호남 지방	전라남도와 전라북도
제천 의림지의 서쪽	호서 지방	충청남도와 충청북도

📖 장맛비는 오전에 충청과 호남 지방으로, 오후에 **영남 지방**으로 점차 확대되겠습니다.

함께 알아보기!

• **조령** 鳥嶺 [새 **조**, 재 **령**]: 경상북도 문경시와 충청북도 괴산군 사이에 위치하는 642m의 고개

　📖 **조령**은 새도 넘기 어려울 만큼 험하다 하여 '새재' 또는 '문경새재'라고도 해요.

오세아니아

남태평양의 여러 섬을 통틀어 가리키는 말 `외래어`

영 Oceania　　비 대양주

오세아니아는 **오스트레일리아와 뉴질랜드를 포함하여 여러 섬으로 이루어진 대륙으로, 남반구에 있어요.** 7대륙 중에서 가장 작은 오세아니아는 오스트레일리아를 중심으로 뉴질랜드, 파푸아 뉴기니, 미국의 하와이주를 비롯한 태평양의 크고 작은 섬들로 이루어져 있어요.

예 **오세아니아** 대륙에는 오리너구리, 키위새 등 희귀 동물들이 살고 있어요.

사회

오아시스

사막 가운데에 샘이 솟고 풀이 자라는 곳 `외래어`

영 oasis

오아시스는 **땅속 깊은 곳에 있던 지하수가 여러 가지 지형적인 이유로 밖으로 드러난 것**이에요. 가뭄에 단비 같은 오아시스 덕분에 메마른 사막에서도 식물이 자라고, 사람과 동물이 살아갈 수 있지요. 그래서 사람들은 오아시스를 '사막의 꽃'이라고 부른답니다.

예 건조 기후 지역에 사는 사람들은 물이 풍부한 **오아시스** 주변에 모여 살아요.

> **함께 알아보기!**
>
> • **사막** 沙漠 [모래 **사**, 사막 **막**]: 비가 내리지 않아 식물이 자라기 힘든 지형　　영 desert
> 　예 세계에서 가장 큰 사막인 사하라 **사막**은 아프리카 대륙 면적의 4분의 1을 차지해요.

온대 기후

따뜻한 지역의 기후 溫帶氣候 [따뜻할 **온**, 띠 **대**, 공기 **기**, 상태 **후**]

영 temperate climate

사계절이 뚜렷한 중위도 지역에 나타나는 기후로, 기온이 온화하고 강수량도 적합하여 사람이 살기에 가장 알맞아요. 온대 기후 지역은 일찍부터 다양한 농업이 발달했는데요, 유럽에서는 밀을 재배하고, 아시아에서는 벼농사를 지었어요.

예 사람들이 많이 모여 사는 서울, 도쿄, 파리, 뉴욕은 **온대 기후** 지역에 위치해 있어요.

운하

배가 다닐 수 있게 만든 물길 運河 [옮길 운, 물 하]
영 canal

배로 물건을 실어 나르기 위해 만든 인공 수로예요. 운하는 대부분 육지를 뚫어서 만들지만, 수로나 하천을 손질하여 만들기도 해요. 인류는 오랜 옛날부터 운하를 만들어 사용해 왔어요. 비행기가 발명되기 전, 용량이 큰 화물을 옮길 때는 바닷길을 이용할 수밖에 없었거든요. 지중해와 홍해를 잇는 수에즈 운하, 태평양과 대서양을 잇는 파나마 운하, 에게해와 이오니아해를 잇는 코린트 운하를 '세계 3대 운하'라고 해요.

예 현재 사용하고 있는 **운하** 중 가장 긴 것은 1,700km가 넘는 중국의 대운하예요.

위도

가로로 그어진 위선 사이의 각도 緯度 [씨줄 위, 각도 도]
영 latitude

적도를 중심으로 남북으로 얼마나 떨어져 있는지 나타내는 **좌표**를 위도라고 해요. 세계 지도나 지구본을 살펴볼 때 위도는 가로선, 경도는 세로선이라고 생각하면 돼요. 위도는 적도를 중심으로 $0°\sim90°$까지 구분하는데, $0°\sim30°$는 저위도, $30°\sim60°$는 중위도, $60°\sim90°$는 고위도라고 해요. 북반구의 위도를 북위라고 하고, 남반구의 위도를 남위라고 해요.

예 우리나라의 **위도**는 북위 33°에서 43° 사이에 있어요.

> **함께 알아보기!**
> • **경도** 經度 [날실 경, 각도 도]: 세로로 그어진 경선 사이의 각도 영 longitude
> 예 그리니치 천문대를 기준으로 동쪽에 위치하는 **경도**는 동경, 서쪽에 위치하면 서경이에요.

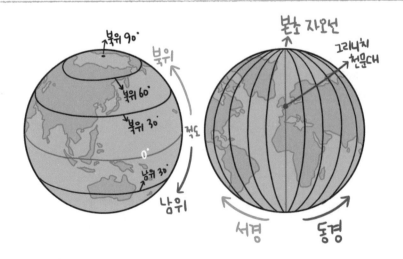

유럽

세계에서 두 번째로 작은 대륙 외래어

영 Europe

유럽은 **아시아 대륙의 서쪽 끝에 있는 대륙**으로, 북쪽은 북극해, 서쪽은 대서양, 남쪽은 지중해와 접해 있어요. 유럽은 좁은 면적에 비해 사람들이 많이 모여 사는 곳으로, 산업혁명의 영향으로 일찍부터 공업이 발달하였답니다. 유럽은 위치에 따라 헝가리와 폴란드가 있는 동부, 독일과 영국이 있는 서부, 그리스와 이탈리아가 있는 남부, 스웨덴과 핀란드가 있는 북부 유럽으로 나뉘어요. 유럽의 여러 나라는 세계 시장에서 경쟁하기 위해 유럽 연합(EU)을 만들고, 정치와 경제면에서 하나가 되기 위해 나아가고 있어요.

예 현재 **유럽** 연합에 속한 나라들은 '유로'라는 화폐를 공동으로 사용해요.

자연재해

자연 현상으로 일어나는 재난이나 피해

自然災害 [스스로 **자**, 그럴 **연**, 재앙 **재**, 해할 **해**]   영 natural disaster

비 기상 재해, 천재 天災

태풍, 가뭄, 홍수, 지진, 화산 폭발, 해일 등 **피할 수 없는 자연 현상으로 일어나는 재해**를 말해요.

예 일본은 지진이나 쓰나미 같은 **자연재해**가 자주 일어나는 나라예요.

지리

지구의 다양한 자연환경과 생활 모습 地理 [땅 **지**, 다스릴 **리**]

영 geography

지구상의 기후, 생물, 자연, 도시, 교통, 주민, 산업 등의 상태를 지리라고 해요. 우리가 살고 있는 다양한 자연환경과 그곳에서 살아가는 사람들의 모습을 공부하는 학문이 지리학이에요. 지역마다 지형과 기후가 달라서 그곳에 적응해 살아가는 사람들의 생활 모습도 다르게 나타난답니다.

예 **지리**(geography)란 '지구'라는 뜻의 geo와 '기록하다'라는 뜻의 graphy가 합쳐진 말이에요.

> **함께 알아보기!**
>
> • **지형** 地形 [땅 **지**, 모양 **형**]: 땅의 생긴 모양이나 형태   영 topography   비 지세
>   예 우리나라에 가장 많은 **지형**은 산으로, 우리나라 땅의 70%를 차지하고 있어요.

사회

지형도

땅의 모양을 그린 지도 地形圖 [땅 **지**, 모양 **형**, 그림 **도**]
🔵 topographic map

땅 위에 나타난 특징을 상세하게 그린 지도를 말해요. 지형도에는 등고선과 방위, 축척, 기호 등이 나타나 있어요.

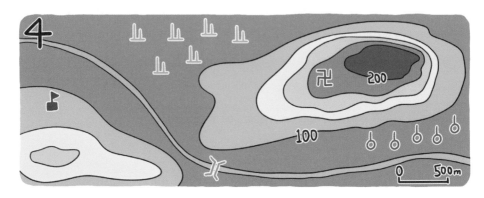

등고선	평균 해수면으로부터 높이가 같은 지점을 연결한 선
방위	동서남북의 방향을 가리키는 표시
축척	실제 거리를 축소하여 나타낸 비율
기호	지표상의 여러 건물이나 장소를 지도에 간략하게 나타내기 위한 약속

예 **지형도**를 보면 우리나라 지형의 특징이 동고서저라는 것을 알 수 있어요.

> **함께 알아보기!**
>
> • **동고서저** 東高西低 [동녘 **동**, 높을 **고**, 서녘 **서**, 낮을 **저**]: 지형이나 기압이 동쪽은 높고, 서쪽은 낮은 상태

촌락

시골 마을 村落 [시골 **촌**, 마을 **락**]
🔵 village

자연을 이용해서 살아가는 작은 시골 마을을 뜻해요. 촌락은 자연환경에 따라 농촌, 어촌, 산촌으로 구분해요. 넓은 들판이 펼쳐진 농촌에서는 농사를 짓거나 과일을 재배하고, 바닷가 마을인 어촌에서는 고기잡이를 해요. 높은 산으로 둘러싸인 산촌에서는 버섯이나 나물, 약초 등을 캔답니다.

예 젊은 사람들은 대부분 도시로 떠나기 때문에 **촌락**에는 노인이 많아요.

 **줄여서 나타낸 비율** 縮尺 [줄일 **축**, 자 **척**]
영 scale

지도에 실제 거리를 줄여서 나타낸 비율을 말해요. 실제 거리를 조금 줄일수록 축척이 크다고 하여 대축척 지도라 하고, 많이 줄일수록 축척이 작다고 하여 소축척 지도라고 해요.

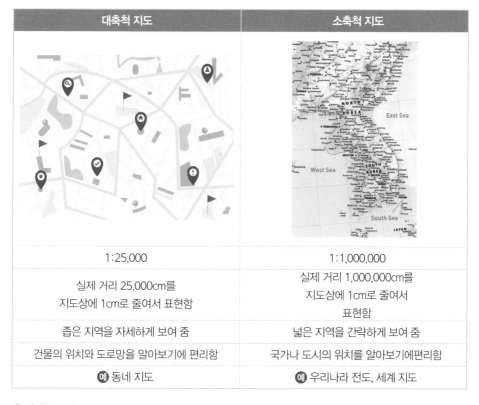

대축척 지도	소축척 지도
1:25,000	1:1,000,000
실제 거리 25,000cm를 지도상에 1cm로 줄여서 표현함	실제 거리 1,000,000cm를 지도상에 1cm로 줄여서 표현함
좁은 지역을 자세하게 보여 줌	넓은 지역을 간략하게 보여 줌
건물의 위치와 도로망을 알아보기에 편리함	국가나 도시의 위치를 알아보기에편리함
예 동네 지도	예 우리나라 전도, 세계 지도

예 **축척**을 알면 지도에서 두 지점 사이의 거리를 재어 실제 거리를 알아낼 수 있어요.

침엽수

잎이 바늘 모양으로 된 나무 針葉樹 [바늘 **침**, 잎 **엽**, 나무 **수**]

영 needle leaf tree 　 비 바늘잎나무 　 반 활엽수

잎이 바늘 모양으로 된 겉씨식물을 침엽수라고
해요. 꽃이 피는 식물은 겉씨식물과 속씨식물로 나
뉘는데, 겉씨식물은 밑씨가 씨방 안에 있지 않고
겉으로 드러나 있는 식물을 말해요. 침엽수는
대부분 고도가 높고, 추운 곳에서 잘 자라요.
천천히 자라는 만큼 재질이 단단해 건축 자
재나 가구재 또는 종이를 만드는 데 쓰이는
펄프의 원료로 많이 쓰여요.

예 우리가 흔히 볼 수 있는 소나무, 잣나무, 전나무, 낙엽송이 **침엽수**예요.

함께 알아보기!

- **펄프** pulp: 나무 등의 섬유 식물에서 뽑아낸 재료
  예 우리가 사용하는 종이컵은 침엽수에서 생산되는 고급 **펄프**로 만들어져요.

한대 기후

추운 지역의 기후 寒帶氣候 [찰 **한**, 띠 **대**, 공기 **기**, 상태 **후**]

영 polar climate

극지방에서 나타나는 한랭한 기후로, 주로 고위도 지역에서 볼 수 있어요. 일 년 내내
평균 기온이 10℃ 이하이고, 강수량도 적어서 나무가 자라지 못해요. 한대 기후는 가장
따뜻한 달의 평균 기온이 0℃ 이상이면 툰드라 기후, 그 이하이면 빙설 기후로 나뉘어요.
툰드라 기후 지역은 짧은 여름 동안 풀과 이끼류가 자라고, 빙설 기후 지역은 일 년 내내
눈과 얼음으로 덮여 있어요.

예 얼음으로 지은 이글루는 **한대 기후** 지역의 대표적인 건축 형태예요.

활엽수

잎이 넓은 나무 闊葉樹 [넓을 **활**, 잎 **엽**, 나무 **수**]
영 broad leaf tree   **비** 넓은잎나무   **반** 침엽수

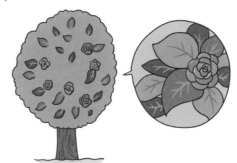

잎이 넓은 속씨식물을 활엽수라고 해요. 속씨식물은 밑씨가 씨방 안에 있는 식물이에요. 우리가 흔히 볼 수 있는 벚나무, 단풍나무, 참나무, 동백나무가 활엽수예요. 활엽수는 덥고 따뜻한 곳에서 잘 자라는데요. 열대나 아열대 기후에서는 사철 내내 푸르른 상록 활엽수가 많이 자라고, 온대 기후에서는 가을에 잎을 떨어뜨려 겨울을 나는 낙엽 활엽수가 많이 자라요.

예 사철나무와 동백나무는 사철 내내 잎이 푸르른 상록 **활엽수**예요.

황사

누런 모래 黃砂 [누를 **황**, 모래 **사**]
영 yellow dust

중국의 사막 지역에서 우리나라까지 불어오는 모래바람이에요. 황사는 유해 물질을 많이 내뿜는 중국의 산업 지대를 거쳐 우리나라로 오기 때문에 중금속 오염 물질이 섞여 있어요. 또한, 황사는 호흡기 질환을 유발하고, 항공기나 자동차 등 정밀 기계에 침투해 고장을 내거나 태양 빛을 차단해 농작물이 자라는 걸 방해하기도 해요.

예 중국발 **황사**는 강한 바람을 타고 우리나라를 거쳐 일본, 태평양, 북아메리카까지 날아가요.

------- 네 번째 -------

과학

초등 전과목
어휘력 사전

물리

가시광선
사람의 눈으로 볼 수 있는 빛 可視光線 [가히 **가**, 볼 **시**, 빛 **광**, 줄 **선**]
🔵 visible ray

우리 눈으로 볼 수 있는 가시광선은 일곱 가지 빛깔로 이루어져 있어요. 햇빛은 색이 없는 것처럼 보이지만 프리즘에 통과시켜 보면 빨강, 주황, 노랑, 초록, 파랑, 남색, 보라로 분리되는 것을 볼 수 있어요. 보라색 바깥에 있는 자외선과 빨간색 바깥쪽에 있는 적외선은 우리 눈에 보이지 않는 빛이랍니다.

←자외선→	←가시광선→	←적외선→

10nm 380nm 780nm 1000nm(파장)

📝 햇빛은 파장에 따라 적외선, **가시광선**, 자외선 등으로 나뉘어요.

함께 알아보기!

· **프리즘** prism: 빛을 굴절시키거나 분산시킬 때 쓰는 투명한 물체
　📝 **프리즘**에 통과시킨 일곱 가지 빛깔을 다른 **프리즘**에 한 번 더 통과시키면 백색광이 만들어져요.

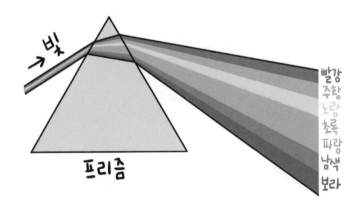

빛

프리즘

빨강
주황
노랑
초록
파랑
남색
보라

관성

익숙한 상태를 지속하려는 성질 慣性 [익숙할 **관**, 성질 **성**]
영 inertia

어떤 물체가 계속 멈춰 있거나 움직이려는 성질을 말해요. 모든 물체는 자신의 운동 상태를 그대로 유지하려는 성질이 있어요. 정지해 있는 물체는 계속 정지해 있으려 하고, 움직이는 물체는 계속 움직이려고 해요. 달리던 버스가 갑자기 멈추면 버스 안의 사람은 계속 앞으로 가려는 관성 때문에 몸이 앞으로 쏠려요. 반대로 멈춰 있던 버스가 갑자기 출발하면 버스 안의 사람은 계속 멈춰 있으려는 관성 때문에 몸이 뒤로 쏠리는 것이랍니다.

예 지우개를 집어 올리는 것이 책상을 들어 올리는 것보다 쉬운 것처럼, **관성**의 크기는 질량에 비례해요.

> **함께 알아보기!**
> • **질량** 質量 [바탕 **질**, 헤아릴 **량**]: 장소나 상태에 따라 변하지 않는 물질의 고유한 양　영 mass
> 　예 달에 가면 무게가 6분의 1로 줄어들지만 **질량**은 그대로예요.

광원

빛을 내는 근원 光源 [빛 **광**, 근원 **원**]
영 light source

태양처럼 **스스로 빛을 내는 물체**를 말해요. 자연적으로 빛을 내는 별이나 반딧불도 광원이고, 인공적으로 빛을 내는 전등, 촛불, 네온사인, 컴퓨터 화면 같은 물체도 광원이에요. 하지만 달은 어두운 밤을 밝혀 주지만, 스스로 빛을 내지 않고 태양으로부터 받은 빛을 반사하기 때문에 광원이 아니랍니다.

예 **광원**에서 나온 빛이 곧게 나아가는 현상을 빛의 직진이라고 해요.

> **함께 알아보기!**
> • **반사** 反射 [되돌릴 **반**, 쏠 **사**]: 빛이 물체에 부딪쳤다가 다시 튕겨 나오는 것　영 reflection
> 　예 거울은 빛의 **반사**를 볼 수 있는 가장 좋은 도구랍니다.

과학

굴절

휘어서 꺾임 屈折 [굽을 **굴**, 꺾을 **절**]
🔵 refraction

빛이 한 물질에서 다른 물질로 나아갈 때 방향이 꺾이는 현상을 말해요. 빛은 공기 중이나 물속에서는 직진하고, 공기와 물이 만나는 경계면에서는 굴절해요. 물컵에 담가 둔 빨대가 꺾여 보이는 것도, 물속에 있는 다리가 짧아 보이는 것도 모두 직진하던 빛이 수면을 지날 때 굴절하여 우리 눈에 들어오기 때문이에요.

(예) 냇가나 강가의 깊이가 얕아 보이는 것은 빛의 **굴절** 때문이에요.

> **함께 알아보기!**
>
> • **직진** 直進 [곧을 **직**, 나아갈 **진**]: 곧게 나아감
> **(예)** 바늘구멍 사진기는 빛의 **직진**을 이용해 만든 장치예요.

기온

공기의 온도 氣溫 [공기 **기**, 따뜻할 **온**]
🔵 temperature

기온이 변하는 것은 태양의 고도와 관계가 있어요. 태양의 고도는 태양이 지표면과 이루는 각을 말해요. 태양이 남쪽 하늘에 떠 있을 때 고도가 제일 높은데, 이를 '남중 고도'라고 해요. 태양의 고도가 높아지면 기온이 높아지고, 태양의 고도가 낮아지면 기온이 내려간답니다. 그런데 태양의 고도가 가장 높을 때와 기온이 가장 높을 때의 시각이 달라요. 그 이유는 지표면이 데워져 공기의 온도가 높아지기까지 어느 정도 시간이 걸리기 때문이에요.

(예) **기온**을 측정할 때는 일정한 조건을 갖춘 백엽상에서 해요.

> **함께 알아보기!**
>
> • **백엽상** 百葉箱 [일백 **백**, 잎 **엽**, 상자 **상**]: 기상을 관측하기 위해 만든 작은 집 모양의 흰색 나무 상자
> **(예)** **백엽상**이 하얀 이유는 흰색이 햇빛의 영향을 가장 덜 받는 색깔이기 때문이에요.

나침반

방향을 알아내는 기구 羅針盤 [벌일 **나**, 바늘 **침**, 쟁반 **반**]
🅔 compass　🅑 나침판

남북을 가리키는 자석의 성질을 이용하여 방위를
알아내는 데 사용하는 기구를 말해요. 나침반
의 바늘은 자석으로 이루어져 있어요. 나침반의
바늘이 남북을 가리키는 것도 지구가 하나의
자석과 같기 때문이에요. 지구의 북극은 S극,
남극은 N극을 띠고 있어서 S극을 띤 지구의 북
극이 나침반 바늘의 N극을 끌어당기고, N극을
띤 지구의 남극이 나침반 바늘의 S극을 끌어당겨
서 그런 것이랍니다.

🅔 **나침반**의 가장 큰 특징은 붉은 바늘이 항상 북쪽을 향하고 있다는 거예요.

내시경

안을 들여다보는 거울 內視鏡 [안 **내**, 볼 **시**, 거울 **경**]
🅔 endoscopy

몸속에 긴 관을 집어넣어 우리 몸 안을 검사하고 관찰하는 기구예요. 긴 관 끝에
는 카메라나 확대경이 달려 있어 피부를 째지 않아도 장기의 내부를 살펴볼 수 있어요.

🅔 작은창자를 치료할 때는 카메라가 달린 캡슐 **내시경**을 삼켜서 장기 내부를 직접 촬영해요.

과학

대류

액체나 기체의 열의 전달 對流 [대할 대, 흐를 류]

영 convention current

액체나 기체에서 물질이 이동하면서 열이 전달되는 현상을 말해요. 액체나 기체는 열을 받으면 부피가 커지면서 가벼워지므로 위로 올라가게 되고, 위쪽에서 열이 식으면 부피가 작아져서 무거워지므로 아래쪽으로 이동해요. 이것이 되풀이되면서 열이 전체에 퍼지게 되는 거예요.

예 대류의 특성을 이용하여 난로는 아래쪽에 설치하고, 에어컨은 위쪽에 설치해요.

도르래

바퀴에 홈을 파고 줄을 걸어서 돌려 물건을 움직이는 장치 `고유어`

영 pulley

도르래는 작은 힘으로 큰 물체를 들어 올리기 위해 발명한 도구예요. 도르래에는 고정도르래와 움직도르래가 있어요. 타워 크레인과 거중기는 고정도르래와 움직도르래를 함께 이용하는 기구예요. 힘의 크기를 줄일 수 있을 뿐만 아니라 힘의 방향을 조절할 수 있기 때문에 건설 현장에서 많이 이용되고 있답니다.

예 엘리베이터는 고정도르래의 원리를 이용한 도구예요.

> **함께 알아보기!**
>
> • **거중기** 擧重器 [들 거, 무거울 중, 그릇 기]: 예전에 무거운 물건을 들어 올리는 데 쓰던 기구
> **예** 정약용이 개발한 거중기는 세계 문화유산인 수원 화성을 쌓는 데 이용되었어요.

도체

전기가 통하는 물질 導體 [통할 도, 물질 체]
영 conductor　　**비** 도전체　　**반** 부도체

전기가 통하는 물질을 도체라고 하고, 전기가 통하지 않는 물질을 부도체라고 해요.
철, 구리, 알루미늄 등 주로 금속 물질로 되어 있는 도체는 전기가 필요한 곳에 전류를
흘려주는 역할을 해요. 나무, 플라스틱, 고무, 유리 등의 물질로 되어 있는 부도체는 전
기가 흐르면 안 되는 곳에 전류를 막아 주는 역할을 해요. 따라서 전기 회로에 도체를
연결하면 전구에 불이 켜지고, 부도체를 연결하면 전구에 불이 켜지지 않는답니다.

> **함께 알아보기!**
>
> • **전기 회로** 電氣回路 [전기 **전**, 기운 **기**, 돌 **회**, 길 **로**]: 전구, 전선, 전지, 스위치 등 전기 부품을
>   연결해 전류가 흐를 수 있게 만든 통로
>   **예** **전기 회로**를 간단한 기호로 나타낸 것을 전기 회로도라고 해요.

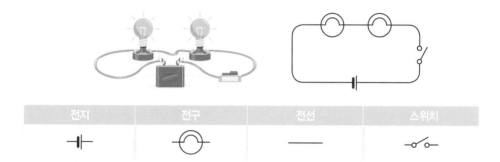

전지	전구	전선	스위치
┤├	◯	——	⁀o⁀

돋보기

작은 것을 크게 볼 수 있게 볼록 렌즈로 만든 안경 고유어
영 magnifying glass　　**비** 확대경

돋보기는 **볼록 렌즈로 만든 안경**으로, 눈이 원시인 사람이나 주로 할아버지, 할머니
들이 많이 사용해요. 나이가 들면 가까운 곳의 물체를 보기 힘들어지거든요. 그래서 글
자를 크게 확대해서 보여 주는 돋보기가 필요해요. 반대로 졸보기는 먼 곳의 물체를 보
기 힘든, 눈이 근시인 사람이 쓰는 오목 렌즈로 만든 안경이에요.

예 생물을 관찰할 때 쓰는 루페도 볼록 렌즈로 만든 **돋보기**의 한 종류예요.

> **함께 알아보기!**
>
> • **루페** loupe: 물체를 크게 볼 수 있게 만든 볼록 렌즈
>   **예** 치과 의사, 보석 세공사, 시계공 등이 쓰는 작은 돋보기는 **루페**라고 불러요.

 **렌즈** 빛을 모으거나 퍼지게 하는 유리로 만든 도구 외래어
영 lens

유리와 같은 투명한 물질을 볼록하거나 오목하게 만들어 빛을 굴절시키는 기구로, 볼록 렌즈와 오목 렌즈가 있어요. 카메라, 현미경, 망원경 등은 모두 렌즈를 사용한 광학 기기랍니다.

볼록 렌즈	오목 렌즈
가운데가 가장자리보다 두꺼운 렌즈	가장자리가 가운데보다 두꺼운 렌즈
빛은 굴절하여 한 점에서 모임	빛은 굴절하여 퍼져 나감
가까이 있는 물체가 크게 보임	가까이 있는 물체가 작게, 멀리 있는 물체가 선명하게 보임
예 돋보기, 원시 안경 먼 곳은 잘 보지만 가까운 곳은 잘 보지 못하는 시력	예 졸보기, 근시 안경 가까운 곳은 잘 보지만 먼 곳은 잘 보지 못하는 시력

예 빛이 **렌즈**를 통과할 때는 굴절 현상이 일어나 두꺼운 쪽으로 방향이 꺾여요.

> **함께 알아보기!**
>
> · **망원경** 望遠鏡 [바라볼 **망**, 멀 **원**, 거울 **경**]: 두 개 이상의 볼록 렌즈를 맞추어 멀리 있는 물체를 크고 정확하게 보도록 만든 장치 영 **telescope**

복사

빛을 사방으로 내쏨 輻射 [바퀴살 복, 쏠 사]
영 radiation

빛을 사방으로 쏘아 열을 전달하는 방법이에요. 태양과 지구 사이에는 열을 전달하는 물질이 없는 진공 상태이기 때문에 전도나 대류로 열을 전달할 수 없어요. 그래서 태양은 직접 열을 전달하는 복사의 방식으로 지구에 열을 전해 줘요. 햇볕을 쬐면 따뜻해지는 것은 태양이 내놓는 복사열 때문이에요. 온실을 투명한 유리로 만드는 것도 복사열을 이용해 난방을 하기 위해서랍니다.

예 태양에서 오는 **복사** 에너지의 약 30%는 지표면에서 반사되어 우주 공간으로 나가고, 약 70%는 지구에 흡수돼요.

> **함께 알아보기!**
>
> • **복사열** 輻射熱 [바퀴살 복, 쏠 사, 더울 열]: 복사를 통해 전해진 에너지　비 방사열
> 예 검은색은 **복사열**의 대부분을 흡수하고, 흰색은 반사하기 때문에 여름철에 검은색 옷을 입으면 더워요.

볼록 거울

반사면이 볼록한 거울 고유어

영 convex mirror   비 볼록 반사경

숟가락의 앞면과 뒷면에 얼굴을 비추어 보면 숟가락에 비친 얼굴이 서로 다르게 보여요. 앞면의 오목한 부분은 오목 거울의 역할을 하고, 뒷면의 볼록한 부분은 볼록 거울의 역할을 하기 때문이에요.

볼록 거울	오목 거울
빛을 퍼지게 하는 성질	빛을 한 점으로 모으는 성질
실제보다 작게 보이기 때문에 멀리 있는 듯한 느낌	실물보다 커 보이기 때문에 가까이 있는 듯한 느낌
주로 넓은 범위를 볼 때 사용	주로 빛을 모으거나 사물을 크게 볼 때 사용
예 자동차의 측면 거울, 도로의 안전 거울, 편의점의 감시 거울	예 자동차의 전조등, 치과용 거울, 현미경의 반사경

예 **볼록 거울**에 비친 빛은 반사되어 바깥으로 퍼져 나가기 때문에 넓은 곳을 볼 수 있게 해 줘요.

함께 알아보기!

· **반사경** 反射鏡 [되돌릴 **반**, 쏠 **사**, 거울 **경**]: 빛을 받아서 맞은편으로 내쏘아 비치는 거울
  예 학교에서는 교통사고 없는 안전한 등굣길과 하굣길을 위해 가방에 붙이는 교통안전 **반사경**을 아이들에게 나눠 주었어요.

속력

속도의 크기 速力 [빠를 속, 힘 력]
영 speed

물체의 빠르기를 나타내는 속력은 **일정한 시간 동안 물체가 이동한 거리**를 말해요.
걸린 시간의 단위에는 초(s), 시간(h) 등이 있고, 속력의 단위에는 m/s, km/h 등이 있
어요.

$$속력 = \frac{이동\ 거리}{걸린\ 시간}$$

① 10초 동안에 100m를 달리는 육상 선수의 속력

$$= \frac{100m}{10s} = 10m/s$$
↳ "초속 십 미터"라고 읽어요.

② 1시간 동안 60km를 이동한 자동차의 속력

$$= \frac{60km}{1h} = 60km/h$$
↳ "시속 육십 킬로미터"라고
읽어요.

例 빛은 지구상에서 **속력**이 가장 빠른 물질로, 1초에 약 30만 km를 이동해요.

에너지

일을 할 수 있는 능력 외래어
잘못된 표현 에네르기   영 energy

사람이나 동식물, 우주에 있는 천체 등 모든 물체는 에너지를 가지고 있어요. 에너지의
종류에는 운동 에너지, 위치 에너지, 열에너지, 전기 에너지, 빛 에너지, 화학 에너지 등
이 있어요. 에너지의 종류가 바뀌는 것을 '에너지 전환'이라고 하는데요, 형광등은 전기
에너지를 빛 에너지로 전환시켜 방을 밝혀 주고, 풍력 발전소는 바람의 운동 에너지를
전기 에너지로 전환시켜 전기를 일으킨답니다.

例 기계를 움직이거나 생물이 살아가는 데에는 **에너지**가 필요해요.

> **함께 알아보기!**
>
> • **물리** 物理 [만물 **물**, 다스릴 **리**]: 우리 주위에서 일어나는 자연 현상의 법칙과 물질의 성질을 연구
> 하는 학문 영 physics   비 물리학
> 例 과학의 영역에는 **물리**, 화학, 생명 과학, 지구 과학 등이 있어요.

온도

따뜻한 정도 溫度 [따뜻할 온, 정도 도]
영 temperature

차고 **따뜻한 정도를 숫자로 나타낸 것**을 말해요. 공기의 온도는 기온, 물의 온도는 수온, 몸의 온도는 체온이라고 해요. 온도를 나타낼 때는 주로 섭씨온도와 화씨온도를 사용해요. 우리나라를 포함한 아시아에서는 주로 섭씨온도(℃)를 사용하고, 미국을 비롯한 영어권 나라와 유럽에서는 화씨온도(℉)를 사용해요. 온도계를 이용하면 물질의 온도를 쉽고 정확하게 측정할 수 있답니다.

예 우리 몸의 평균 **온도**는 36.5℃라 쓰고 '섭씨 삼십육 점 오 도'라고 읽어요.

> **함께 알아보기!**
>
> • **온도계** 溫度計 [따뜻할 온, 정도 도, 셀 계]: 물체의 온도를 재는 기구　영 thermometer
>   예 코로나 바이러스로 인해 몸에 직접 닿지 않고도 온도를 잴 수 있는 적외선 **온도계**가 인기를 끌고 있어요.

자기력

자석의 힘 磁氣力 [자석 자, 기운 기, 힘 력]
영 magnetic force　비 자력

자석과 쇠붙이, 자석과 자석 사이에서 작용하는 힘을 말해요. 자석을 쇠붙이 쪽으로 가져가면 자기력이 작용해서 쇠붙이가 끌려와요. 자기력에는 '인력'과 '척력'이 있는데요. 다른 극 사이에는 서로 끌어당기는 인력이 작용하고, 같은 극 사이에는 서로 밀어내는 척력이 작용해요.

> **함께 알아보기!**
>
> • **자석** 磁石 [자석 자, 돌 석]: 쇠를 끌어당기는 자기를 띤 물체　영 magnet　비 마그넷

자외선

빛의 스펙트럼에서 가시광선의 보라색 바깥쪽에 있는 빛

紫外線 [자줏빛 **자**, 바깥 **외**, 줄 **선**]

🔵 ultraviolet ray　　🔴 유브이(UV)　　🟤 적외선

자외선은 **파장이 가시광선보다 짧고, 눈에 보이지 않는 빛**을 말해요. 자외선은 박테리아나 바이러스를 죽이는 살균 작용을 할 뿐만 아니라 우리 몸에 필요한 비타민 D를 만들어 내는 역할을 해요. 하지만 자외선에 지나치게 노출되면 피부암에 걸릴 위험이 있어요. 피부가 타는 것은 자외선으로 인해 피부가 화상을 입은 거랍니다.

🔵 지구의 오존층이 점차 얇아져 땅 위에 도달하는 **자외선**의 양이 많아지고 있어요.

> **함께 알아보기!**
> ・**오존층** ozone層 [층 **층**]: 땅 표면에서 높이 20~35km 부근에 오존이 밀집되어 있는 부분
> 🔵 **오존층**은 태양의 강렬한 자외선을 흡수하여 지구상의 생물들을 보호하는 방패 역할을 해요.

잠망경

잠수함에서 물 밖을 보기 위해 만든 거울

潛望鏡 [잠길 **잠**, 바라볼 **망**, 거울 **경**]　🔵 periscope

물속에 있는 잠수함에서 물 밖을 보기 위해 만든 망원경으로 빛의 반사를 이용한 장치예요.

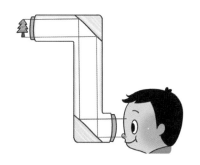

← 물체에 반사된 빛은 위쪽 거울로 들어와요.

← 위쪽 거울에서 반사된 빛은 기둥을 따라 내려가요.

← 아래쪽 거울에 반사된 빛이 우리 눈으로 들어와요.

적외선

빛의 스펙트럼에서 가시광선의 빨간색 바깥쪽에 있는 빛
赤外線 [붉을 적, 바깥 외, 줄 선]
영 infrared ray   비 열선   반 자외선

파장이 가시광선보다 길고, 눈에 보이지 않는 빛을 말해요. 햇빛을 받았을 때 따뜻하게 느껴지는 것은 적외선 때문이에요. 따라서 적외선을 열선이라고도 해요. 적외선은 열을 내기 때문에 전열기나 치료기에 많이 쓰이고, 텔레비전이나 오디오 같은 리모컨의 센서로 이용되기도 해요. 적외선 카메라를 이용하면 깜깜한 밤에도 사물을 볼 수 있답니다.

예 **적외선** 레이저 빔은 외과 수술, 종양 제거 등 의료 분야에 쓰이고 있어요.

> **함께 알아보기!**
>
> • **레이저** laser : 주파수가 일정한 빛을 만들어 내는 장치
> 예 마트 계산대에서 볼 수 있는 바코드 스캐너는 **레이저**를 이용하는 도구예요.

전구

전기를 흘려 빛을 만드는 기구 電球 [전기 전, 공 구]
영 bulb

유리구 속 필라멘트에 전기를 흘려보내 열과 함께 빛을 내는 기구를 말해요. 1879년에 에디슨이 발명한 전구는 탄소 필라멘트를 이용하여 40시간 정도 빛을 발하는 전구였어요. 1910년에는 쿨리지가 텅스텐 필라멘트를 만드는 데 성공했어요. 이때부터 백열전구의 빛이 자연광에 가까워지고 수명도 더 길어지게 되었답니다.

예 발명왕 에디슨이 **전구**를 발명하기 전까지는 촛불이나 호롱불을 사용했어요.

> **함께 알아보기!**
>
> • **필라멘트** filament : 전구 속에 있는 용수철 모양의 가는 선
> 예 전류가 흐르는 **필라멘트**는 최고 3,000°C까지 온도가 올라간다고 해요.

전하여 이동함 傳導 [전할 **전**, 이끌 **도**]
영 conduction

열이 물질을 따라 온도가 높은 곳에서 낮은 곳으로 전달되는 현상이에요. 전도는 주로 고체에서 열이 이동하는 방법인데요, 은, 구리, 철과 같은 금속은 열을 잘 전달하는 물질이에요. 반대로 나무, 플라스틱, 헝겊 같은 비금속은 열을 잘 전달하지 못한답니다. 그래서 냄비의 몸체는 음식이 익을 수 있도록 전도가 잘 되는 금속으로 만들고, 손잡이는 뜨겁지 않도록 전도가 잘 안 되는 플라스틱이나 헝겊으로 만든답니다.

← 전도가 잘 됨								전도가 잘 안 됨 →
은	구리	금	알루미늄	철	벽돌	유리	나무	플라스틱

예 뜨거운 국에 넣어 둔 숟가락이 점점 뜨거워지는 것은 열의 **전도** 때문이에요.

전기적인 압력 電壓 [전기 **전**, 누를 **압**]
영 voltage

전기 회로에 전류를 흐르게 할 수 있는 힘으로, 단위는 볼트(V)를 사용해요. 일반적으로 사용하는 전지의 전압은 1.5V이고, 가정에서는 220V를 사용해요. 전압이 높으면 센 전류가 흐르고, 전압이 낮으면 전류도 약하게 흘러요. 수압에 의해 물이 흐르듯이 전지의 전압에 의해 전류가 +극에서 −극으로 흐른답니다.

예 일본은 우리나라와 달리 110V의 **전압**을 사용하므로, 돼지코라 불리는 전압 변환기를 챙겨 가야 해요.

┌─ **함께 알아보기!**
│ · **전류** 電流 [전기 **전**, 흐를 **류**]: 전기를 띤 입자가 전선을 따라 이동하는 현상
│ 영 electric current
└

과학

전자석

전기 자석 電磁石 [전기 **전**, 자석 **자**, 돌 **석**]
영 electromagnet

전선에 전류가 흐르면 자석의 성질을 띠게 되는 것을 말해요. 전자석은 평소에는 자석의 성질이 없지만, 전류를 흘려주면 자석의 성질을 띠게 돼요. 못, 에나멜선, 전기 회로 등을 이용해서 간단한 전자석을 만들 수 있어요. 못을 종이로 감싼 후 에나멜선을 촘촘히 감고, 에나멜선 양 끝의 피복을 벗겨 내어 전기 회로에 연결하면 돼요.

예 전지의 수가 많을수록, 에나멜선을 많이 감을수록 **전자석**의 세기는 커진답니다.

함께 알아보기!

· **에나멜선** enamel線 [줄 **선**]: 구리 선에 전기가 통하지 않도록 에나멜을 입힌 것

지레

무거운 물건을 움직이는 데 쓰는 막대기 고유어
영 lever **비** 레버, 지렛대

받침점 ┐   작용점 ┐   힘점 ┐
막대의 한 점을 물체에 받쳐 고정한 후, 한쪽에는 물체를 올려놓고, 다른 한쪽에는 힘을 가해서 적은 힘으로 무거운 물체를 들어 올릴 수 있는 도구예요. 힘점, 받침점, 작용점을 지레의 3요소라고 해요. 받침점과 힘점이 가까울수록 힘이 많이 들고, 멀수록 힘이 적게 든답니다.

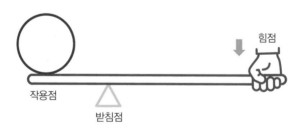

힘점

작용점

받침점

예 시소는 **지레**의 원리를 이용한 대표적인 놀이 기구예요.

 **직렬** 일렬로 늘어섬 直列 [곧을 **직**, 줄 **렬**]
영 series 반 병렬

직렬연결이라고도 하는 직렬은 **전지나 전구 여러 개를 서로 다른 극끼리 한 길로 연결하는 방법**을 말해요. 반대로 전지나 전구 여러 개를 두 개 이상의 길로 연결하는 방법을 병렬연결이라고 해요.

전구의 **직렬연결**	전구의 **병렬연결**
전구 여러 개를 끊어지지 않은 한 길로 연결하는 방법	전구 여러 개를 두 개 이상의 길로 연결하는 방법
전구 두 개를 병렬연결한 것보다 전구가 덜 밝음	전구 두 개를 직렬연결한 것보다 전구가 더 밝음
전구 한 개를 빼면 남은 전구의 불도 꺼짐	전구 한 개를 빼도 남은 전구의 불이 꺼지지 않음

예 크리스마스트리의 꼬마전구가 한꺼번에 모두 꺼지는 것은 전구가 **직렬연결**되어 있기 때문이에요.

> **함께 알아보기!**
>
> · **전지** 電池 [전기 **전**, 연못 **지**]: 전극 사이에 전기 에너지를 발생시키는 장치
> 예 **전지**는 건전지가 대표적이며 휴대 전화, 리모컨, 노트북, 컴퓨터 등에 이용돼요.

과학

진공

아무것도 없이 비어 있는 공간 眞空 [참 진, 빌 공]
영 vacuum

우주 공간처럼 공기 같은 물질이 전혀 존재하지 않는 공간을 말해요. 현실에서 완전한 진공 상태를 만드는 것은 불가능하지만, 이불이나 겨울옷의 부피를 줄여 주는 진공 압축기, 보온과 보랭이 되는 진공 텀블러, 냉동 건조시켜 진공 팩에 넣은 우주인의 음식에 이르기까지 다양하게 활용되고 있답니다.

예 소리는 공기를 통해 전달되기 때문에 **진공** 상태에서는 소리가 들리지 않아요.

탄성

원래대로 되돌아가려는 성질 彈性 [탄알 탄, 성질 성]
영 elasticity

외부의 힘을 가하면 형태가 바뀌지만, 힘을 제거하면 원래대로 되돌아가려는 성질을 말해요. 물질을 이루고 있는 알갱이들이 자신만의 모양을 유지하려는 성질 때문에 탄성이 생기는 거예요. 용수철이나 고무는 탄성이 큰 물질이지만 탄성에도 한계가 있어서 용수철을 너무 많이 잡아당기면 길게 늘어나 버리고, 고무줄을 너무 많이 잡아당기면 뚝 끊어지고 말아요. 아무리 탄성이 큰 물질이라도 탄성 한계에 도달하면 원래대로 돌아갈 힘을 잃어버린답니다.

예 고무공의 **탄성** 때문에 바닥에 떨어뜨린 고무공이 튀어 올라요.

함께 알아보기!

• **용수철** 龍鬚鐵 [용 용, 수염 수, 쇠 철]: 철사를 나선 모양으로 감아서 만든 것 영 spring
  예 태엽을 돌려서 움직이는 장난감은 **용수철**을 이용해서 만든 물건이에요.

현미경

아주 작은 것을 잘 드러나 보이게 하는 거울

顯微鏡 [드러날 **현**, 작을 **미**, 거울 **경**] 🔵 microscope

눈으로 볼 수 없는 물체를 확대하여 관찰하는 기구

예요. 현미경은 관찰하는 사람의 눈 쪽에 접해 있는 접안
렌즈와 물체에 접해 있는 대물렌즈로 되어 있어요. 현미경
으로 몇 배까지 확대할 수 있는지 알아보려면 접안렌즈와 대
물렌즈의 경통 옆에 표시된 숫자를 서로 곱하면 돼요.

🔵 일반적으로 **현미경**이라고 하면 광학 현미경을 가리키는 경우가 많아요.

> **함께 알아보기!**
>
> • **광학 현미경** 光學顯微鏡 [빛 **광**, 배울 **학**, 드러날 **현**, 작을 **미**, 거울 **경**] : 빛을 이용해 작은 물체나
> 생물을 확대하여 관찰하는 기구 🔵 optical microscope
> 🔵 **광학 현미경**은 물벼룩이나 식물 세포 같은 아주 작은 것들을 관찰할 때 쓰여요.

과학

형광등

반딧불과 같은 빛을 내는 등

螢光燈 [반딧불이 **형**, 빛 **광**, 등 **등**] 🔵 fluorescent lamp

진공 유리관 속에 수은과 아르곤을 넣고 안쪽 벽에 형광 물질을 바른 전등을 말
해요. 형광등은 거의 자연광과 같은 색깔을 내는데요, 좌우 필라멘트에서 나온 전자가
수은과 부딪치면서 형광 물질에 닿아 빛이 생기는 거예요. 요즘은 전구와 형광등 대신
에너지 효율이 높고, 환경 오염 물질을 내뿜지 않으면서 다양한 색깔의 빛을 낼 수 있는
엘이디 조명을 많이 사용하고 있어요.

🔵 **형광등**이나 백열전구가 없었던 옛날에는 호롱불이나 등잔불을 켜고 살았어요.

> **함께 알아보기!**
>
> • **엘이디** LED : 전류가 흐르면 빛을 내는 반도체
> 🔵 light emitting diode 🔵 발광 다이오드
> 🔵 **엘이디**는 조명뿐만 아니라 전자 제품 화면에 문자나 숫자를 표시하는 데 사용되고 있어요.

화학

고체

굳어 있는 물질 固體 [굳을 고, 몸 체]
영 solid

일정한 모양과 부피가 있으며 쉽게 변형되지 않는 물질의 상태를 말해요. 고체는
온도의 변화에 따라 액체나 기체로 변하기도 해요. 물은 0~100°C 사이에서 액체 상태
이지만, 0°C 이하에서는 고체 상태인 얼음으로 변하고, 100°C 이상일 때는 기체 상태
인 수증기로 바뀌어요.

고체	액체	기체
일정한 모양과 부피가 있음	일정한 모양은 없지만, 부피는 있음	일정한 모양과 부피가 없음
담는 그릇에 따라 모양과 부피가 변하지 않음	담는 그릇에 따라 모양은 변하지만, 부피는 변하지 않음	담는 그릇에 따라 모양과 부피가 달라짐
예 얼음, 눈	예 물	예 수증기

함께 알아보기!

• **액체** 液體 [진 액, 몸 체]: 고체와 기체의 중간적인 상태에 있는 물질 영 liquid
  예 자동차의 몸체는 고체인 철로, 바퀴는 공기인 기체로, 연료는 액체인 휘발유로 이루어져 있어요.

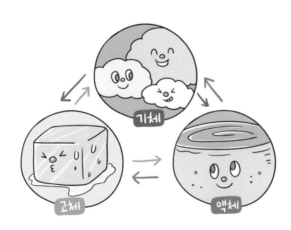

공기

투명한 기체 空氣 [빌 공, 기운 기]
🔵 air   🔴 대기

지구를 둘러싸고 있는 **기체**를 말해요. 공기는 여러 가지 기체가 섞여 있는 혼합물로, 질소와 산소가 대부분이에요. 공기는 눈에 보이지도 않고 손으로 잡을 수도 없지만, 일정한 공간과 무게를 차지하고 있어요. 가로, 세로, 높이가 모두 1m인 정육면체 공간에 들어간 공기의 무게는 약 1.2kg이나 된다고 해요.

🔹 소리를 전달하는 **공기**가 없다면 우리는 아무런 소리도 들을 수 없을 거예요.

> **함께 알아보기!**
> • **질소** 窒素 [막을 질, 본디 소]: 공기 중에 가장 많이 포함되어 있는 무색, 무미, 무취의 기체. 원소 기호는 N   🔵 Nitrogen
> 🔹 과자 봉지에 **질소**를 넣어서 포장하면 과자가 상하는 것을 막아 줘요.

과산화 수소

산소와 수소의 화합물 🔵 hydrogen peroxide
過酸化水素 [지날 과, 식초 산, 될 화, 물 수, 본디 소]

물 분자에 산소 원자 하나가 결합한 **화합물**을 말해요.

과산화 수소(H_2O_2)
= 물(H_2O) + 산소(O)
　　분자　　　원자

과산화 수소를 물과 산소로 분해하려면 '이산화 망가니즈'라는 촉매제가 필요해요.

로켓의 연료로 쓰이는 과산화 수소는 독성과 강한 자극성이 있어서 주의해야 해요. 과산화 수소가 80% 이상 포함된 물질은 폭발하고, 8% 이상만 되어도 피부를 상하게 하거든요. 상처 났을 때 바르는 소독약은 과산화 수소를 3% 정도 포함한 수용액이랍니다.

🔹 열을 내리는 해열제, 통증을 멎게 하는 진통제, **과산화 수소**와 알코올 같은 소독약 등은 필수적으로 구비해야 할 가정상비약이에요.

> **함께 알아보기!**
> • **이산화 망가니즈** 二酸化manganese [두 이, 식초 산, 될 화]: 망가니즈와 산소의 화합물
> 🔹 **이산화 망가니즈**는 흑갈색 가루로 성냥, 전지, 물감 등을 만드는 데 쓰여요.

금속

쇠를 무리 지어 놓은 것 金屬 [쇠 금, 무리 속]
영 metal　　**비** 쇠붙이　　**반** 비금속

열이나 전기를 잘 전도하고, 펴지거나 늘어나는 성질이 풍부하며, 특유의 광택을 가진 물질을 통틀어 이르는 말이에요. 철, 구리, 납처럼 비중이 큰 금속을 '중금속', 알루미늄, 마그네슘, 나트륨처럼 비중이 작은 금속을 '경금속', 금이나 은처럼 녹슬거나 변하지 않고 귀한 금속을 '귀금속'이라고 한답니다.

예 **금속**은 상온에서 대부분 고체이지만, '수은'은 액체 상태로 있는 유일한 금속이에요.

> **함께 알아보기!**
>
> • **비중** 比重 [견줄 비, 무거울 중]: 어떤 물질의 질량과 그것과 같은 크기를 가진 표준 물질의 질량과의 비율　**영** specific gravity
> **예** 알루미늄의 **비중**은 2.7이고 철의 비중은 7.8이므로 알루미늄은 철보다 가볍다는 걸 알 수 있어요.

기체

공기와 같은 물질 氣體 [공기 기, 몸 체]
영 gas

일정한 모양과 부피가 없고, 담기는 그릇을 항상 가득 채우려는 성질이 있는 물질의 **상태**를 말해요. 기체는 눈에 보이지도 않고 손으로 잡을 수도 없지만 어떠한 형태의 그릇에도 넣을 수 있으며, 한번 그릇 안에 들어가면 그릇 안을 가득 채워요.

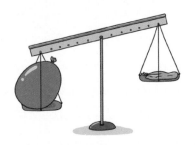

공기가 들어 있는 풍선과 공기를 뺀 풍선을 양팔저울에 달아 보면, 공기가 들어 있는 풍선 쪽으로 기울어져요.

예 공기는 질소, 산소, 아르곤, 이산화 탄소 등의 여러 **기체**가 섞여 있어요.

> **함께 알아보기!**
>
> • **아르곤** argon : 공기 중 약 0.94%를 차지하는 기체. 원소 기호는 Ar
> **예** 색깔도 없고 냄새도 없는 **아르곤**은 형광등 안에 넣는 가스로 이용돼요.

드라이아이스

고체 이산화 탄소 외래어
영 dry ice

이산화 탄소를 압축하고 냉각하여 만든 흰색의 고체를 말해요. 드라이아이스는 고체 상태에서 녹아 액체를 거치지 않고, 바로 기체로 변하는 '승화'가 일어나는 게 특징이에요. 그래서 공연장에서 안개와 같은 효과를 낼 때 이용해요. 드라이아이스의 온도는 -78.5℃까지 내려갈 수 있기 때문에 손으로 만지면 동상에 걸리거나 피부가 손상될 수 있어요. 드라이아이스를 만질 때는 반드시 보호복, 장갑, 보안경을 착용해야 한답니다.

예 아이스크림을 녹지 않게 보관할 수 있는 것은 **드라이아이스**의 낮은 온도 덕분이에요.

> **함께 알아보기!**
> • **보안경** 保眼鏡 [지킬 보, 눈 안, 거울 경]: 눈을 보호하려고 쓰는 안경　영 protective goggles
> 　예 용액을 실험할 때는 약품이 눈에 들어가지 않도록 **보안경**을 써야 해요.

리트머스

리트머스이끼에서 얻어 낸 색소 외래어
영 litmus

리트머스이끼의 색소를 우려낸 용액을 거름종이에 적신 다음 말려서 만든 것을 말해요. 리트머스 종이는 푸른색과 붉은색이 있는데, 종이의 색깔이 변하는 것을 보고 산성과 염기성을 판단하는 지시약으로 쓰여요. 푸른색 리트머스 종이는 산성 물질을 만나면 붉은색으로 변하고, 붉은색 리트머스 종이는 염기성 물질을 만나면 푸른색으로 변한답니다.

> **함께 알아보기!**
> • **지시약** 指示藥 [가리킬 지, 보일 시, 약 약]: 용액의 성질이 무엇인지 알려 주는 물질
> 　예 **지시약**의 종류에는 리트머스 종이, 페놀프탈레인 용액, 붉은 양배추 지시약 등이 있어요.

물체

물건의 형체 物體 [물건 물, 몸 체]
영 object　**비** 물건

구체적인 모양을 지니고, 공간을 차지하고 있는 것을 물체라고 해요. 우리 주위에서 흔히 볼 수 있는 물건들이 바로 물체예요. 물체는 여러 가지 물질로 이루어져 있답니다. 유리구슬처럼 한 가지 물질로만 이루어진 물체도 있고, 자전거처럼 철, 고무, 플라스틱 등 여러 개의 물질로 이루어진 물체도 있어요.

예 **물체**를 이루고 있는 대표적인 물질에는 철, 나무, 가죽, 유리, 고무, 플라스틱 등이 있어요.

> **함께 알아보기!**
> · **물질** 物質 [물건 물, 바탕 질]: 물체를 만드는 재료　**영** substance
> 　**예** 연필은 물체이고, 연필을 만드는 재료인 나무, 흑연, 고무는 **물질**이에요.

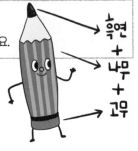

흑연
+
나무
+
고무

밀도

빽빽이 들어선 정도 密度 [빽빽할 밀, 정도 도]
영 density

일정한 크기 안에 어떤 물질이 **빽빽**하게 들어 있는 정도를 나타내는 밀도는 물질의 질량을 부피로 나눈 값으로 구할 수 있어요. 똑같은 크기의 금덩어리와 나뭇조각을 비교할 때 질량이 큰 금덩어리의 밀도가 더 높아요. 이처럼 부피가 같다고 하더라도 질량에 따라 밀도가 달라진답니다. 일반적으로 밀도의 크기는 '고체 〉 액체 〉 기체' 순이에요.

물과 기름은 밀도의 차이 때문에 섞이지 않아!

예 같은 액체라도 기름은 물보다 **밀도**가 낮아서 물 위에 둥둥 떠요.

> **함께 알아보기!**
> · **농도** 濃度 [짙을 농, 정도 도]: 한 물질이 다른 물질에 얼마나 녹아 있는지를 나타내는 정도
> 　**예** 사해는 일반 바닷물보다 소금 **농도**가 10배나 높아 수영을 못하는 사람도 둥둥 떠요.

분자

물질의 특성을 지닌 가장 작은 단위 分子 [나눌 **분**, 접미어 **자**]

🔵 molecule

물질의 성질을 가지고 있는 **최소 단위**를 말해요. 분자는 두 개 이상의 원자가 결합해서 이루어지는데, 그 결합이 무척 강해서 하나의 덩어리인 것처럼 행동해요. 하지만 분자는 쪼개지면 그 물질의 성질을 잃어버려요. 예를 들어, 물 분자를 분해하면 수소 원자와 산소 원자로 나뉘는데, 이때 물의 성질은 사라지게 돼요.

$$\underset{분자}{물(H_2O)} = \overset{원소}{\underset{원자}{수소(H)}} + \underset{원자}{수소(H)} + \overset{원소}{\underset{원자}{산소(O)}}$$

> 물 분자는 수소와 산소 두 종류의 원소로 이루어져 있고,
> 물 분자 1개에는 수소 원자 2개와 산소 원자 1개가 들어 있어요.

예 이산화탄소 **분자**는 산소와 탄소 두 종류의 원소로 이루어져 있어요.

함께 알아보기!

• **원자** 原子 [근원 **원**, 접미어 **자**]: 물질을 구성하는 가장 작은 단위로, 더는 쪼개지지 않는 기본 입자

🔵 atom

예 소금은 나트륨 **원자**와 염소 원자의 결합으로 만들어진 화합물이에요.

물 분자   이산화 탄소 분자

산성을 띠는 물질 酸 [식초 산]
영 acidic **반** 염기성, 알칼리성

산도가 7보다 작은 산성을 나타내는 물질을 말해요.

산	염기
예 염산, 황산, 식초, 레몬즙	**예** 수산화 나트륨, 암모니아수, 비누, 제산제
신맛	미끈미끈하고 쓴 맛
푸른 리트머스 종이 → 붉은색 BTB 용액 → 노란색	붉은 리트머스 종이 → 푸른색 페놀프탈레인 용액 → 붉은색

예 수국은 염기가 많은 땅에서는 붉은색, 산이 많은 땅에서는 푸른색 꽃을 피워요.

> **함께 알아보기!**
>
> • **산도(pH)** 酸度 [식초 산, 정도 도]: 산성의 세기를 나타내는 정도
>   **예** **산도**는 0~14까지의 숫자로 나타내고, pH가 7보다 작으면 산성, 7보다 크면 염기성으로 분류해요.
>
> • **염기** 鹽基 [소금 염, 기초 기]: 산도가 7보다 큰 염기성을 나타내는 물질
>   **예** 비누에 들어 있는 **염기**가 단백질로 이루어진 때를 녹이기 때문에 비누가 미끌미끌한 거예요.

숨을 쉬는 데 필요한 기체. 원소 기호는 O 酸素 [식초 산, 본디 소]
영 oxygen

동식물이 숨 쉬는 데 없어서는 안 되는 기체를 말해요. 산소는 공기 중에 질소 다음으로 많은 기체로, 숨을 쉬는 것뿐만 아니라 다른 물질이 타는 것을 도와주기도 해요. 양초나 나무가 불꽃을 내며 잘 탈 수 있는 것도 산소 덕분이고, 두 개의 금속을 녹여 서로 이어 붙이는 용접을 할 때도 산소가 이용돼요. 또한, 어떤 물질을 변하게 만들기도 하는데요, 오래된 철봉에 녹이 스는 것은 쇠가 산소를 만나 산화되었기 때문이에요.

예 물고기는 사람과 달리 허파가 아닌 아가미로 물속에 녹아 있는 **산소**를 받아들여 숨을 쉬어요.

> **함께 알아보기!**
>
> • **산화** 酸化 [식초 산, 될 화]: 어떤 물질이 산소와 결합하거나 수소를 잃는 현상
>   **예** 사과를 깎아 놓으면 갈색으로 변하는 것도 **산화** 때문이에요.

석회수

석회를 물에 녹인 용액 石灰水 [돌 석, 재 회, 물 수]

영 lime water　**비** 석회액

수산화 칼륨을 물에 녹인 무색투명한 액체를 말해요. 석회수는 석회 가루를 물에 잘 섞어서 여과시킨 용액으로, 강한 염기성을 띠고 있어요. 석회수에 이산화 탄소를 넣으면 뿌옇게 흐려지는 현상을 이용하여 이산화 탄소를 감별하는 시약으로 쓰여요. 석회수가 들어 있는 비커에 날숨을 불어 넣으면 석회수가 뿌옇게 흐려지는 것으로, 날숨에 이산화 탄소가 들어 있는 것을 알아낼 수 있답니다.

예 탄산음료에서 나온 기체를 **석회수**에 넣으면 뿌옇게 흐려져요.

> **함께 알아보기!**
> • **탄산** 炭酸 [숯 탄, 식초 산]: 이산화 탄소가 물에 녹아서 생기는 약한 산　**영** carbonic acid
> **예** 콜라와 사이다는 이산화 탄소를 넣어 만든 대표적인 **탄산**음료예요.

승화

고체가 기체로 변하는 현상 昇華 [오를 승, 빛날 화]

영 sublimation

고체가 액체를 거치지 않고 기체로 변하거나, 반대로 기체가 액체를 거치지 않고 고체로 변하는 현상을 말해요.

예 옷장에 걸어 둔 나프탈렌의 크기가 점점 작아지는 것은 고체인 나프탈렌이 기체로 **승화**되었기 때문이에요.

> **함께 알아보기!**
> • **융해** 融解 [녹을 융, 풀 해]: 고체가 열을 받아 액체로 변하는 현상
> **예** 프라이팬 위의 버터가 녹는 것은 **융해**, 고기 기름이 하얗게 굳는 것은 응고예요.

연소

불에 탐 *燃燒* [탈 연, 불사를 소]
영 combustion

물질이 빛과 열을 내면서 타는 현상을 말해요. 연소가 일어나기 위해서는 '탈 물질, 발화점, 산소' 세 가지 요소가 전부 필요해요. 반대로 불을 끄려면 연소를 일으킨 요소를 한 가지 이상만 없애면 된답니다.

연소의 3요소	소화의 여러 가지 방법
탈 물질 발화점 이상의 온도 산소	탈 물질 없애기 **예** 가스레인지 밸브 잠그기 발화점 미만으로 온도 낮추기 **예** 불이 났을 때 소방 호스로 물 끼얹기 산소 차단하기 **예** 알코올램프 뚜껑을 덮어 불 끄기

예 불이 붙어 타는 것은 **연소**, 그 반대로 불을 끄는 것은 소화라고 해요.

> ┌ 함께 알아보기! ┐
> · **발화점** *發火點* [쏠 **발**, 불 **화**, 점 **점**]: 물질이 불에 타기 시작하는 온도

염산

염화수소 수용액 *鹽酸* [소금 **염**, 식초 **산**]
영 hydrochloric acid   비 염화수소산

염화 수소 기체를 물에 녹인 용액을 말해요. 염산은 강한 산성을 띠는 대표적인 물질로, 자극적인 냄새를 가지며 다른 물질을 잘 부식시키는 위험한 물질이에요. 진한 염산은 위험한 약품이므로 물을 많이 넣어 희석한 묽은 염산을 주로 사용해요. 염산은 우리 몸의 소화 기관인 위에서 나오는 위산의 주요 성분으로, 세균을 죽이고 음식물이 부패하지 않도록 도와주는 역할을 한답니다.

예 묽은 **염산**과 묽은 수산화 나트륨을 섞으면 물과 소금이 생겨요.

> ┌ 함께 알아보기! ┐
> · **수산화 나트륨** *水酸化*natrium [물 **수**, 식초 **산**, 될 **화**]: 강한 염기성을 띠는 흰색의 결정체

 **용액**

녹여서 섞인 액체 溶液 [녹을 용, 진 액]

ⓨ solution

두 가지 이상의 물질이 고르게 섞여 있는 혼합물을 말해요. 설탕이나 소금을 물에 녹이면 설탕물이나 소금물 용액이 되는데요, 이때 설탕과 소금은 없어진 것이 아니라 매우 작게 변하여 물속에 골고루 섞여 있는 거랍니다. 소금과 설탕이라는 용질이 물이라는 용매에 용해되면 소금물과 설탕물 같은 용액이 됩니다.

용질	녹는 물질	예 소금, 설탕
용매	녹이는 물질	예 물
용액	녹는 물질이 녹이는 물질에 골고루 섞여 생긴 물질	예 소금물, 설탕물
용해	어떤 물질이 다른 물질에 녹아 골고루 섞이는 현상	

과학

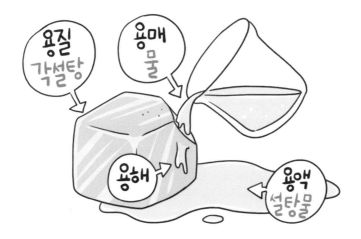

원소

물질을 이루는 기본 단위 元素 [으뜸 원, 본디 소]
영 element

모든 물질을 구성하는 기본 성분을 말해요. 모든 물질은 한 가지 또는 두 가지 이상의 원소로 이루어져 있어요. 원소는 이름 대신 간단하게 기호로 나타내기도 하는데요. 원소 이름의 알파벳에서 첫 글자만 따서 나타내거나 두 글자로 나타내기도 해요. 첫 글자는 대문자, 두 번째 글자는 소문자로 나타냅니다.

수소 Hydrogen → H　　칼슘 Calcium → Ca　　산소 Oxygen → O

예 대부분의 **원소**는 자연 속에 존재하지만, 플루토늄처럼 인공적으로 만든 것도 있어요.

> **함께 알아보기!**
> • **수소** 水素 [물 수, 본디 소]: 모든 물질 가운데 가장 가벼운 기체 원소. 원소 기호는 H
> 　예 **수소**는 공해가 없는 청정 연료이지만, 폭발의 위험도 크기 때문에 조심해야 해요.

원자력

원자핵 반응으로 생기는 에너지 原子力 [근원 원, 접미사 자, 힘 력]
영 nuclear energy　　비 원자핵 에너지

원자핵 반응이 느리게 일어나면 원자력 발전이 되고, 빠르게 일어나면 원자 폭탄이 돼요. 원자력 발전의 연료는 우라늄이에요. 1kg의 우라늄에서 얻을 수 있는 에너지는 석탄 300t에서 얻을 수 있는 에너지와 맞먹을 정도라고 해요. 원자력은 매우 유용한 에너지 자원이지만, 방사능 사고의 위험과 함께 핵폐기물 처리라는 문제점을 안고 있답니다.

예 우리나라의 에너지 발전량 비율은 '화력 〉 **원자력** 〉 수력' 순으로 많답니다.

> **함께 알아보기!**
> • **우라늄** uranium : 은백색의 광택이 있는 금속으로, 원자력 발전의 연료로 쓰임. 원소 기호는 U
> 　예 석유와 석탄은 화력 발전소에서, **우라늄**은 원자력 발전소에서 필요한 연료예요.

이산화 탄소

두 개의 산소와 탄소의 화합물. 화학식은 CO_2

二酸化炭素 [두 이, 식초 산, 될 화, 숯 탄, 본디 소] 영 carbon dioxide

생물이 호흡하거나 물질이 탈 때 생기는 색깔과 냄새가 없는 기체를 말해요. 대기의 약 0.03%를 차지하는 이산화탄소는 다른 물질이 타는 것을 막는 성질이 있어서 소화기를 만드는 데 이용돼요.

$$\underset{\text{분자}}{\text{이산화 탄소}(CO_2)} = \underset{\text{원자}}{\text{탄소}(C)} + \underset{\text{원자}}{\overbrace{\text{산소}(O)}^{\text{원소}}} + \underset{\text{원자}}{\overbrace{\text{산소}(O)}^{\text{원소}}}$$

> 이산화 탄소 분자는 탄소와 산소 두 종류의 원소로 이루어져 있고,
> 이산화 탄소 분자 1개에는 탄소 원자 1개와 산소 원자 2개가 들어 있어요.

이산화 탄소 분자에서 산소 원자 하나를 떼어 내면 일산화 탄소가 되는데요, 일산화 탄소는 혈액 속의 헤모글로빈과 결합하여 산소를 몸속으로 전달하지 못하게 막는 독성이 있는 기체랍니다.

예 우리는 들숨을 통해 산소를 받아들이고, 날숨을 통해 **이산화 탄소**를 내보내요.

함께 알아보기!

- **일산화 탄소** 一酸化炭素 [한 일, 식초 산, 될 화, 숯 탄, 본디 소]: 산소가 충분하지 않은 상태에서 물질이 탈 때 생기는 무색무취의 맹독성 기체 영 carbon monoxide

  예 **일산화 탄소**는 연탄가스나 자동차의 배기가스, 담배 연기 속에 포함되어 있어요.

중화

중성으로 변함 中和 [가운데 **중**, 온화할 **화**]
영 neutralization

산과 염기가 만나 본래의 성질을 잃는 것을 말해요. 염산과 수산화 나트륨이 반응해서 염화 나트륨과 물이 만들어지는 것은 대표적인 중화 반응이에요. 염기성 물질 때문에 생기는 생선의 비린내를 산성 물질인 레몬즙을 뿌려 없애는 것도, 위산 과다로 속이 쓰릴 때 염기성 물질인 제산제를 먹는 것도 모두 그런 원리랍니다.

예 산과 염기가 반응하여 중성으로 변하는 것을 **중화** 반응이라고 해요.

> **함께 알아보기!**
> • **중성** 中性 [가운데 **중**, 성질 **성**]: 산성이나 염기성이 아닌 중간의 성질 영 neutrality
> 예 물은 산성도 아니고 염기성도 아닌 **중성** 용액이에요.

집기병

기체를 모으는 병
集氣甁 [모일 **집**, 공기 **기**, 병 **병**]

기체를 모으는 유리로 된 병을 말해요. 공기보다 무거운 기체를 모을 때는 집기병을 똑바로 세워서 모으고, 공기보다 가벼운 기체를 모을 때는 집기병을 거꾸로 세워서 모아요. 물속에서 기체를 모을 때는 수상 치환의 방법으로 모으는데요, 물속에 거꾸로 담긴 집기병 속의 물이 점점

내려가는 것을 보아, 집기병 속에 기체가 모이는 것을 알 수 있답니다.

예 수상 치환은 물을 가득 채운 **집기병**의 입구를 수조의 아래로 향하게 하여 집기병 안으로 기체를 모으는 방법이에요.

> **함께 알아보기!**
> • **수상 치환** 水上置換 [물 **수**, 위 **상**, 둘 **치**, 바꿀 **환**]: 물에 잘 녹지 않는 산소, 수소, 질소 등의 기체를 모으는 방법

탄소

숯을 이루는 본래 물질. 원소 기호는 C 炭素 [숯 탄, 본디 소]
영 carbon

비금속 원소의 하나로 숯을 이루는 물질이에
요. 탄소는 고온에서는 기체가 되고, 알코올이나
물에는 녹지 않는 성질이 있어요. 대기 중에서는
이산화 탄소와 같은 기체 상태로 존재하고, 물속
에서는 탄산 이온 상태로 존재해요. 연필심에 쓰
이는 흑연, 가장 비싸고 귀한 보석인 다이아몬드,
연료로 쓰이는 숯 등은 모두 탄소로 이루어져 있

우리는 모두 탄소로 이루어져 있어!

숯   흑연   다이아몬드

지만, 서로 다른 물질처럼 보이는 이유는 탄소 원자의 배열이 다르기 때문이에요.

예 **탄소**는 석유, 석탄, 천연가스와 같은 화석 연료의 주요 성분이에요.

> **함께 알아보기!**
> • **다이아몬드** diamond : 탄소의 결정체로, 지구상에서 가장 단단한 물체 비 금강석

플라스틱

열이나 압력을 주어 일정한 형태를
만들 수 있는 화합물 외래어
잘못된 표현 플래스틱, 프라스틱   영 plastic

일정한 열이나 힘을 주어 다양한 모양을 만들 수 있는 비금속 물질이에요. 플라스
틱은 쇠처럼 녹슬지도 않고, 유리처럼 깨지지도 않고, 금속처럼 무겁지도 않아서 우리
생활에 필요한 여러 가지 물품을 만드는 데 이용하고 있어요. 하지만 잘 썩지 않고, 태
우면 유독 가스가 나오기 때문에 환경 오염의 주범이기도 해요.

예 **플라스틱**으로 만든 그릇은 값이 싸고 잘 깨지지 않아요.

과학

금속을 합한 것 合金 [합할 **합**, 쇠 **금**]
영 alloy

두 가지 이상의 금속을 섞거나, 금속과 비금속을 섞은 것을 말해요. 합금을 하면 원래 금속보다 더 단단해지거나 강해져요. 구리와 아연을 섞은 '황동', 구리와 주석을 섞은 '청동'은 단단하고 색깔이 아름다워 동상이나 건축 재료로 쓰여요. 구리와 니켈을 섞은 '백동'은 동전을 만드는 데 사용한답니다.

예 10원짜리 동전은 구리와 아연의 **합금**이고, 100원짜리 동전은 구리와 니켈의 합금이에요.

> **함께 알아보기!**
> ・**구리** : 붉은색의 광택이 나는 금속. 원소 기호는 Cu **영** copper
> **예 구리**는 다른 금속에 비해 열이나 전기를 잘 전달하므로 전선을 만드는 데 많이 이용돼요.

 수소 다음으로 가벼운 기체. 원소 기호는 He 외래어
잘못된 표현 헬리움 **영** helium

공기 중에 아주 적은 양이 들어 있는 무색무취의 기체를 말해요. 헬륨은 공기보다 가벼워 물체를 위로 떠오르게 하는데요, 수소보다 폭발성이 적은 헬륨은 비행선이나 풍선을 공중에 띄울 때 사용해요. 헬륨이 들어 있는 풍선의 공기를 마시고 말을 하면 목소리가 변하는 특징이 있답니다.

예 헬륨은 잠수부의 압축 공기통에 이용되고, 네온은 붉은색 빛을 내는 레이저로 이용돼요.

> **함께 알아보기!**
> ・**네온** neon : 공기보다 가볍고, 색깔과 냄새가 없는 기체. 원소 기호는 Ne
> **예 네온**을 유리관에 넣어 방전시키면 아름다운 색을 내므로 광고용 네온사인으로 많이 사용돼요.

혼합물 둘 이상의 물질이 뒤섞여 합쳐진 것

混合物 [섞을 혼, 합할 합, 만물 물] 영 mixture

두 가지 이상의 물질이 섞여 있는 것을 말해요. 흙탕물은 흙과 물이 섞인 혼합물이고, 바닷물은 소금과 물이 섞인 혼합물이에요. 혼합물은 여러 물질이 섞여 있지만, 각각의 성질은 변하지 않아요. 혼합물을 분리하려면 섞여 있는 물질의 특징을 이용하면 돼요. 흙탕물은 거름종이를 이용해 물과 흙으로 분리하고, 쌀과 좁쌀의 혼합물은 체를 이용해 알갱이를 분리하면 돼요.

예 물과 기름처럼 서로 섞이지 않는 **혼합물**은 스포이트나 흡착포를 이용해 분리해요.

> **함께 알아보기!**
> · **거름종이** : 혼합물에 들어 있는 물질 중 녹지 않는 물질을 거르는 특수한 종이 비 여과지
>   예 실험실에서 쓰는 **거름종이**는 아주 작은 구멍이 나 있는 체라고 생각하면 돼요.

화합물 둘 이상의 원소가 화학적으로 결합한 것

化合物 [화할 화, 합할 합, 만물 물] 영 chemical compound

원소와 원소 간의 결합으로 이루어진 물질을 말해요. 물(H_2O)은 수소(H)와 산소(O) 두 가지 원소로 이루어진 화합물이고, 이산화탄소(CO_2)는 탄소(C)와 산소(O) 두 가지 원소로 이루어진 화합물이에요. 화합물인 물을 분해 장치에 넣고, 전기 스파크를 가하면 수소와 산소로 분리돼요. 이처럼 화합물을 분리하려면 화학적인 분해가 필요하답니다.

예 짠맛이 나는 하얀 결정체인 소금은 나트륨과 염소의 **화합물**로 염화 나트륨이라고 해요.

> **함께 알아보기!**
> · **화학** 化學 [될 화, 배울 학]: 물질의 성질과 구조, 화학 변화 등을 연구하는 자연 과학의 한 분야
>   영 chemistry
>   예 달걀 껍데기에 식초를 떨어뜨리면 기포가 발생하는 **화학** 변화가 일어나요.

생명 과학

간

우리 몸에서 가장 큰 내장 기관 肝[간 간]
영 liver

척추동물의 소화를 돕는 기관의 하나로 간장이라고도 해요. 간은 몸 안에 들어온 해로운 물질을 해롭지 않은 것으로 바꾸는 해독 작용을 해요. 간은 하루에 500~1000mL의 쓸개즙을 만들어요. 쓸개즙은 간 바로 밑에 있는 쓸개에 저장되었다가 음식물이 십이지장을 지날 때 이자에서 나온 이자액과 함께 섞이며 소화를 도와줘요.

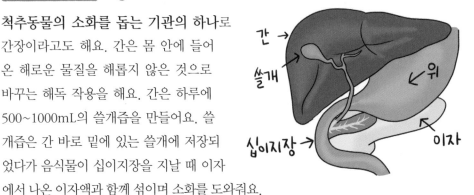

예 간, 쓸개, 이자는 소화를 도와주는 기관이에요.

함께 알아보기!

- **쓸개** : 간에서 분비되는 쓸개즙을 일시적으로 저장하는 주머니　**비** 담낭
- **이자** : 위 아래쪽에 붙어 있으며, 이자액을 분비하는 소화 기관　**비** 췌장

감각

느끼며 깨닫는 것 感覺 [느낄 감, 깨달을 각]
영 sense

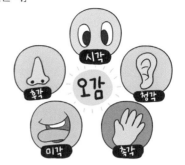

눈, 코, 귀, 혀, 피부를 통해 바깥의 어떤 자극을 알아차리는 것을 말해요. 우리 몸의 감각을 담당하는 눈, 코, 귀, 혀, 피부와 같은 기관에서는 주변으로부터 전달된 자극을 느끼고 받아들이는 역할을 한답니다. 시각, 후각, 청각, 미각, 촉각의 다섯 가지 감각을 오감이라고 해요.

예 손톱과 발톱, 머리카락에는 **감각** 기관이 없어서 잘라 내도 아픔을 느끼지 않아요.

> **함께 알아보기!**
> • **자극** 刺戟 [찌를 자, 창 극]: 감각 기관에 반응을 일으키는 작용 영 stimulus
> 예 감각 기관을 통해 받아들인 **자극**은 말초 신경을 지나 척수를 통해 뇌로 전달돼요.

겨울잠

겨울에 땅속에서 자는 잠 고유어
영 hibernation   비 동면

동물이 겨울을 나기 위해 활동을 멈추고 숨만 쉬는 상태로 잠자는 것을 말해요. 다람쥐나 곰처럼 항상 일정한 체온을 유지하는 항온 동물은 가을에 많은 양의 먹이를 먹어 몸을 살찌웠다가 굴속이나 나무속에서 겨울잠을 자며 에너지를 조금씩 소모해요. 반면에 개구리와 뱀 같이 체온을 조절하는 능력이 없는 변온 동물은 땅 위에 있으면 얼어 죽기 때문에 땅속이나 낙엽 속에서 움직이지 않고 깊은 겨울잠에 빠져든답니다.

예 날이 추워지면 고슴도치는 몸을 둥글게 만 채 **겨울잠**을 자요.

> **함께 알아보기!**
> • **변온 동물** 變溫動物 [변할 변, 따뜻할 온, 움직일 동, 만물 물]: 바깥 온도에 따라 체온이 변하는 동물
> 예 어류, 양서류, 파충류는 **변온 동물**이고, 포유류와 조류는 항온 동물이에요.

겹눈

여러 개의 낱눈이 모여 이루어진 곤충의 눈 [고유어]

영 compound eye **반** 홑눈

수많은 낱개의 눈이 벌집 모양으로 모여 생긴 눈을
말해요. 겹눈은 곤충류, 거미류 등의 절지동물에서 볼 수
있고, 색깔과 움직임을 구별하는 역할을 해요. 겹눈
덕분에 사방을 볼 수 있고, 머리를 움직이지 않아
도 누가 다가오는지 쉽게 알아차릴 수 있답니다.

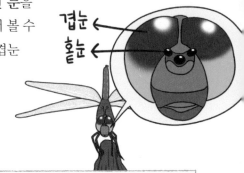

예 잠자리는 두 **겹눈** 사이에 3개의 홑눈과 한 쌍의
더듬이가 있어요.

> **함께 알아보기!**
>
> • **홑눈** : 밝음과 어두움을 구별하는 눈

고막

귓구멍 안쪽에 있는 얇은 막 鼓膜 [북 고, 막 막]

영 eardrum **비** 귀청

바깥귀와 가운데귀의 경계가 되는
얇은 반투명 막으로, 귓속뼈를 진동
시켜 달팽이관에 소리를 전달하는 역
할을 해요.

고막은 두께가 0.1mm밖에 안 되는 매
우 얇은 막이기 때문에 압력이 지나치
게 가해지면 터지거나 찢어지기도 해요.
특히 이어폰 볼륨을 크게 키워 오랜 시

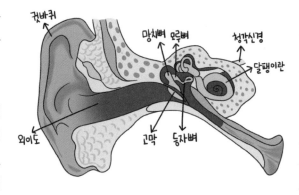

간 음악을 들으면 고막과 달팽이관에 손상이 와서 청각 장애가 생길 수 있답니다.

예 등자뼈, 모루뼈, 망치뼈는 **고막**과 달팽이관 사이에 있는 세 개의 작은 귓속뼈예요.

> **함께 알아보기!**
>
> • **달팽이관** 달팽이쁠 [대롱 관]: 포유류의 귓속에 있는 달팽이 모양의 관 **비** 와우관
>   **예** 나이가 들수록 **달팽이관**에서 높은 소리를 듣는 청각 세포가 손상되어 잘 듣지 못해요.

 **곰팡이** 어둡고 습기 찬 곳에서 자라는 균 고유어

영 mold

실처럼 가늘고 긴 모양의 균을 말해요. 곰팡이는 주로 따뜻하고 축축한 곳에서 자라기 때문에 덥고 습기가 많은 여름에 잘 생겨요. 옷, 음식, 집 어디에서나 쉽게 번식하는 곰팡이는 대부분 사람에게 해를 끼치지만, 페니실린의 재료인 푸른곰팡이, 술이나 간장, 된장 등을 만드는 데 이용하는 누룩곰팡이처럼 이로운 곰팡이도 있답니다.

예 **곰팡이**의 색깔이 다르게 나타나는 것은 포자 색깔의 영향을 받기 때문이에요.

함께 알아보기!

· **페니실린** penicillium : 푸른곰팡이에서 얻은 화학 물질로 만든 최초의 항생제
예 플레밍이 만든 **페니실린**은 세균에 의한 질병을 치료하는 데 이용돼요.

과학

공생 서로 도우며 함께 살아감 共生 [함께 공, 날 생]

영 symbiosis

다른 생물이 서로 도움을 주고받으며 함께 살아가는 일을 뜻해요. 나비와 꽃, 악어와 악어새, 개미와 진딧물, 흰동가리와 말미잘은 공생 관계의 생물들이랍니다. 생물이 공생하는 까닭은 서로에게 이익이 되기 때문이에요.

악어와 악어새	악어는 이빨 사이에 낀 기생충이나 찌꺼기를 악어새에게 내어 주고, 악어새는 악어 이빨을 시원하게 청소해 줘요.
개미와 진딧물	개미는 무당벌레로부터 진딧물을 보호해 주고, 진딧물은 개미에게 달콤한 꿀을 줘요.
흰동가리와 말미잘	말미잘은 흰동가리가 촉수 속에 숨어 적을 피할 수 있게 해 주고, 흰동가리는 말미잘에게 먹이를 끌어들여 줘요.

예 꽃은 나비에게 꿀을 주고, 나비는 꽃가루받이를 도와주는 **공생** 관계예요.

균류

광합성을 하지 않는 하등 식물 菌類 [버섯 균, 무리 류]
영 fungi

엽록소를 갖지 않고 포자로 번식하는 하등 식물을 통틀어 이르는 말이에요. 균류는 보통 거미줄처럼 가늘고 긴 모양의 균사로 이루어져 있고, 포자로 번식해요. 곰팡이와 버섯, 효모가 균류에 속하는데, 주로 습하고 햇빛이 들지 않는 따뜻한 곳에 살아요. 균류는 엽록체가 없어 스스로 양분을 만들지 못하기 때문에 주로 죽은 생물이나 다른 생물에서 영양분을 얻는 기생 생활을 한답니다.

예 **균류**는 죽은 생물과 동물의 배설물을 분해해 거름을 만드는 역할을 해요.

> **함께 알아보기!**
>
> · **포자** 胞子 [세포 **포**, 접미사 **자**]: 버섯, 곰팡이 등이 생식을 위해 만드는 세포   **영** spore
>   **예** 이끼, 고사리, 다시마, 미역 등의 많은 식물이 **포자**로 번식해요.

 근육

힘줄과 살 筋肉 [힘줄 근, 고기 육]
영 muscle

뼈를 보호하는 힘줄과 살을 통틀어 이르는 말이에요. 우리가 몸을 움직일 수 있는 것은 뼈와 근육이 있기 때문이에요. 뼈와 뼈를 연결하고 있는 근육이 오므라들었다 펴지기를 반복하면서 우리 몸도 따라 움직이는 거예요.

예 달걀, 고기 등의 단백질은 우리 몸의 **근육**을 키워 주는 필수 영양소예요.

> **함께 알아보기!**
>
> · **단백질** 蛋白質 [새알 **단**, 흰 **백**, 바탕 **질**]: 세포의 가장 중요한 성분으로, 몸의 근육을 구성하는 물질
>   **예** 몸이 계속 자라나는 성장기의 어린이들은 **단백질**을 잘 섭취해야 해요.

기공

공기구멍 氣孔 [공기 기, 구멍 공]
영 stoma

식물의 잎에서 숨쉬기와 증산 작용을 하는
구멍으로, 보통 잎의 뒷면에 있는 경우가 많아
요. 수련처럼 잎의 뒷면이 물에 잠겨 있는 식물
은 앞면에 기공이 있답니다. 기공은 광합성에
필요한 이산화 탄소가 들어오고, 광합성의 결
과로 만들어진 산소가 나가는 공기의 구멍이

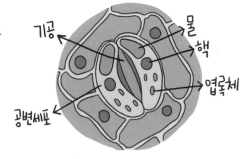

에요. 또한, 물을 기체 상태인 수증기로 바꾸어 내보내기도 한답니다.

예 소시지처럼 생긴 한 쌍의 공변세포가 **기공**을 열고 닫는 역할을 해요.

> **함께 알아보기!**
>
> • **증산 작용** 蒸散作用 [찔 증, 흩을 산, 지을 작, 쓸 용]: 뿌리를 통해 흡수된 물이 기공을 통해
>   수증기 상태로 빠져나가는 작용 영 transpiration
>   예 햇볕이 쨍쨍 내리쬐고 기온이 높을수록 **증산 작용**이 활발히 일어나요.

기생

다른 생물에 기대어 살아감 寄生 [기댈 기, 날 생]
영 parasitism

한 생물이 다른 생물의 영양분을 뺏으며 살아가는 일을 말해요. 사람에 기생하는
기생충, 나무에 기생하는 버섯, 동물에 기생하는 벼룩 등이 있어요. 기생 생물인 기생
충, 버섯, 벼룩은 숙주로부터 영양분을 섭취하고 서식지를 공급받지만, 숙주인 사람, 나
무, 동물은 피해를 입어요. 기생 관계에서 한쪽은 이익을 얻지만, 다른 한쪽은 손해를
보게 된답니다.

예 오리를 논에 풀어놓으면 벼에 **기생**하는 해충을 잡아먹고 잡초를 뜯어 먹어요.

> **함께 알아보기!**
>
> • **숙주** 宿主 [잘 숙, 주인 주]: 기생 생물에게 영양분을 공급하는 생물 영 host

머리뼈안에 있는 기관 腦 [뇌 뇌]

영 brain

온몸의 신경을 지배하는 곳으로, 중추 신경계에 속하는 기관이에요. 감각 기관에서 받아들인 자극은 말초 신경을 통해 뇌에 전달돼요. 뇌는 전달받은 자극을 분석하고 판단한 후, 어떤 행동을 할지 명령을 내려요. 뇌는 대뇌, 소뇌, 중뇌, 간뇌, 연수로 이루어져 있어요.

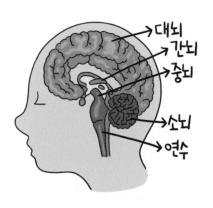

대뇌	뇌의 80%를 차지하며 기억을 저장하고, 사고를 통해 명령을 내리는 역할을 해요.
소뇌	몸의 균형을 유지하고 운동 기능을 조절해요.
중뇌	눈의 운동과 몸의 평형을 유지해요.
간뇌	체온 및 호르몬의 분비를 조절해요.
연수	호흡이나 심장 박동, 혈액 순환을 조절해요.

예 **뇌**에서 보내는 명령은 척수로 내려와 말초 신경계로 보내져요.

함께 알아보기!

· **호르몬** hormone : 우리 몸의 기능이나 작용을 조절하는 화학 물질

예 **호르몬**이 너무 부족하거나 많이 분비되면 몸의 균형이 깨져 질병에 걸리기 쉬워요.

대벌레　　대나무 마디처럼 생긴 벌레 고유어

나뭇가지 모양의 벌레를 말해요. 날개는 없고 몸길이가 7~10cm로 매우 긴 곤충으로, 나무에 붙어 있으면 나뭇가지로 착각하게 만든답니다. 대벌레는 나뭇가지나 나뭇잎으로 완벽하게 위장할 수 있는 의태의 대가예요. '의태'란 자신의 몸을 천적으로부터 보호하기 위해 모양이나 색깔이 주위와 비슷하게 되는 현상을 말해요.

예 대벌레와 자벌레는 작은 나뭇가지처럼 위장할 수 있어요.

대벌레

자벌레

> **함께 알아보기!**
> ・**자벌레** : 자벌레나방의 애벌레
>　**예** 기어가는 모습이 자로 재는 것처럼 보인다고 하여 **자벌레**라는 이름이 붙었어요.

도깨비바늘　　씨의 모양이 바늘처럼 생긴 한해살이풀 고유어

가시 모양의 씨 끝에 갈고리 모양의 털이 있어 다른 물체에 잘 붙는 식물이에요. 바늘을 닮은 뾰족한 씨가 도깨비처럼 다른 곳에 몰래 붙어 씨를 퍼트린다고 해서 도깨비바늘이라는 이름이 생겨났어요. 동물의 털이나 사람의 옷에 잘 붙는 특징이 있답니다.

예 도꼬마리 열매도 **도깨비바늘**처럼 다른 물체에 붙어 멀리 씨앗을 퍼트려요.

> **함께 알아보기!**
> ・**한해살이** : 식물의 한살이 과정이 일 년 이내에 이루어지는 식물
>　**영** annual plant　**비** 일년생　**반** 여러해살이
>　**예** 벼와 해바라기는 **한해살이** 식물이고, 개나리와 무궁화는 여러해살이 식물이에요.

먹이 사슬

먹이 관계가 사슬처럼 연결된 것 고유어

영 food chain 비 먹이 연쇄

생태계에서 생물이 서로 먹고 먹히며 이어진 관계를 말해요. 메뚜기는 벼를 먹고, 개구리는 메뚜기를 잡아먹고, 매는 개구리를 잡아먹듯이 생물은 서로 먹이 사슬로 연결되어 있답니다.

풀 → 메뚜기 → 개구리 → 매

〈먹이 사슬〉

예 먹이 그물은 **먹이 사슬**보다 먹이 관계가 훨씬 복잡해요.

> **함께 알아보기!**
>
> · **먹이 그물** : 여러 개의 먹이 사슬이 얽혀 복잡한 그물처럼 보이는 먹이 관계
> 영 food web 비 먹이망
> 예 뱀은 다람쥐뿐만 아니라 개구리, 토끼도 먹기 때문에 **먹이 그물**이 생겨나는 거예요.

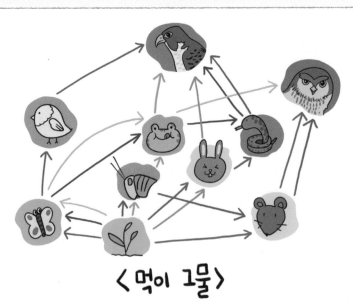

〈먹이 그물〉

멸종

한 생명이 없어짐 滅種 [멸망할 **멸**, 씨 **종**]
🔵 extinction

생물의 한 종류가 아예 없어지는 것을 말해요. 공룡은 급격하게 변한 지구 환경에 적응하지 못해 멸종했지요. 요즘에는 환경 오염이 심해지면서 서식지가 파괴되어 멸종하는 생물들이 생겨나고 있어요. 우리나라에서는 사라질 위기에 처한 동물과 식물을 '멸종위기 야생 생물'로 지정하여 함부로 죽이거나 불법으로 사고팔지 못 하도록 보호하고 있어요.

🔵 과거에는 흔했던 따오기가 지금은 **멸종** 위기에 처해 천연기념물로 보호받고 있어요.

> **함께 알아보기!**
>
> • **천연기념물** 天然記念物 [하늘 **천**, 그럴 **연**, 벼리 **기**, 생각할 **념**, 만물 **물**]: 희귀하고 가치가 높아 법으로 정하여 보호하는 자연물 🔵 natural monument
> 🔵 동물이나 식물, 광물뿐만 아니라 서식지도 **천연기념물**로 지정하여 보호하고 있어요.

무척추동물

등뼈가 없는 동물
無脊椎動物 [없을 **무**, 등골뼈 **척**, 등뼈 **추**, 움직일 **동**, 만물 **물**]
🔵 invertebrate   🔵 민등뼈동물

척추동물 이외의 모든 동물을 무척추동물이라고 해요. 전체 동물의 97%를 차지할 정도로 많으며 그 종류도 다양하답니다. 척추동물에 비하면 대체로 몸이 작은 것이 많고, 기관의 구조도 무척 단순해요.

🔵 **무척추동물**에는 연체동물, 절지동물, 편형동물, 환형동물 등이 있어요.

> **함께 알아보기!**
>
> • **산호** 珊瑚 [산호 **산**, 산호 **호**]: 바닷속 바위에 붙어사는 나뭇가지 모양의 자포동물 🔵 coral
> 🔵 바다의 꽃이라 불리는 **산호**를 식물로 오해하는 사람이 많아요.

미생물

아주 작은 생물 微生物 [작을 미, 날 생, 만물 물]
영 microorganism

맨눈으로 관찰하기 어려운 아주 작은 생물을 말해요. 미생물의 종류에는 세균, 효모, 바이러스 등이 있어요. 죽은 생물체나 동물의 배설물을 작게 분해하여 자연으로 되돌리는 역할을 해서 미생물을 '분해자'라고 해요.

예 **미생물**은 공생과 기생을 하면서 다른 생물에 도움을 주기도 하고 해를 끼치기도 한답니다.

발효

미생물이 유기물을 분해시키는 작용 醱酵 [술빚을 발, 삭힐 효]
영 fermentation

효모나 세균 같은 미생물의 분해 활동으로, 독특한 향과 맛이 나는 새로운 성분이 만들어지는 것을 말해요. 우리가 즐겨 먹는 김치, 된장, 고추장, 치즈, 요구르트 등은 대표적인 발효 식품이랍니다.

예 간장, 된장, 고추장은 모두 콩으로 만든 **발효** 식품이에요.

> **함께 알아보기!**
> · **효모** 酵母 [술밑 효, 어미 모]: 빵, 맥주, 포도주 등을 만드는 데 쓰이는 미생물 영 yeast
> 예 빵을 만들 때 반죽이 부풀어 오르게 하기 위해 '이스트'라고 불리는 **효모**를 넣어요.

방광

오줌통 膀胱 [오줌통 방, 오줌통 광]
영 urinary bladder

오줌을 저장해 놓는 주머니 모양의 기관을 말해요. 방광에 오줌이 가득 차면 오줌을 누고 싶다는 생각이 드는데요, 오줌은 방광의 끝에 연결되어 있는 짧은 관 모양의 요도를 통해 몸 밖으로 배출된답니다.

예 배설 기관인 **방광**과 콩팥에 문제가 생기면 방광염, 신장염 등이 생겨요.

> **함께 알아보기!**
> · **노폐물** 老廢物 [늙을 노, 버릴 폐, 만물 물]: 몸에서 생기는 불필요한 찌꺼기
> 예 **노폐물**은 오줌, 대변, 땀, 날숨 따위에 섞여 몸 밖으로 배설되거나 배출돼요.

뼈 척추동물의 살 속에 있는 단단한 물질 고유어
영 bone

뼈는 우리 몸을 지탱하고, 내장 기관을 보호하는 역할을 해요. 갓난아기의 뼈는 350개 정도인데, 성장하면서 여러 개가 합쳐져서 어른이 되면 206개로 줄어들어요. 뼈는 자라면서 더 단단해지고, 뼈의 부분마다 생김새가 다르답니다.

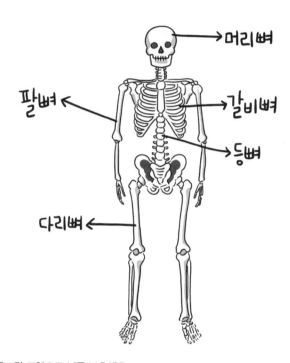

머리뼈: 동그란 모양으로 뇌를 보호해요.
갈비뼈: 가슴 양쪽에 있으며 허파와 심장을 보호해요.
등뼈: 여러 마디의 뼈가 연결된 기둥 모양으로, 몸의 중심을 지지해요.
팔뼈: 길쭉하고 굵은 뼈가 있으며 구부릴 수 있어요.
다리뼈: 팔뼈보다 더 길쭉하고 굵은 뼈가 있으며 구부릴 수 있어요.

예 우유나 멸치 등에 들어 있는 칼슘 성분은 **뼈**를 튼튼하게 해 줘요.

함께 알아보기!

• **관절** 關節 [빗장 관, 마디 절]: 뼈와 뼈가 서로 맞닿아 연결된 부위   영 joint   비 뼈마디
  예 손가락 관절은 자유롭게 움직일 수 있지만, 머리뼈 관절은 움직일 수 없어요.

뿌리

식물의 밑동 고유어
영 root

땅속에 들어 있는 식물의 밑동을 말해요. 식물은 대부분 뿌리, 줄기, 잎으로 이루어져 있는데요, 식물의 뿌리가 하는 일은 다음과 같아요.

지지 작용	식물이 쓰러지지 않도록 지탱하고 지지하는 역할을 해요.
흡수 작용	흙 속에 녹아 있는 물과 양분을 빨아들이는 역할을 해요.
저장 작용	무나 고구마 같은 일부 식물은 뿌리에 양분을 저장하기도 해요.

예 식물의 **뿌리**에 실처럼 가늘고 길게 나 있는 뿌리털은 물을 더 잘 흡수하도록 도와줘요.

> **함께 알아보기!**
> · **줄기** : 식물을 지탱하고 보호하며 뿌리와 잎을 연결하는 기관 영 stem
> 예 **줄기**는 잎이 만든 영양분과 뿌리가 흡수한 물이 지나는 통로예요.

생물

살아 있는 것 生物 [날 생, 만물 물]
영 organism 반 무생물

생명을 가지고 스스로 살아가는 물체를 말해요. 생물은 숨을 쉬고, 영양분을 섭취하면서 몸의 크기가 점점 커지는 생장을 하고, 자신과 닮은 자손을 퍼뜨려요. 생물에는 동물과 식물, 미생물이 있어요.

동물	스스로 움직일 수 있는 생물	예 초식 동물, 육식 동물
식물	스스로 움직일 수 없는 생물	예 풀, 나무
미생물	매우 작아 눈으로 볼 수 없는 생물	예 균류, 세균, 원생생물

예 **생물**도 생명이 없어지면 무생물이 돼요.

> **함께 알아보기!**
> · **무생물** 無生物 [없을 무, 날 생, 만물 물]: 살아 있지 않은 것 영 inanimate object
> 예 세포로 이루어지지 않은 돌, 물, 흙 등은 모두 **무생물**이에요.

생태계

생물이 살아가는 세계 生態系 [날 생, 모습 태, 이을 계]
영 ecosystem　**비** 생물계

어떤 환경에서 생물 요소와 비생물 요소가 서로 영향을 주고받는 체계를 말해요. 동물이나 식물처럼 살아 있는 것을 '생물 요소', 햇빛이나 공기, 물, 흙처럼 살아 있지 않은 것을 '비생물 요소'라고 해요. 생태계에 살고 있는 다양한 생물은 양분을 얻는 방법에 따라 생산자, 소비자, 분해자로 구분할 수 있답니다.

생산자	햇빛을 이용하여 스스로 양분을 만드는 식물
소비자	양분을 스스로 만들지 못하고, 다른 생물을 먹이로 하여 살아가는 동물
분해자	죽은 생물을 분해하여 양분을 얻는 미생물

예 생태계에 분해자가 없다면 죽은 생물이 썩지 않은 채 계속 쌓여갈 거예요.

과학

세균

아주 작은 균 細菌 [가늘 세, 버섯 균]
영 bacteria　**비** 박테리아

하나의 세포로 이루어진 크기가 가장 작은 미생물을 말해요. 세균은 원생생물이나 균류보다 더 작고 생김새가 단순한 생물이에요. 세균은 죽은 동물이나 식물을 작게 분해하여 자연으로 되돌리는 이로운 역할도 하지만, 사람의 장이나 위에 살면서 대장균, 결핵균 같은 질병을 일으켜 해로움을 주기도 한답니다.

예 세균은 우리 눈에 보이지 않지만, 사람의 몸과 동식물, 흙이나 물속에서도 살아요.

> **함께 알아보기!**
>
> - **유산균** 乳酸菌 [젖 유, 식초 산, 버섯 균]: 당을 발효시켜 젖산을 만드는 균　**비** 젖산균
>   **예** 김치나 요구르트에 들어 있는 **유산균**은 우리 몸을 건강하게 도와주는 세균이에요.

세포

생물을 이루고 있는 기본 단위 細胞 [가늘 세, 세포 포]
ⓥ cell

생물체를 이루는 가장 작은 단위로, 생명을 유지하고 번식하는 데 중요한 요소예요. 모든 생물은 세포로 이루어져 있답니다. 짚신벌레처럼 하나의 세포만으로 이루어진 '단세포 생물'도 있고, 장구벌레처럼 여러 개의 세포로 이루어진 '다세포 생물'도 있어요. 세포는 맨눈으로 볼 수 없을 정도로 아주 작아서 현미경으로 관찰해야 한답니다.

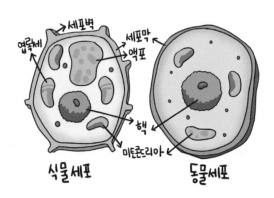

식물은 동물과 달리
세포를 보호하는 세포벽,
노폐물을 저장하는 액포,
광합성을 통해 양분을
얻는 엽록체가 있어요.

세포막은 세포의 형태를 유지하고 세포 안팎으로 드나드는 물질을 조절하는 역할을 하고, 미토콘드리아는 세포의 생명 활동에 필요한 에너지를 만드는 세포의 소기관이에요.

ⓔ 사람의 몸은 약 60조 개의 **세포**로 이루어져 있어요.

> **함께 알아보기!**
>
> • **핵** 核 [씨 핵]: 핵막으로 둘러싸여 있으며, 세포가 생명 활동을 유지할 수 있도록 중심 역할을 함
> ⓥ nucleus ⓑ 세포핵
> ⓔ 핵에는 생물체의 특성을 결정짓는 유전 정보를 간직한 DNA가 들어 있어요.

소비자

생산자를 먹이로 하는 생물 消費者 [사라질 소, 쓸 비, 사람 자]

🌐 consumer

스스로 양분을 만들지 못하고 다른 생물을 먹이로 하여 살아가는 생물을 말해요. 소비자는 1차 소비자, 2차 소비자, 최종 소비자로 구분할 수 있어요.

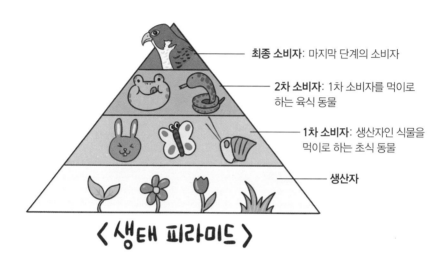

최종 소비자: 마지막 단계의 소비자

2차 소비자: 1차 소비자를 먹이로 하는 육식 동물

1차 소비자: 생산자인 식물을 먹이로 하는 초식 동물

생산자

〈 생태 피라미드 〉

생태계는 먹이 단계가 올라갈수록 생물의 수가 줄어드는 피라미드 모양을 이루는데, 이를 생태 피라미드라고 해요.

예 풀을 먹는 토끼도, 토끼를 잡아먹는 독수리도 모두 **소비자**예요.

함께 알아보기!

- **생산자** 生産者 [날 생, 낳을 산, 사람 자]: 살아가는 데 필요한 양분을 스스로 만드는 생물
  🌐 producer
  예 토끼풀, 벚나무, 미역, 파래와 같은 식물을 **생산자**라고 해요.

수련

잠자는 연꽃 睡蓮 [잘 수, 연꽃 련]
🔵 water lily

연못이나 늪에서 자라는 여러해살이 물풀을 말해요. 밤이 되면 꽃잎을 오므리는 특성 때문에 '잠자는 연꽃'이라는 뜻으로, 수련이라는 이름이 붙여졌어요. 수련과 연꽃은 많이 닮았지만, 꽃의 크기와 잎의 모양에서 차이가 난답니다.

수련	연꽃
잎과 꽃이 물 표면에 떠서 살아요. 잎은 이가 빠진 동그라미처럼 생겼어요. 꽃은 연꽃보다 더 작아요.	잎과 꽃이 물 위로 뻗어서 살아요. 잎은 우산을 뒤집어 놓은 것처럼 생겼어요. 꽃은 수련보다 더 커요.
물속의 진흙에 뿌리를 내리고 살아요.	

예 연못의 물 위에 둥둥 떠 있는 잎은 연꽃의 잎이 아니라 **수련**의 잎이랍니다.

┌─ 함께 알아보기! ─

· **여러해살이** : 2년 이상 살아가는 식물   영 perennial   비 다년생   반 한해살이
  예 장미는 **여러해살이** 식물이고, 코스모스는 한해살이 식물이에요.

수분

꽃가루받이 受粉 [받을 수, 가루 분]
영 pollination

수술의 꽃가루가 암술머리에 붙는 것을 말해요. 식물은 스스로 움직이지 못하기 때문에 새, 곤충, 물, 바람 등의 도움을 받아 꽃가루를 옮긴답니다.

수매화 水媒花 [물 **수**, 매개 **매**, 꽃 **화**]	흐르는 물이 꽃가루를 옮기는 꽃	**예** 연꽃, 검정말
조매화 鳥媒花 [새 **조**, 매개 **매**, 꽃 **화**]	새가 꽃가루를 옮기는 꽃	**예** 동백꽃, 비파나무
충매화 蟲媒花 [벌레 **충**, 매개 **매**, 꽃 **화**]	곤충이 꽃가루를 옮기는 꽃	**예** 코스모스, 장미
풍매화 風媒花 [바람 **풍**, 매개 **매**, 꽃 **화**]	바람이 꽃가루를 옮기는 꽃	**예** 벼, 옥수수

예 꽃의 **수분**을 돕는 대표적인 곤충은 벌과 나비예요.

> **함께 알아보기!**
>
> · **수술** : 꽃가루를 만드는 꽃밥과 수술대로 구성된 식물의 생식 기관의 하나
> **영** stamen   **비** 수꽃술   **반** 암술
> **예** 꽃은 보통 한 개의 암술과 여러 개의 **수술**로 이루어져 있어요.

수생 식물

물에서 살아가는 식물 水生植物 [물 **수**, 날 **생**, 심을 **식**, 만물 **물**]
영 aquatic plant   **비** 수중 식물

물속이나 물가에서 자라는 식물을 말해요. 수생 식물은 물속에 산소와 영양분을 공급하고, 물이 오염되지 않도록 깨끗하게 지켜 줘요. 따라서 물속 동물들의 보금자리가 되기도 한답니다.

예 개구리 입가에 묻은 밥풀처럼 생긴 개구리밥은 물 위에 떠서 살아가는 **수생 식물**이에요.

개구리밥

신경계 신경을 잇는 기관 神經系 [정신 신, 날실 경, 이을 계]
영 nervous system

뇌와 척수, 몸 전체에 퍼져 있는 신경 다발을 통틀어 이르는 말이에요. 신경계는 전달된 자극을 해석하여 행동을 결정하고, 운동 기관에 명령을 내리는 역할을 해요. 뇌와 척수를 '중추 신경계', 몸에 퍼져 있는 가느다란 신경 다발을 '말초 신경계'라고 해요.

예 감각 기관이 받아들인 자극은 온몸에 퍼져 있는 **신경계**를 통해 전달돼요.

> **함께 알아보기!**
> • **척수** 脊髓 [등뼈 척, 골수 수]: 뇌와 말초 신경을 연결해 주는 통로 **영** spinal cord
> **예** **척수**는 척추 안에 있는 중추 신경으로 뇌와 연결되어 있어요.

심장 혈액을 온몸으로 내보내는 기관 心臟 [마음 심, 오장 장]
영 heart   **비** 염통

혈관을 통해 혈액을 온몸으로 보내는 순환 기관이에요. 단단한 근육 주머니인 심장은 혈액을 순환시켜 온몸에 영양소와 산소를 공급해요. 심장은 두 개의 심방과 두 개의 심실로 이루어져 있고, 심방과 심실이 규칙적으로 수축과 이완을 되풀이하는 것을 심장 박동이라고 해요.

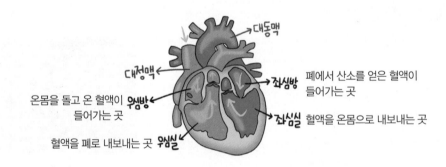

대동맥

대정맥

좌심방 — 폐에서 산소를 얻은 혈액이 들어가는 곳

온몸을 돌고 온 혈액이 들어가는 곳 — 우심방

좌심실 혈액을 온몸으로 내보내는 곳

혈액을 폐로 내보내는 곳 우심실

예 어른들의 **심장**은 1분에 60~80회 정도 뛴답니다.

> **함께 알아보기!**
> • **맥박** 脈搏 [맥 맥, 잡을 박]: 심장의 박동이 동맥에 전해지면서 생기는 파동 **영** pulse
> **예** 운동을 할 때는 평소보다 영양소와 산소가 더 필요하므로 **맥박**과 호흡이 빨라져요.

 **암술** 꽃가루를 받아 씨와 열매를 맺는 곳 고유어
영 pistil   비 암꽃술   반 수술

암술머리, 암술대, 씨방으로 이루어져 있는 부분을 말해요. 꽃의 중심에 있는 암술은 꽃가루를 받아 씨와 열매를 맺는 장소예요.

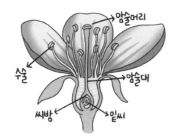

암술머리는 꽃가루가 잘 붙도록 끈끈한 점액을 분비해 주고,
암술머리에 붙은 꽃가루는 암술대를 지나 씨방 속의 밑씨와 만나 수정이 이루어져요. 수정된 밑씨는 자라서 씨가 되고, 씨방은 열매가 된답니다.

예 **암술**, 수술, 꽃잎, 꽃받침이 모두 있는 꽃을 '갖춘꽃', 이 중에 하나라도 없으면 '안갖춘꽃'이라고 해요.

함께 알아보기!

· **밑씨** : 자라서 씨가 되는 부분   영 ovule   비 배주
  예 **밑씨**가 무궁화처럼 씨방 속에 있으면 속씨식물, 소나무처럼 씨방 밖에 있으면 겉씨식물이라고 해요.

과학

엽록체

잎에 들어 있는 초록빛 물체 葉綠體 [잎 **엽**, 초록빛 **록**, 몸 **체**]
영 chloroplast

식물 세포 안에 있는 소기관으로, 광합성이 이루어지는 장소예요. 잎이 녹색으로 보이는 것은 엽록체 속에 녹색 색소인 엽록소가 있기 때문이에요. 엽록소는 빛 에너지를 흡수하여 식물이 광합성을 하도록 도와준답니다.

예 동물 세포는 **엽록체**가 없어서 식물처럼 광합성을 할 수 없어요.

> **함께 알아보기!**
>
> • **광합성** 光合成 [빛 **광**, 합할 **합**, 이룰 **성**]: 식물이 빛 에너지를 이용해 이산화 탄소와 물로 양분을 만드는 것 영 photosynthesis

영양소

우리 몸에 필요한 영양분이 있는 물질 營養素 [지을 **영**, 양분 **양**, 요소 **소**]
영 nutrient

생물이 성장하고 활동하는 데 필요한 물질을 말해요. 영양소는 우리 몸에서 만들 수 없기 때문에 여러 가지 음식물을 통해 섭취해야 해요. '탄수화물, 단백질, 지방, 무기질, 비타민'은 생명을 유지하는 데 꼭 필요한 5대 영양소예요.

탄수화물	우리 몸이 움직이는 데 필요한 힘이 나게 해요.	예 밥, 빵, 감자
단백질	살과 피를 만들고 병에 걸리지 않게 해요.	예 육류, 생선, 달걀
지방	체온을 유지하고 힘의 바탕이 되게 해요.	예 참기름, 버터, 땅콩
비타민과 무기질	몸의 각 부분이 일을 잘하게 도와줘요.	예 채소, 과일, 버섯
칼슘	뼈와 이를 튼튼하게 하여 키를 잘 자라게 해요.	예 우유, 치즈, 멸치

예 음식을 가리지 말고 골고루 먹어야 필요한 **영양소**를 다 섭취할 수 있어요.

원생생물

원시적인 생물 原生生物 [근원 원, 날 생, 날 생, 만물 물]
영 protists

한 개의 핵을 가진 단세포 생물을 통틀어 이르는 말로, '해캄, 짚신벌레, 유글레나'는 대표적인 원생생물이에요. 아메바는 위족이라고 하는 헛발을 내어 움직이면서 몸의 모양이 수시로 변하는 게 특징이에요.

해캄, 클로렐라	녹조류라고 하며 엽록체가 있어 광합성을 함	식물의 특징을 지님
짚신벌레, 아메바	짚신벌레는 섬모, 아메바는 위족이 있어 몸을 움직일 수 있음	동물의 특징을 지님
유글레나	엽록체가 있어 광합성을 하며, 편모로 움직일 수 있음	동물과 식물의 특징을 모두 지님

해캄 　　　　　 클로렐라

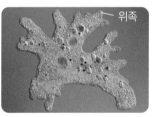
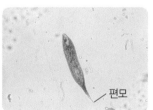

짚신벌레 　　　　 아메바 　　　　 유글레나

예 식물성 플랑크톤인 클로렐라는 영양소가 풍부해 건강식품을 만드는 데 이용되는 **원생생물**이에요.

함께 알아보기!

· **플랑크톤** plankton : 물속에서 물결을 따라 떠다니는 가장 작은 생물을 통틀어 이르는 말

물려받아 전해짐 遺傳 [남길 **유**, 전할 **전**]
영 heredity

부모가 지닌 특성이 자식에게 전해지는 현상을 말해요. 세포의 핵 속에는 유전 정보를 저장하는 창고인 DNA가 들어 있어 부모의 겉모습과 성격을 자식에게 전달할 수 있는 거예요.

예 머리카락으로 **유전** 정보를 저장한 DNA를 검사하여 40년 전에 잃어버린 아들을 찾은 사람도 있어요.

> **함께 알아보기!**
>
> • **진화** 進化 [나아갈 **진**, 될 **화**]: 생물이 오랜 세월 동안 여러 세대를 거치면서 몸의 구조와 생김새가 변화되는 현상   **영** evolution   **반** 퇴화
> **예** 시조새 화석을 통해 새가 공룡으로부터 **진화**했다는 것을 알 수 있어요.

생물이 환경에 맞게 살아감 適應 [맞을 **적**, 응할 **응**]
영 adaptation

생물이 오랜 시간에 걸쳐 환경에 맞추어 살아가는 현상을 말해요. 생물은 서식지의 환경에 따라 생김새나 생활 방식이 달라진답니다.

사막여우는 더운 사막에 살아요.
더위를 이겨 내기 위해 마른 몸을 가지고 있고,
큰 귀로 몸속의 열을 빠져나가게 해요.

북극여우는 추운 북극에 살아요.
추위를 이겨 내기 위해 지방층이 두꺼운 몸을 가지고 있고, 작은 귀로 열이 빠져나가는 것을 막아요.

예 선인장은 건조한 환경에 **적응**하기 위해 굵은 줄기와 뾰족한 가시가 발달했어요.

> **함께 알아보기!**
>
> • **서식지** 棲息地 [깃들일 **서**, 쉴 **식**, 땅 **지**]: 생물이 자리를 잡고 살아가는 곳   **영** habitat
> **예** 홍도는 괭이갈매기의 최대 **서식지**로, 섬 전체가 천연기념물로 지정된 곳이에요.

적조

바닷물이 붉게 보이는 현상 赤潮 [붉을 **적**, 조수 **조**]
🌐 red tide

식물성 플랑크톤이 너무 많이 번식되어 바닷물이 붉게 보이는 것을 말해요. 적조는 물이 오염되어 식물성 플랑크톤의 먹이가 되는 물질이 갑자기 늘어나면서 생기는 현상이에요. 그로 인해 식물성 플랑크톤이 많아지면 물속에 녹아 있는 산소가 부족해져서 물고기들이 떼죽음을 당하기도 하고, 조개류가 썩어서 부패하기도 한답니다.

🔵 **적조**가 일어나면 양식장에 사는 물고기는 도망갈 수 없어 결국 죽고 말아요.

함께 알아보기!

· **번식** 繁殖 [많을 **번**, 번성할 **식**]: 동식물의 수가 많이 늘어 널리 퍼져 나감
   🔵 식물은 씨를 통해서, 동물은 알이나 새끼를 낳아 **번식**해요.

과학

창자 — 큰창자와 작은창자를 통틀어 이르는 말 [고유어]

영 intestine   **비** 장

창자는 음식물을 매우 잘게 쪼개어 영양소와 수분은 몸속으로 흡수하고, 나머지는 항문으로 배출하는 역할을 해요. 우리 몸속으로 들어온 음식물은 '입 → 식도 → 위 → 십이지장 → 작은창자 → 큰창자 → 항문' 순으로 이동한답니다.

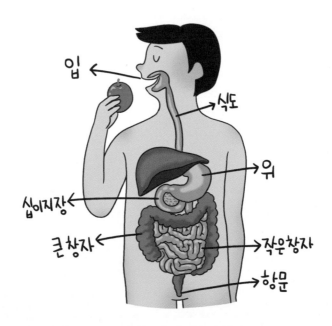

입: 음식물을 이로 잘게 부수고 침으로 걸쭉하게 하여 삼키기 쉽게 만들어요.
식도: 음식물을 위로 내려보내는 통로예요.
위: 소화를 돕는 위액을 분비하여 음식물과 섞고 음식물을 더 잘게 쪼개요.
십이지장: 간에서 만들어진 쓸개즙과 이자에서 만들어진 이자액을 음식물과 섞어 더욱 잘게 분해해요.
작은창자: 소화를 돕는 창자액을 분비하여 음식물을 더욱더 잘게 분해하고 융모로 영양소를 흡수해요.
큰창자: 수분을 흡수하고 남은 찌꺼기를 운반해요.
항문: 소화되지 않은 음식물 찌꺼기를 배출해요.

예 입, 식도, 위, 작은**창자**, 큰창자, 항문 등을 소화 기관이라고 해요.

함께 알아보기!

· **십이지장** 十二指腸 [열 **십**, 두 **이**, 손가락 **지**, 창자 **장**]: 위와 연결되는 작은창자의 윗부분
  예 **십이지장**은 손가락 12개를 옆으로 늘어놓은 길이가 된다고 하여 붙은 이름이에요.

척추동물

등뼈가 있는 동물 脊椎動物 [등골뼈 **척**, 등뼈 **추**, 움직일 **동**, 만물 **물**]
🅔 vertebrate　🅑 등뼈동물

등뼈가 있으면 척추동물, 등뼈가 없으면 무척추동물이라고 해요. 척추동물에는 포유류, 파충류, 조류, 어류, 양서류 등이 있어요.

개　　　거북　　　닭　　　붕어　　　개구리
포유류　　파충류　　조류　　어류　　양서류

🅔 다리가 없이 땅을 기어 다니는 뱀은 등뼈가 있기 때문에 **척추동물**이에요.

> **함께 알아보기!**
> · **척추** 脊椎 [등골뼈 **척**, 등뼈 **추**]: 우리 몸의 기둥 역할을 하는 기관
> 　🅔 인간의 몸은 33개의 **척추뼈**로 이루어져 있어요.

철새

철에 따라 옮겨 다니는 새 고유어
🅔 migratory bird　🅐 텃새

계절에 따라 서식지를 이동하는 새를 말해요. 철새들은 더위나 추위를 피해 먹이를 구하고 새끼를 기르기에 온도가 적당한 곳을 찾아 옮겨 다녀요. 우리나라에서 여름을 나는 제비, 뻐꾸기, 파랑새를 '여름새', 겨울을 나는 기러기, 두루미, 청둥오리를 '겨울새'라고 한답니다.

🅔 지구 온난화로 인해 우리나라를 떠나지 않고 텃새처럼 눌러앉아 사는 **철새**도 있어요.

> **함께 알아보기!**
> · **텃새** : 자신이 태어난 지역에 평생 머무르는 새　🅔 resident bird
> 　🅔 우리 주변에서 흔하게 볼 수 있는 참새와 까치는 대표적인 **텃새**예요.

초식 동물

풀을 먹고사는 동물 草食動物 [풀 **초**, 먹을 **식**, 움직일 **동**, 만물 **물**]
영 herbivores

식물을 먹고 사는 동물을 말해요. 동물은 먹이의 종류에 따라 초식 동물과 육식 동물로 구분할 수 있어요.

> **함께 알아보기!**
> • **육식 동물** 肉食動物 [고기 **육**, 먹을 **식**, 움직일 **동**, 만물 **물**]: 고기를 먹고 사는 동물
> 예 **육식 동물**은 사냥에 유리한 긴 다리와 강한 발톱, 고기를 먹기에 알맞은 날카로운 이빨이 있어요.

콩팥

혈액 속의 찌꺼기를 걸러 내는 기관 고유어
영 kidney   비 신장

혈액 속 노폐물을 걸러 내어 오줌을 만드는 배설 기관으로, 신장이라고도 해요. 온몸을 돌아 노폐물이 많아진 혈액은 콩팥으로 전달되고, 콩팥에서는 노폐물을 걸러 낸 깨끗한 혈액을 다시 혈관을 통해 순환시킨답니다.

예 강낭콩 모양이고, 팥처럼 검붉은색을 띠고 있어서 **콩팥**이라는 이름이 붙었어요.

> **함께 알아보기!**
> • **배설** 排泄 [밀칠 **배**, 샐 **설**]: 몸속의 노폐물을 몸 밖으로 내보내는 과정   영 excretion
> 예 오줌의 형태로 몸 밖으로 내보내면 **배설**, 대변으로 내보내면 배출이라고 해요.

탈피

껍질을 벗음 脫皮 [벗을 **탈**, 가죽 **피**]
영 ecdysis   비 허물벗기

파충류와 곤충이 자라면서 허물이나 껍질을 벗는 것을 말해요. 곤충은 애벌레일 때 몸이 커지면서 여러 번 허물을 벗어요. 벗은 껍질을 허물이라고 한답니다. 애벌레가 제때 허물을 벗지 못하면 성충으로 자라지 못하고 죽을 수도 있어요.

예 한참 자라나는 성장기의 뱀은 늙은 뱀보다 **탈피**를 자주 해요.

> **함께 알아보기!**
> • **성충** 成蟲 [이룰 **성**, 벌레 **충**]: 다 자란 곤충   비 어른벌레   반 유충, 애벌레
> 예 유충인 배추벌레는 배춧잎을 먹고 **성충**인 배추흰나비로 자라나요.

태어나서 죽을 때까지의 과정 고유어

동물이나 식물이 태어나서 어린 시절을 지나 성장하여 자손을 남기고 죽을 때까지의 과정을 말해요. 동물은 알이나 새끼로 태어나 먹이를 먹으며 성장한 뒤 암수가 만나 짝짓기를 하고, 암컷이 새끼를 낳는 한살이 과정을 거쳐요. 식물과 곤충의 한살이는 다음과 같아요.

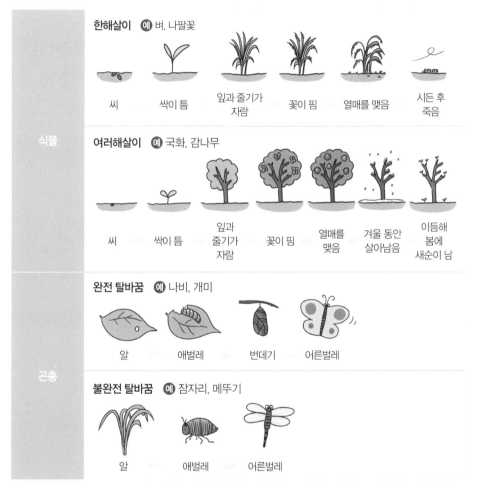

예 개구리는 '알 → 올챙이 → 개구리'의 **한살이** 과정을 거쳐요.

> **함께 알아보기!**
>
> · **번데기** : 애벌레가 완전한 곤충으로 자라기 전에 고치 속에 들어가 있는 상태　영 pupa
> 　예 곤충이 **번데기** 과정을 거치면 '완전 탈바꿈', 거치지 않으면 '불완전 탈바꿈'이에요.

혈관

피가 흐르는 관 血管 [피 혈, 대롱 관]
🌐 blood vessel

몸 전체에 퍼져 있는 혈액이 이동하는 통로를 말해요. 혈액의 이동에 관여하는 심장과 혈관을 순환 기관이라고 하는데요, 혈관은 '동맥, 정맥, 모세 혈관'으로 이루어져 있답니다. 혈액이 심장을 출발해 혈관을 따라 온몸을 돌고 다시 심장으로 돌아오는 데 걸리는 시간은 1분이라고 해요.

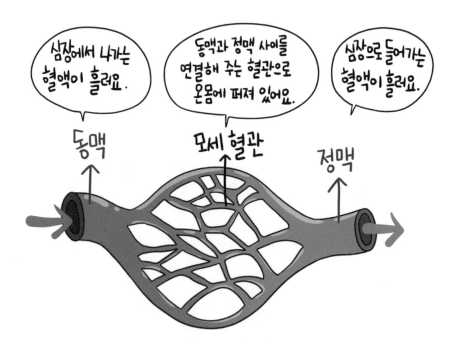

📝 우리 몸의 모든 **혈관**을 연결하면 길이가 약 12만 km나 된대요.

> **함께 알아보기!**
> • **혈액** 血液 [피 혈, 진 액]: 혈관을 통해 우리 몸에 필요한 영양소와 산소를 전달하는 붉은 액체
> 🌐 blood   🔵 피
> 📝 사람의 피가 빨간 이유는 **혈액** 속에 적혈구라는 세포가 있기 때문이에요.

호흡

숨을 내쉬고 들이마심 呼吸 [숨 내쉴 **호**, 숨 들이쉴 **흡**]
영 breath

숨을 들이마시고 내쉬는 활동을 말해요. 숨을 들이마실 때 공기는 '코 → 기관 → 기관지 → 폐'를 거쳐 우리 몸 안으로 들어와 산소를 제공해요. 산소는 우리가 몸을 움직이거나 몸속 기관이 일을 하는 데 사용돼요. 숨을 내쉴 때 몸속의 공기는 다시 거꾸로 '폐 → 기관지 → 기관 → 코'를 거쳐 몸 밖으로 나간답니다.

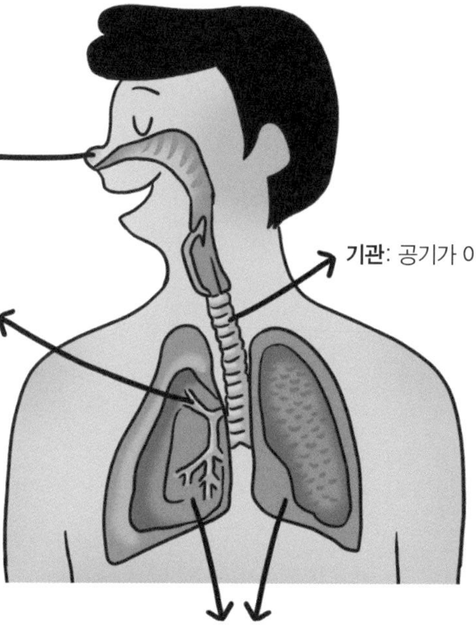

코: 공기가 드나
드는 곳
기관: 공기가 이동하는 통로
기관지: 기관과 폐 사이를
이어주는 관으로
공기가 이동하는
통로
폐: 몸 밖에서 들어온 산소를 받아들이고,
몸 안에서 생긴 이산화 탄소를
몸 밖으로 내보내요.

예 호흡에 관여하는 코, 기관, 기관지, 폐 등을 **호흡** 기관이라고 해요.

함께 알아보기!

- **폐** 肺 [허파 **폐**]: 가슴 안의 양쪽에 있는 호흡 기관 영 lung 비 허파
  예 **폐**는 사람의 가슴 좌우에 한 쌍이 있고, 갈비뼈가 보호하고 있어요.

과학

지구 과학

공전

천체의 둘레를 도는 것 公轉 [공평할 공, 구를 전]
🌐 revolution

한 천체가 다른 천체의 둘레를 주기적으로 도는 것을 말해요. 태양계의 행성들은 태양을 중심으로 공전하는데, 지구는 1년에 한 바퀴씩 태양 주위를 서쪽에서 동쪽으로 돌아요. 봄, 여름, 가을, 겨울의 사계절이 나타나는 이유는 지구의 자전축이 기울어진 채 태양 주위를 공전하기 때문이에요.

⑩ 지구의 **공전** 주기는 1년이고, 달의 공전 주기는 약 30일이에요.

> **함께 알아보기!**
> • **천체** 天體 [하늘 천, 몸 체]: 별, 행성, 위성, 소행성 등 우주에 있는 모든 물체
> ⑩ 천문대에서는 천문학자들이 **천체** 현상을 관측하고 연구하는 일을 해요.

광물

천연으로 땅속에 있는 무기물 鑛物 [쇳돌 광, 만물 물]
🌐 mineral

암석을 이루고 있는 알갱이인 광물은 한 가지 원소로 이루어진 것도 있고, 대부분 두 가지 이상의 다양한 화합물로 이루어져 있어요. 다이아몬드라 불리는 금강석은 탄소로만 이루어진 광물이고, 유리를 만드는 원료인 석영은 산소와 규소의 화합물이랍니다.

> **함께 알아보기!**
> • **운석** 隕石 [떨어질 운, 돌 석]: 유성이 지구 대기를 통과하는 동안 완전히 타 버리지 않고 땅에 떨어진 광물 🌐 meteorite
> ⑩ 우주에서 지구로 떨어진 **운석**에는 태양계의 역사와 생명체의 비밀이 숨어 있어요.

 **구름** 하늘에 떠다니는 물방울과 얼음 알갱이 고유어
영 cloud

수증기가 응결하여 작은 물방울이나 얼음 알갱이의 상태로 하늘에 떠 있는 것을
말해요. 구름이 만들어지는 과정은 다음과 같아요.

③ 작은 물방울들이 합쳐져 구름이 만들어
져요.

↑

② 위로 올라간 수증기는 기온이 낮아지면
서 작은 물방울이 돼요.

↑

① 더운 공기의 영향으로 물이 증발하여
수증기가 돼요.

작은 물방울이나 얼음 알갱이가 높은 하늘에 떠 있으면 '구름',
땅 표면 근처에 있으면 '안개'라고 생각하면 돼요.

비는 구름 속의 작은 물방울이나 얼음 알갱이가 땅으로 떨어질 때 기온이 높은 곳을 지
나면서 녹은 것이고, 크고 무거운 얼음 알갱이가 녹지 않은 채로 땅에 떨어진 것은 눈이
에요.

예 솜을 쌓아 놓은 것처럼 뭉실뭉실한 모양의 **구름**을 뭉게구름이라고 해요.

> **함께 알아보기!**
>
> • **응결** 凝結 [엉길 **응**, 맺을 **결**]: 공기 중의 수증기가 물방울로 변하는 현상
>   예 얼음물이 들어 있는 유리컵 표면에 물방울이 맺히는 것은 공기 중의 수증기가 **응결**해 나타나는
>   현상이에요.

 **기압**

공기가 누르는 힘 氣壓 [공기 기, 누를 압]
영 atmospheric pressure   비 대기압

공기의 무게에 의해 생기는 **압력**을 말해요. 주위보다 기압이 높은 곳을 '고기압', 주위보다 기압이 낮은 곳을 '저기압'이라고 해요. 기압 차이에 의해서 공기가 이동하는 것을 바람이라고 해요. 바람은 고기압에서 저기압으로 불어요.

저기압	고기압
공기가 위로 올라가면서 온도가 낮아지고, 구름이 만들어지면서 날씨가 흐려지고 비나 눈이 내려요.	공기가 아래로 내려오면서 온도가 높아지고, 구름이 증발해 없어지면서 날씨가 맑아져요.
일기도에 '저'라고 표시해요.	일기도에 '고'라고 표시해요.

예 높은 산으로 올라갈수록 공기가 희박하여 **기압**이 낮아져요.

┌─ **함께 알아보기!** ─────────────────────────┐
· **압력** 壓力 [누를 압, 힘 력]: 일정한 넓이에 수직으로 작용하는 힘의 크기   영 pressure
└──┘

지구의 하나뿐인 위성 고유어

영 moon

지구에서 가장 가까운 천체로, 30일에 한 바퀴씩 지구를 공전하고 있어요. 달의 모양은 약 30일을 주기로 '초승달 → 상현달 → 보름달 → 하현달 → 그믐달' 순으로 변한답니다. 달의 표면에는 크고 작은 운석들과 충돌하면서 생긴 분화구인 '크레이터'가 많이 있어요.

〈달의 모양 변화〉

음력 2~3일	음력 7~8일	음력 15일	음력 22~23일	음력 27~28일
초승달	상현달	보름달	하현달	그믐달

⑩ 달은 태양의 빛을 받아 반사하기 때문에 밝게 보이는 거예요.

> **함께 알아보기!**
>
> • **달무리** : 달 주위에 둥글게 생기는 구름 같은 하얀 테
>   ⑩ **달무리**가 나타나는 날은 비가 올 확률이 매우 높다고 해요.

 **밀물** 바닷물이 밀려 들어오는 것 고유어
영 flood tide

바닷물이 육지 쪽으로 밀려 들어오는 것을 말해요. 반대로 바닷물이 바다 쪽으로 빠져나가는 것을 썰물이라고 해요. 밀물과 썰물은 지구와 달 사이에 작용하는 인력 때문에 생겨요. 달이 지구의 바닷물을 잡아당기면서 끌려갔다 되돌아왔다 하거든요. 지구의 자전으로 인해 밀물과 썰물은 하루에 두 차례 일어난답니다.

例 **밀물**로 해수면이 가장 높을 때를 '만조', 썰물로 해수면이 가장 낮을 때를 '간조'라고 해요.

함께 알아보기!

· **인력** 引力 [끌 인, 힘 력]: 공간적으로 떨어져 있는 물체끼리 서로 끌어당기는 힘
例 뉴턴은 사과가 땅으로 떨어지는 것을 보고, 사과와 지구 사이에 **인력**이 작용한다고 생각했어요.

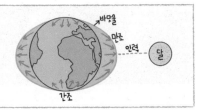

 **변성암** 변해서 이루어진 암석 變成巖 [변할 **변**, 이룰 **성**, 바위 **암**]
영 metamorphic rock

땅속 깊은 곳에서 열과 압력을 받아 모양과 성질이 **변한 암석**을 말해요. 변성암은 퇴적암과 달리 수직의 줄무늬인 엽리가 나타나는 것이 특징이에요. 변성암에는 규암, 대리암, 편마암 등이 있어요. 사암이 규암으로, 석회암이 대리암으로, 화강암이 편마암으로 변한 거예요.

例 퇴적암에 나타나는 줄무늬를 층리, **변성암**에 나타나는 줄무늬를 엽리라고 해요.

층리

엽리

스스로 빛을 내는 천체 고유어
영 star

스스로 빛을 내는 기체 덩어리를 말해요. 별은 태양계 밖으로 매우 먼 거리에 있기 때문에 어두운 밤이 되어서야 반짝이는 작은 점으로 보여요. 낮에는 태양 빛이 너무 밝아서 별이 보이지 않는 것뿐이지요. 또한, 별이 하루에 한 번씩 지구를 도는 것처럼 보이는 것은 별이 움직이는 것이 아니라 지구가 하루에 한 바퀴씩 자전하면서 생기는 현상이에요.

예 **별**에는 붙박이별, 떠돌이별, 꼬리별, 별똥별 등 다양한 종류가 있어요.

북극성

북극 가까이에 있는 별 北極星 [북녘 북, 다다를 극, 별 성]
영 Polaris 비 폴라리스

작은곰자리 꼬리 끝부분에 있는 가장 밝게 빛나는 **별**이에요. 북극 가까이에 있고 위치가 거의 변하지 않아 옛날 사람들은 북극성을 보고 길을 찾았다고 해요. 북쪽에 항상 있기 때문에 북극성을 찾으면 방위를 알 수 있었기 때문이에요. 북두칠성과 카시오페이아자리를 이용하면 북극성을 쉽게 찾을 수 있답니다.

예 **북극성**은 북극에서 약 1°가량 떨어져 있어요.

> **함께 알아보기!**
> · **작은곰자리** : 일 년 내내 북쪽 하늘에서 볼 수 있는 북극성이 속한 별자리
> 　예 **작은곰자리**는 북두칠성과 비슷한 국자 모양이에요.

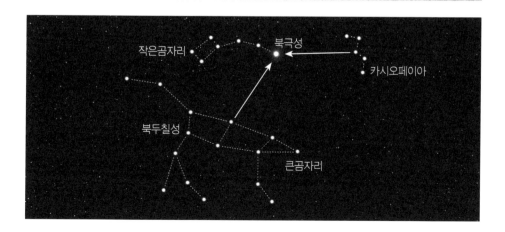

북두칠성

국자 모양의 일곱 개의 별 北斗七星 [북녘 **북**, 구기 **두**, 일곱 **칠**, 별 **성**]

영 big dipper   비 북두성

큰곰자리의 꼬리에 해당하는 일곱 개의 **별**을 말해요. 우리나라에서 일 년 내내 볼 수 있는 별이고, 국자 모양으로 생겨 맨눈으로도 쉽게 찾을 수 있어요. 북두칠성을 이용하면 북극성을 쉽게 찾을 수 있는데요. 먼저 북두칠성의 국자 모양 끝부분에 있는 별 두 개를 일직선으로 연결하고, 그 거리의 다섯 배만큼 떨어진 곳에 있는 별이 바로 북극성이랍니다.

예 **북두칠성**은 효성이 지극한 일곱 아들이 죽어서 된 별이라는 전설이 있어요.

빙하

움직이는 얼음 氷河 [얼음 **빙**, 강물 **하**]

영 glacier

오랫동안 쌓인 눈이 단단하게 굳어져 생긴 얼음덩어리가 그 자체의 무게로 움직이는 것을 말해요. 빙하는 물이 얼어서 만들어진 것이 아니라 눈이 겹겹이 쌓이고 다져진 두꺼운 얼음층이에요. 따라서 빙하는 무게의 압력을 받아 바닥 쪽부터 녹으면서 미끄러지고 움직이는 거예요.

예 **빙하**는 남극이나 북극과 같은 극지방, 알프스산맥 같은 고산 지대에 분포해요.

- **빙산** 氷山 [얼음 **빙**, 뫼 **산**]: 빙하에서 떨어져 나와 호수나 바다에 떠다니는 얼음덩어리
  영 iceberg   비 얼음산

소행성

작은 행성 小行星 [작을 **소**, 다닐 **행**, 별 **성**]

영 asteroid

행성보다는 작지만, 위성보다는 큰 천체를 말해요. 소행성은 주로 화성과 목성 사이의 궤도에서 태양 주위를 공전하고 있어요. 대부분의 소행성은 지름이 200km 이하이고, 그중에는 1m가 안 되는 아주 작은 소행성도 있어요.

예 수십만 개 이상의 **소행성**이 띠 모양을 이루며 태양의 둘레를 돌아요.

습도

축축한 정도 濕度 [축축할 **습**, 정도 **도**]
영 humidity

공기 중에 수증기가 포함된 정도를 말해요. 공기 중에 수증기의 양이 많으면 습도가 높다고 하고, 양이 적으면 습도가 낮다고 말해요. 보통 비가 오는 날에는 습도가 높아서 빨래가 잘 마르지 않고, 곰팡이나 세균이 번식하기 쉬워서 음식이 빨리 상해요. 반대로 햇볕이 쨍쨍 내리쬐는 날에는 습도가 낮아서 빨래가 잘 마르고, 화재가 발생하거나 감기와 같은 호흡기 질환에 걸리기 쉬워요.

예 **습도**가 높은 무더운 여름에는 음식이 빨리 상하기 때문에 식중독을 조심해야 해요.

우주

모든 천체를 포함하는 공간 宇宙 [집 **우**, 집 **주**]
영 space

지구를 포함한 모든 천체가 있는 끝없이 넓은 공간이에요. 수많은 별의 집단인 '은하', 별들이 무리 지어서 모인 '성단', 가스나 먼지가 구름처럼 보이는 '성운' 등이 우주를 구성하고 있어요. 은하는 보통 10억~1,000억 개의 별을 가지고 있는데, 천문학자들은 이런 은하가 약 5,000억 개 있다고 추정하고 있어요. 그리고 우주는 공기가 거의 없는 진공 상태의 공간이라 생명체가 살 수 없는 곳이에요.

성단

성운

예 빅뱅 이론은 약 137억 년 전에 **우주**가 대폭발로 생겨났다고 주장하는 이론이에요.

> **함께 알아보기!**
>
> · **은하** 銀河 [은 **은**, 강물 **하**]: 수많은 천체의 무리　영 galaxy

위성　행성의 주위를 도는 천체 衛星 [지킬 위, 별 성]
　🔵 satellite

태양계에서 수성과 금성을 제외한 모든 행성이 위성을 가지고 있어요. 목성이 가장 많은 위성을 가지고 있고, 화성은 2개, 지구는 1개의 위성을 가지고 있답니다. 달은 지구의 하나뿐인 위성이에요.

예 목성의 가장 큰 **위성**인 '가니메데'는 지름이 약 5,200km가 넘어요.

> **함께 알아보기!**
> ・**인공위성** 人工衛星 [사람 인, 장인 공, 지킬 위, 별 성]: 행성의 둘레를 돌도록 로켓을 이용하여 쏘아 올린 인공의 장치　🔵 artificial satellite
> 예 일기 예보를 할 수 있는 것도, 다른 나라의 방송도 볼 수 있는 것도 **인공위성** 덕분이에요.

 이슬　수증기가 식으면서 만들어진 물방울　고유어
　🔵 dew

공기 중의 수증기가 차가운 물체를 만나 생기는 물방울이에요. 이슬은 봄이나 가을에 많이 볼 수 있는데요. 기온이 많이 내려가는 겨울에는 이슬 대신 서리가 생긴답니다. 서리는 공기 중의 수증기가 얼어붙은 것으로, 흰 가루 모양의 얼음이에요.

예 맑은 날 아침, 풀밭에 나가 보면 나뭇잎이나 거미줄에 맺힌 **이슬**을 볼 수 있어요.

 **일기도**

날씨를 그린 그림 日氣圖 [날 **일**, 공기 **기**, 그림 **도**]
⑧ weather chart

날씨 상태를 한눈에 볼 수 있도록 약속된 숫자와 기호로 나타낸 지도를 말해요.
일기도에는 구름의 양, 풍향과 풍속, 저기압과 고기압 같은 기상 요소들이 기호로 표시
되어 있고, 등고선과 비슷하게 생긴 등압선이 그려져 있답니다.

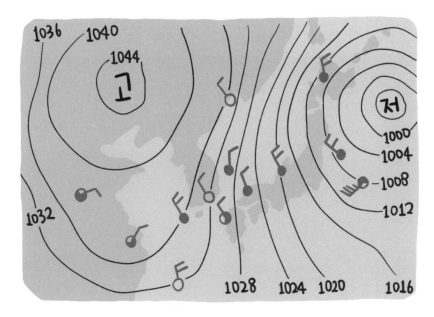

〈일기도에 쓰이는 기호〉

⑩ 기상청에서는 날씨를 관측해서 **일기도**를 만들고 일기 예보를 해요.

함께 알아보기!

· **등압선** 等壓線 [같을 **등**, 누를 **압**, 줄 **선**]: 기압이 같은 지점을 이은 선
  ⑩ **등압선**의 간격이 넓을수록 바람이 덜 불고, 좁을수록 기압의 차가 커서 바람이 세게 불어요.

일식

태양이 달에 의해 가려지는 현상 日蝕 [해 일, 좀먹을 식]
영 solar eclipse

태양과 지구 사이에 달이 있어서 태양의 일부나 전부가 달에 가려지는 것을 말해요. 일식은 '태양-달-지구'가 일직선이 될 때 생기는 현상이에요. 개기 일식은 달이 태양을 완전히 가려 대낮이 한밤중처럼 어두워지는 것을 말해요. 달이 태양의 일부만 가리는 것을 '부분 일식', 태양의 중앙 부분을 가려 테두리가 고리 모양으로 빛나는 것을 '금환 일식'이라고 해요.

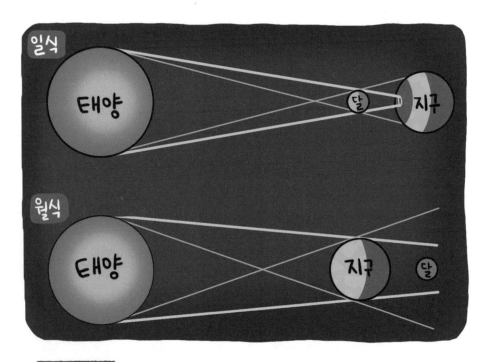

함께 알아보기!

· **월식** 月蝕 [달 월, 좀먹을 식]: 지구의 그림자에 달의 일부나 전부가 가려지는 것
영 lunar eclipse
예 **월식**은 '태양-지구-달'이 순서대로 늘어설 때 일어나는 현상이에요.

자전

스스로 회전함 自轉 [스스로 자, 구를 전]
영 rotation

천체가 고정된 축을 중심으로 스스로 도는 것을 말해요. 자전축이 23.5° 정도 기울어져 있는 지구는 서쪽에서 동쪽으로 자전을 하고, 그로 인해 낮과 밤이 생겨요. 지구가 자전하면서 태양 빛을 받는 쪽은 낮이 되고, 태양 빛을 받지 못하는 쪽은 밤이 되어 낮과 밤이 하루에 한 번씩 번갈아 나타나는 거예요.

예 지구가 **자전**하기 때문에 태양, 달, 별이 움직이는 것처럼 보이는 거예요.

> **함께 알아보기!**
>
> • **자전축** 自轉軸 [스스로 자, 구를 전, 굴대 축]: 천체가 자전할 때 중심이 되는 축
> 영 rotation axis
> 예 지구의 **자전축**이 기울어져 있지 않으면 낮과 밤의 길이가 같아지고, 계절의 변화가 없어질 거예요.

지구

태양에서 세 번째로 가깝고 인류가 살고 있는 천체
地球 [땅 지, 공 구] 영 earth

태양 주위를 공전하면서 자전하는 행성으로, 달을 위성으로 가지고 있어요. 지구는 약 1,000km가 넘는 대기층에 싸여 있고, 공기와 물이 있어서 생물이 살 수 있는 환경을 갖추고 있어요. 지구 표면의 70%는 바다이고, 30%는 육지예요. 바다는 남반구에, 육지는 북반구에 치우쳐 있답니다.

예 **지구**에서 태양까지의 거리는 약 1억 5,000만 km인데, 비행기를 타고 이동한다고 해도 약 19년이 걸리는 거리예요.

> **함께 알아보기!**
>
> • **지구의** 地球儀 [땅 지, 공 구, 모형 의]: 지구를 본떠 만든 모형 영 globe 비 지구본
> 예 **지구의**에는 육지와 바다, 경선과 위선, 지명 등이 나타나 있어요.

과학

지층

층층이 쌓여 굳어진 것 地層 [땅 지, 층 층]

영 stratum

진흙, 모래, 자갈 같은 퇴적물이 쌓이면서 굳어진 층을 말해요. 퇴적물이 쌓이는 바다나 호수의 밑바닥은 대부분 수평이기 때문에 오랜 시간에 걸쳐 한 겹씩 쌓이면서 줄무늬가 나타나요. 그 줄무늬를 층리라고 해요. 가장 아래에 있는 층이 먼저 쌓인 것이고, 가장 위에 있는 층이 나중에 쌓인 거예요. 지층은 보통 수평으로 나란히 쌓여 있지만, 휘어진 지층인 습곡도 있고, 끊어진 지층인 단층도 있어요.

습곡

단층

예 **지층**은 층마다 조금씩 다른 색깔을 가지고 있고, 알갱이의 크기도 달라요.

> **함께 알아보기!**
> • **습곡** 褶曲 [주름 습, 굽을 곡]: 지층이 지구 내부의 힘을 받아 물결 모양으로 휘어진 것
> 예 알프스산맥이나 히말라야산맥은 **습곡**이 발달한 대표적인 지역이에요.

태양

태양계에서 가장 큰 천체 太陽 [클 태, 볕 양]

영 sun

태양계의 중심에 있으며 태양계에서 유일하게 스스로 빛을 내는 천체예요. 태양은 반지름이 지구 반지름의 109배나 되고, 표면 온도가 약 6,000°C나 되는 거대하고 뜨거운 가스 덩어리예요. 태양이 내는 빛은 지구를 따뜻하게 만들어 지구의 모든 생명이 살 수 있도록 해 줘요. 식물은 태양 빛을 이용해 양분을 만들고, 동물은 식물이 만든 양분을 먹으며 살아가고 있답니다.

예 **태양**을 맨눈으로 오래 쳐다보거나 망원경으로 직접 바라보면 실명할 위험이 있어요.

> **함께 알아보기!**
> • **항성** 恒星 [항상 항, 별 성]: 움직이지 않고 언제나 같은 자리에 있는 별 비 붙박이별
> 예 하늘의 별은 대부분 **항성**이며, 태양과 같이 스스로 빛을 내는 것이 특징이에요.

태양계

태양 주위에 이어진 공간 太陽系 [클 태, 볕 양, 이을 계]

영 solar system

태양을 비롯하여 태양 주위를 공전하는 천체와 이들이 차지하는 공간을 말해요.
태양계의 항성인 태양과 태양 주위를 돌고 있는 8개의 행성, 행성의 주위를 도는 위성,
크기가 작은 소행성, 긴 꼬리가 달린 혜성, 별똥별이라고 불리는 유성 등이 모여 태양계
를 이루고 있답니다.

예 **태양계** 전체 질량의 99.86%는 태양이 차지하고 있어요.

> **함께 알아보기!**
>
> • **유성** 流星 [흐를 유, 별 성]: 혜성에서 떨어져 나온 부스러기 먼지들이 지구 대기권으로 들어와
> 빛을 내며 떨어지는 것 영 meteor 비 별똥별
> 예 유성은 밤하늘에 순식간에 반짝이다가 곧 사라지기 때문에 보기가 힘들어요.

퇴적암

쌓여서 만들어진 암석 堆積巖 [쌓일 퇴, 쌓을 적, 바위 암]

영 sedimentary rock

호수나 바다 밑에 쌓인 퇴적물이 오랜 시간 동안 다져지고 굳어져 만들어진 암
석을 말해요. 퇴적암에는 이암, 사암, 역암, 석회암, 응회암, 암염 등이 있어요.

이암 泥巖 [진흙 이, 바위 암]	진흙이 굳어져 된 암석
사암 砂巖 [모래 사, 바위 암]	모래가 굳어져 된 암석
역암 礫巖 [조약돌 역, 바위 암]	자갈과 모래가 굳어져 된 암석
석회암 石灰巖 [돌 석, 재 회, 바위 암]	조개껍데기가 굳어져 된 암석
응회암 凝灰巖 [엉길 응, 재 회, 바위 암]	화산재가 굳어져 된 암석
암염 巖鹽 [바위 암, 소금 염]	소금이 굳어져 된 암석

예 **퇴적암** 중에서 묽은 염산을 떨어뜨렸을 때
거품이 생기는 암석은 석회암이에요.

행성

떠돌아다니는 별 行星 [다닐 행, 별 성]
영 planet

스스로 빛을 내지 못하고 항성 주위를 둥글게 도는 천체를 말해요. 하늘에 붙박여 있지 않고, 이리저리 떠돌아다닌다고 하여 '떠돌이별'이라고도 불려요. 태양계 안에는 수성, 금성, 지구, 화성, 목성, 토성, 천왕성, 해왕성의 여덟 행성이 있어요.

태양으로부터 거리가 가까운 순서 →	수성 Mercury	태양과 가장 가까우며 운석 구덩이가 많아요.
	금성 Venus	가장 밝게 보이는 행성으로 새벽하늘에 반짝이는 것을 볼 수 있어요.
	지구 Earth	인류가 사는 천체로 유일하게 물과 생명체가 있어요.
	화성 Mars	붉은색으로 보이며 물이 흐른 흔적이 있어요.
	목성 Jupiter	가장 크고 무거우며 60개가 넘는 위성을 거느리고 있어요.
	토성 Saturn	가장 아름다운 고리를 가지고 있으며 목성 다음으로 많은 위성을 거느리고 있어요.
	천왕성 Uranus	검은색의 고리가 있으며 약 97도로 기울어져 자전을 해요.
	해왕성 Neptune	태양계의 마지막 행성으로 청록색 진주라 불려요.

행성의 크기가 큰 순서
목성 → 토성 → 천왕성 → 해왕성 → 지구 → 금성 → 화성 → 수성

예 태양계 안의 **행성**은 스스로 빛을 내는 것이 아니라 태양 빛을 반사해서 빛나는 거예요.

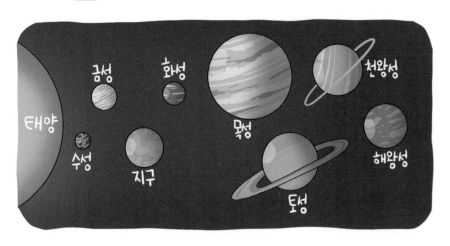

 **현무암** 검고 단단한 암석 玄武巖 [검을 **현**, 굳셀 **무**, 바위 **암**]
🔵 basalt

땅속 깊은 곳의 마그마가 지표를 뚫고 나와 **빠르게 굳어진 암석**으로, 화산 지형에서 많이 볼 수 있어요. 현무암과 화강암은 대표적인 화성암이랍니다.

현무암	화강암
용암이 지표 근처에서 빠르게 굳어진 암석	마그마가 서서히 굳어진 암석
빠르게 식어 알갱이가 매우 작아요.	천천히 식어서 알갱이가 눈에 보일 정도로 커요.
색이 어두워요.	색이 밝아요.
가스가 빠져나간 흔적인 구멍이 있어요.	밝은 바탕에 반짝거리는 검은 알갱이가 있어요.
제주도 주상절리, 울릉도 등에서 볼 수 있어요.	북한산, 설악산, 속리산에서 볼 수 있어요.

예 제주도의 돌하르방은 **현무암**으로, 경주 석굴암의 불상은 화강암으로 만들었어요.

> **함께 알아보기!**
>
> · **화성암** 火成巖 [불 **화**, 이룰 **성**, 바위 **암**]: 화산과 마그마의 활동으로 이루어진 암석
>   예 암석은 생성 과정에 따라 크게 **화성암**, 퇴적암, 변성암으로 구분해요.

혜성

꼬리 달린 별 彗星 [꼬리별 혜, 별 성]
영 comet　비 꼬리별, 살별

얼음과 먼지로 이루어진 천체로, 태양에 가까워지면 긴 꼬리가 생겨요. 태양의 높은 열과 압력에 의해 먼지와 가스 성분이 태양 반대쪽으로 날리면서 꼬리가 만들어지는 거예요.

예 **혜성**은 밤하늘에 갑자기 모습을 드러내기 때문에 언제 나타날지 예측하기가 어려워요.

화산

땅속에 있는 마그마가 터져 나와 만들어진 산 火山 [불 화, 뫼 산]
영 volcano

땅속 깊은 곳의 마그마가 지각의 약한 틈을 뚫고 한꺼번에 지표 밖으로 뿜어져 나온 것을 말해요. 화산이 터질 때는 분화구에서 용암과 함께 화산 가스, 화산재, 화산탄 등의 다양한 화산 분출물이 나와요.

예 백두산, 한라산, 울릉도, 개마고원은 우리나라의 대표적인 **화산** 지형이에요.

> **함께 알아보기!**
> · **마그마** magma : 지하에서 암석이 고온으로 가열되어 녹은 것
> 　예 땅속에 있던 **마그마**가 땅 위로 나온 것이 용암이에요.

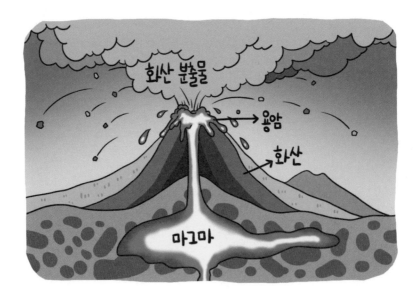

화석

생물의 몸체나 흔적이 남아 있는 돌 化石[될 화, 돌 석]
영 fossil

옛날에 살았던 동물과 식물의 몸체나 흔적이 지층에 새겨진 것을 말해요. 상어 이빨, 고사리, 단풍나무 잎과 같은 생물의 몸체뿐만 아니라 공룡이나 새의 발자국, 생물이 기어간 흔적도 화석이 될 수 있어요. 특히 삼엽충, 암모나이트, 매머드 화석은 특정한 시기에만 살았던 생물 화석으로, 지층의 생성 시대를 알 수 있는 중요한 역할을 한답니다.

암모나이트와 삼엽충은 멸종한 생물이야. 지금은 볼 수 없지만, 화석으로 남아 있지!

예 화석을 통해 과거에 살았던 다양한 생물의 모습과 당시의 기후를 알 수 있어요.

함께 알아보기!
- **규화목** 硅化木[규소 규, 될 화, 나무 목]: 나무가 땅속에 묻혀 있는 동안에 나무줄기 속으로 다른 물질이 스며들어 만들어진 화석 영 petrified wood
  예 **규화목**은 옛날에 살았던 식물을 연구하는 데 유용해요.

GPS

위성 위치 확인 시스템 외래어
영 Global Positioning System 비 위성 항법 장치

지구 주위를 도는 인공위성을 이용해 지구에 있는 물체의 위치를 확인하는 기술이에요. GPS 기술은 길 안내를 해 주는 자동차의 내비게이션뿐만 아니라, 항공기나 선박에서도 위치 파악 및 항로를 제공해 주는 수단으로 사용해요. 스마트폰으로도 길 찾기뿐만 아니라 현재의 위치를 알려 주는 서비스까지 사용할 수 있는 것처럼 GPS 기술은 다양하게 이용되고 있어요.

예 현재 위치에서 가장 가까운 맛집을 검색할 때도 **GPS** 기술을 이용하면 좋아요.

함께 알아보기!
- **내비게이션** navigation : 지도 안내를 통해 길 찾기를 도와주는 프로그램
  예 나침반과 지도는 과학이 발전하면서 **내비게이션**에 자리를 내어 주게 되었어요.

----- 다섯 번째 -----

예체능

초등 전과목
어휘력 사전

음악

가락
리듬에 음의 높고 낮음을 더한 것 `고유어`
영 melody   비 선율

리듬을 바탕으로, 소리의 높낮이를 표현한 음의 흐름을 말해요. 가락은 음의 높낮이를 표현할 수 있는 가락 악기로 연주할 수 있어요. 계이름으로 가락을 익히면 쉽게 노래를 부를 수 있답니다. 반면에 리듬 악기는 음의 높낮이가 없어 가락을 연주할 수 없고, 박자와 셈여림을 표현할 수 있어요.

리듬	가락
박자 ∨ ∨ ∨ ∨ 셈여림 강 약 중강 약	계이름 도 미 솔 도
리듬 악기 북, 장구, 꽹과리, 심벌즈, 캐스터네츠 등	가락 악기 바이올린, 가야금, 피아노, 리코더, 단소 등

예 **가락**, 리듬, 화성을 음악의 3요소라고 해요.

> **함께 알아보기!**
>
> • **리듬** rhythm : 음의 길이와 셈여림이 조화된 것
>   예 박이 모여 박자가 되고, 박자가 모여 **리듬**을 이루어요.
> • **음악** 音樂 [소리 **음**, 풍류 **악**]: 목소리나 악기를 통하여 사상이나 감정을 나타내는 예술
>   영 music

가야금　**가야에서 만든 거문고** 伽倻琴 [가야 **가**, 가야 **야**, 거문고 **금**]
📑 가야고

열두 줄로 된 우리나라 고유의 **현악기**를 말해요. 가야금은 무릎 위에 길게 뉘어 놓고 손가락으로 줄을 뜯어 소리를 내는 국악기예요. 가야의 가실왕이 만들었다고 하여 '가얏고'라고도 하는데요, '고'는 현악기를 가리키는 우리 고유의 말이랍니다.

📷 **가야금**은 가야에서 신라로 귀화한 악사 우륵을 통해 신라에 전해졌어요.

강강술래　**둥근 원을 그리며 도는 놀이** 〔고유어〕

여자들이 손을 잡고 둥글게 서서 빙글빙글 돌면서 춤을 추고 노래를 부르는 민속놀이예요. 목청 좋고 노래 잘하는 사람이 맨 앞에 서서 메기는소리를 하면, 나머지 사람들은 '강강술래'라며 받는소리를 해요. 중간중간에 남생이놀이, 고사리꺾기, 청어 엮기, 기와밟기 등의 놀이가 들어 있어 흥겨움을 더해요. 강강술래는 임진왜란 때 처음 시작되었는데요, 우리 군사의 수가 많아 보이게 하려고 이순신 장군이 여자들에게 남자 옷을 입혀 빙빙 돌게 한 데서 비롯되었답니다.

📷 국가 무형 문화재인 **강강술래**는 2009년에 유네스코 세계 무형 유산으로 지정되었어요.

거문고   고구려에서 만든 현악기   고유어

여섯 줄로 된 우리나라 고유의 현악기를 말해요. 거문고는 무릎 위에 길게 뉘어 놓고, 대나무로 만든 술대로 치거나 뜯어서 소리를 내요. 고구려의 악사인 왕산악이 중국의 칠현금을 개조하여 만든 국악기랍니다. 가야금이 비교적 음색이 맑고 높은 반면, 거문고의 음색은 힘차고 무거운 것이 특징이에요.

예 서로 비슷하게 생겼지만 가야금은 12줄이고, **거문고**는 6줄이라는 게 달라요.

함께 알아보기!

· **아쟁** 牙箏 [어금니 **아**, 쟁 **쟁**]: 활로 줄을 문질러서 소리를 내는 일곱 줄의 현악기
  예 아쟁은 국악기 중 가장 음역이 낮아서 관현악 합주에 주로 편성돼요.

가야금   거문고   아쟁

관악기 입으로 불어서 소리를 내는 악기 管樂器 [피리 관, 음악 악, 그릇 기]
영 wind instrument

입으로 불어서 관 안의 공기를 진동시켜 소리를 내는 악기를 말해요. 관악기의 종류에는 나무로 만든 '목관 악기'와 금속으로 만든 '금관 악기'가 있어요. 금관 악기로 자주 오해받는 색소폰은 목관 악기예요. 요즘은 목관 악기도 거의 금속으로 만들고 있답니다.

금관 악기	목관 악기
트럼펫 트럼본 튜바	클라리넷　플루트　색소폰

예 악기는 소리를 내는 방법에 따라 **관악기**, 타악기, 현악기로 나뉘어요.

> **함께 알아보기!**
> - **악기** 樂器 [음악 **악**, 그릇 **기**]: 음악을 연주하는 데 쓰이는 기구　**영** instrument
> **예** 수천 개의 길고 짧은 파이프로 연결된 파이프 오르간은 세계에서 가장 큰 **악기**예요.

교향곡

관현악 연주를 위한 곡 交響曲 [서로 교, 울릴 향, 악곡 곡]
영 symphony 비 심포니

관현악을 위하여 작곡한 큰 규모의 기악곡을 말해요. 교향곡은 악기의 수가 많아 풍부한 표현을 할 수 있고, 보통 4악장으로 이루어져요. 소나타 형식의 빠른 1악장은 앞에 장중한 서곡이 오는 경우가 많고, 가곡 형식의 느린 2악장, 미뉴에트 춤곡 형식의 3악장, 론도 형식의 매우 빠른 4악장으로 이루어지는데요, 교향곡마다 조금씩 그 구성이 다르답니다.

예 베토벤의 「운명 교향곡」, 슈베르트의 「미완성 교향곡」, 차이콥스키의 「비창 교향곡」은 세계 제3대 **교향곡**으로 불려요.

함께 알아보기!

· **미뉴에트** minuet : 프랑스에서 시작한 3박자의 춤곡으로 매우 우아하고 기품 있는 춤
예 오스트리아의 왈츠, 프랑스의 **미뉴에트**, 스페인의 플라멩코, 아르헨티나의 탱고, 보헤미아의 폴카는 대표적인 춤곡이에요.

국악기

국악에 쓰이는 악기

國樂器 [나라 **국**, 음악 **악**, 그릇 **기**]

국악 연주에 쓰이는 악기를 말해요. 가야금과 거문고처럼 오랜 옛날부터 전해져 내려오는 우리 고유의 악기도 있지만, 편종이나 편경처럼 중국에서 들어온 악기도 있고, 피리나 비파처럼 서역에서 전해진 악기도 있어요. 국악기는 연주법에 따라 관악기, 타악기, 현악기 등으로 나뉘어요.

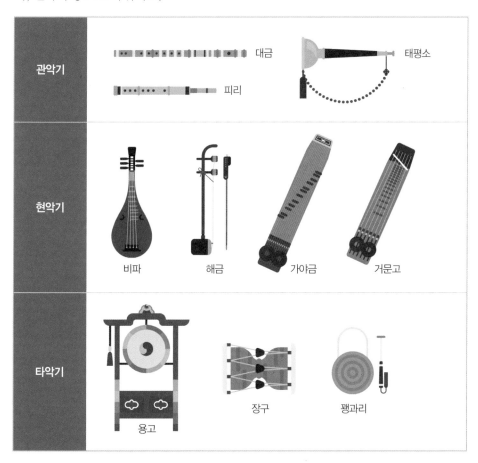

관악기	대금 / 태평소 / 피리
현악기	비파 / 해금 / 가야금 / 거문고
타악기	용고 / 장구 / 꽹과리

함께 알아보기!

· **국악** 國樂 [나라 **국**, 음악 **악**]: 예로부터 전해 오는 우리나라 고유의 음악　**비** 한국 음악

예 **국악**은 궁궐 행사에 사용되던 궁중 음악과 일반 백성들이 즐기던 민속 음악으로 나뉘어요.

꽹과리   놋쇠로 만든 타악기   고유어

놋쇠로 만들어 채로 쳐서 소리를 내는 타악기를 말해요. 징과 모양이 비슷하지만, 꽹과리는 한 손에 들 수 있을 만큼 크기가 작아요. 나무 채로 놋쇠를 두들길 때 꽹꽹하는 소리가 난다고 하여 꽹과리라는 이름이 붙었어요. 꽹과리는 풍물패를 이끄는 상쇠가 드는 악기로, 가장 높고 날카로운 음을 내기 때문에 다른 악기들을 관리하며 가락의 흐름을 이끄는 역할을 해요.

(예) **꽹과리**는 높은 소리를 짧게 내지만, 징은 낮은 소리를 길게 내는 게 특징이에요.

> **함께 알아보기!**
> ・**징** : 한 손에 들거나 틀에 매달아 채로 치는 놋쇠로 만든 타악기
>   (예) **징**은 채 끝에 헝겊을 감아 치기 때문에 음색이 부드럽고 웅장한 느낌을 줘요.

나발   나팔 모양의 관악기
喇叭 [나팔 **나**, 입 벌릴 **팔**]

'나팔'로 읽지 않고 '나발'이라고 해요. 나발은 **놋쇠로 만든 우리나라의 유일한 금관 악기**로, 삼국 시대부터 군대의 행진을 알리는 신호에 사용되었어요. 행진 음악인 대취타 연주에 주로 사용되고, 손가락으로 막고 여는 구멍이 없어 하나의 음만 낼 수 있는 간단한 구조의 관악기랍니다.

(예) 전통 악기인 **나발**과 금관 악기인 나팔은 구별해 써야 해요.

> **함께 알아보기!**
> ・**나팔** 喇叭 [나팔 **나**, 입 벌릴 **팔**]: 금속으로 만든 관악기의 하나
>   (예) 끝이 나팔꽃 모양으로 생긴 금관 악기를 통틀어 **나팔**이라고 해요.

농악

농사를 지을 때 사용하는 음악 農樂 [농사 **농**, 음악 **악**]
🔒 풍물놀이

농촌에서 농부들이 연주하는 우리 고유의 음악을 말해요. 김매기, 모심기 등의 힘든 일을 할 때 고단함을 잊고 흥을 돋우어 일의 능률을 올리려는 데에서 비롯되었어요. 농악은 사물놀이에 쓰이는 네 가지 악기 외에 소고, 태평소, 나발 등의 악기가 더해져 음악을 풍성하게 해 줘요. 농악은 악기 연주뿐만 아니라 노래와 춤, 연극적인 요소가 한데 어우러져 한층 재미를 더하는 종합 예술이랍니다.

🔒 사물놀이는 실내에 앉아서 연주하지만, **농악**은 야외에서 여러 명이 어울려 연주해요.

> **함께 알아보기!**
> • **사물놀이** 四物놀이 [넉 **사**, 만물 **물**]: 네 사람이 각자 꽹과리, 장구, 북, 징을 연주하며 즐기는 놀이
> 🔒 **사물놀이**는 풍물놀이를 바탕으로 좀 더 세련되게 발전시킨 우리 음악이에요.

대취타

불고 치는 대규모의 음악 大吹打 [큰 **대**, 불 **취**, 칠 **타**]
🔒 큰취타

왕의 행차나 군대의 행진 등 나라의 중요한 행사가 있을 때 사용하던 음악으로 '무령지곡'이라고도 해요. 대취타는 '태평소, 나발, 나각'과 같은 관악기와 '징, 자바라, 용고, 장구'와 같은 타악기로 구성되어 있어요. 유일한 가락 악기인 태평소가 가락을 연주하고 타악기는 리듬을 연주하는데, 매우 장엄하고 기운찬 느낌이 든답니다.

예체능

민요	민중의 노래 民謠 [백성 민, 노래 요]
	⑨ folk song

예로부터 민중들 사이에서 불리며 전해 내려오는 **전통 노래**를 말해요. 민요는 대부분 여럿이 모여 일하다가 흥을 돋우기 위해 부르던 것에서 시작되었어요. 그 노랫말 속에는 백성들의 생활과 감정이 잘 나타나 있답니다. 민요는 놀이를 하면서 부르는 '유희요', 일을 하면서 부르는 '노동요', 여러 가지 의식이나 장례를 치르며 부르는 '의식요'로 나눌 수 있어요.

예 **민요**는 누가 작곡하고 작사했는지 알 수 없고, 가락이 단순한 것이 특징이에요.

박자	마디를 이루는 박의 무리 拍子 [칠 박, 접미사 자]
	⑨ beat

일정한 수의 박이 모인 것을 말해요. 센박과 여린박이 규칙적으로 되풀이되면서 형성되는 리듬의 기본 단위가 박자예요.

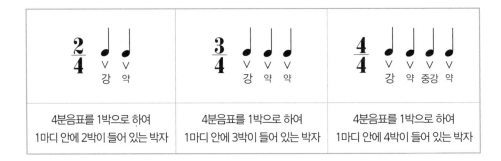

$\frac{2}{4}$ ♩ ♩ ∨ ∨ 강 약	$\frac{3}{4}$ ♩ ♩ ♩ ∨ ∨ ∨ 강 약 약	$\frac{4}{4}$ ♩ ♩ ♩ ♩ ∨ ∨ ∨ ∨ 강 약 중강 약
4분음표를 1박으로 하여 1마디 안에 2박이 들어 있는 박자	4분음표를 1박으로 하여 1마디 안에 3박이 들어 있는 박자	4분음표를 1박으로 하여 1마디 안에 4박이 들어 있는 박자

박자표는 분수로 나타내는데요, 분모는 단위가 되는 음표를 뜻하고, 분자는 1마디 안에 들어 있는 단위 음표의 수를 의미해요.

예 오선지에 **박자**를 나타낼 때는 음자리표 다음에 박자표를 적어 표시해요.

> **함께 알아보기!**
> • **마디** : 악보에서 세로줄로 구분되어 있는 악곡의 가장 작은 단위
> 예 여덟 **마디**로 이루어진 한도막 형식은 동요나 민요에 많이 쓰여요.

 **샹송** 프랑스를 대표하는 노래 외래어
잘못된 표현 상송 영 chanson

프랑스 사람들이 널리 즐겨 부르는 **가요**를 말해요. 천 년이 넘는 오랜 역사를 지닌 샹송은 멜로디가 중심이 되는 이탈리아의 칸초네와 달리 가사를 매우 중요시하는 특성이 있어요. 샹송의 가사는 마치 한 편의 수필처럼 스토리가 있거나, 한 편의 시처럼 아름다운 내용으로 가득해 문학성과 예술성이 뛰어나답니다.

예 우리나라에 민요가 있다면, 프랑스에는 **샹송**이 있고, 이탈리아에는 칸초네가 있어요.

> 함께 알아보기!
>
> • **칸초네** canzone : 이탈리아를 대표하는 성악곡
>   예 밝은 멜로디의 **칸초네**는 누구나 쉽게 따라 부를 수 있다는 특징이 있어요.

 셈여림 셈과 여림의 정도
영 dynamic

음의 셈여림은 **음의 크고 작음**을 뜻해요. 악보에서 셈여림은 여리게를 뜻하는 piano, 중간을 뜻하는 mezzo, 세게를 뜻하는 forte를 조합하여 만들고, 약자로 간단하게 표시해요.

셈여림표

표	pp	p	mp	mf	f	ff
언어	피아니시모 pianissimo	피아노 piano	메조피아노 mezzo piano	메조포르테 mezzo forte	포르테 forte	포르티시모 fortissimo
뜻	매우 여리게	여리게	조금 여리게	조금 세게	세게	매우 세게

표	◁	▷	<, >, ∧, ∨	pf	fp
언어	크레센도 crescendo	데크레센도 decrescendo	악센트 accent	피아노포르테 pianoforte	포르테피아노 forte piano
뜻	점점 세게	점점 여리게	그 음을 특히 세게	여리게 곧 세게	세게 곧 여리게

예 8분의 6박자의 **셈여림**은 '강-약-약-중강-약-약'이에요.

소고

작은 북
小鼓 [작을 **소**, 북 **고**]

손잡이가 달린 작은 북이에요. 한 손으로 북의 손잡이를 잡고, 다른 손으로 소고를 작은 채로 치며 연주해요. 보통 소고를 치는 사람들은 긴 종잇조각이 달린 상모를 쓰고 멋지게 원을 그리며 춤을 춰요.

⑩ 풍물놀이에서 가장 인기를 끄는 것은 **소고**를 두드리면서 긴 상모를 돌리는 묘기예요.

> **함께 알아보기!**
> • **상모** 象毛 [코끼리 **상**, 털 **모**]: 모자 위에 깃털이나 긴 종잇조각을 달아 빙글빙글 돌리게 되는 것
> ⑩ 상쇠는 깃털이 달린 **상모**를 쓰고, 소고재비는 긴 종잇조각이 달린 된 상모를 써요.

아리랑

후렴에 '아리랑'이 들어 있는 노래 고유어
Ⓗ 아리랑 타령

우리나라의 대표적인 민요로, **후렴에 '아리랑'이란 말이 들어 있는 노래**예요. '아리랑 아리랑 아라리요'로 시작되는 아리랑은 간단하고 익숙해서 누구나 부르기 쉬워요. 강원도의 정선 아리랑, 호남 지역의 진도 아리랑, 경상도의 밀양 아리랑은 우리나라 3대 아리랑으로 손꼽혀요.

⑩ **아리랑**은 지역마다 노랫말과 곡조가 조금씩 달라요.

> **함께 알아보기!**
> • **후렴** 後斂 [뒤 **후**, 거둘 **렴**]: 노래 곡조 끝에 붙여 반복해 부르는 짧은 가사
> ⑩ 애국가는 '무궁화 삼천리 화려강산~'으로 이어지는 **후렴**을 가진 노래예요.

악보

음악을 기록한 것 樂譜 [풍류 **악**, 악보 **보**]
Ⓔ musial note

음악의 곡조를 일정한 기호를 써서 나타낸 것을 말해요. 악보에는 달팽이처럼 생긴 높은음자리표, 한글의 기역처럼 생긴 낮은음자리표, 박자표와 조표, 음표와 쉼표 등의 기호가 그려져 있어요. 음의 높고 낮음은 다섯 개의 줄을 그은 오선지에 나타내고, 매우 높거나 낮은 음은 덧줄을 그어 표시해요.

⑩ 국악의 악보는 정간보, 서양 음악의 **악보**는 오선보를 주로 사용해요.

노래하는 연극 외래어

잘못된 표현 오피라   영 opera   비 가극

음악을 중심으로 엮은 극을 말해요. 오페라는 사람의 목소리로 하는 성악과 악기를 연주하는 기악으로 구성돼요. 관현악단은 반주를 맡아 극의 분위기를 고조시키고, 오페라 가수는 마이크 없이 자신의 성량으로만 노래를 해요.

예 모차르트의 「피가로의 결혼」, 베르디의 「아이다」, 비제의 「카르멘」은 세계적으로 유명한 **오페라**예요.

> **함께 알아보기!**
>
> • **뮤지컬** musical : 노래와 춤, 연극이 조화를 이룬 종합 무대 예술
>   예 오페라를 공연하는 사람들은 '가수'라고 부르고, **뮤지컬**을 공연하는 사람은 주로 연기를 하기 때문에 '배우'라고 불러요.

음표   **소리표** 音標 [소리 음, 표시 표]
영 note   비 노트

음의 길이와 높낮이를 나타내는 기호를 말해요. 음의 길이는 음표의 종류로, 음의 높낮이는 오선의 위치로 표시해요.

음표의 종류

이름	모양	박자
온음표	𝅝	4박자
2분음표	𝅗𝅥	2박자
4분음표	♩	1박자
8분음표	♪	반 박자
16분음표	𝅘𝅥𝅯	반의반 박자

쉼표의 종류

이름	모양	박자
온음표	▬	4박자
2분음표	▬	2박자
4분음표	𝄽	1박자
8분음표	𝄾	반 박자
16분음표	𝄿	반의반 박자

예 악보에서 쉼표는 **음표**에 준해 만들었기 때문에 함께 알아두는 것이 좋아요.

> **함께 알아보기!**
>
> • **쉼표** : 악보에서 쉬는 길이를 나타내는 표
>   예 음표나 **쉼표** 뒤에 점이 붙으면, 그 음표나 쉼표의 절반의 길이가 더해져요.

이음줄

두 개 이상의 음을 이은 줄 `고유어`
영 slur

악보에서 음높이가 서로 다른 두 개 이상의 음을 이은 줄을 말해요. 곡선 '⌣'으로 표시해요. 이음줄 안에 있는 음을 끊지 않고 부드럽게 이어 연주하라는 뜻이에요.

이음줄   붙임줄

예 같은 음을 이은 것은 붙임줄, 다른 음을 이은 것은 **이음줄**이에요.

> **함께 알아보기!**
> • **붙임줄** : 악보에서 음높이가 서로 같은 두 개 이상의 음을 이은 줄 영 tie
> 예 **붙임줄**은 붙여서 하나의 음처럼 연주하라는 뜻이에요.

작곡

곡을 만드는 것 作曲 [지을 **작**, 악곡 **곡**]
영 composition

시나 노랫말에 가락을 붙이는 일을 말해요. 자신의 생각과 감정을 노랫말로 표현하면 작사, 음으로 표현하면 작곡이에요. 작곡가는 동요, 대중가요, 영화 음악, 드라마 OST, 성악곡 등의 다양한 음악을 작곡하는데, 그 음악을 다른 연주 형태로 바꾸는 것을 편곡이라고 해요.

예 음악 신동이었던 모차르트는 다섯 살 때부터 **작곡**을 했대요.

> **함께 알아보기!**
> • **작사** 作詞 [지을 **작**, 말씀 **사**]: 노랫말을 지음
> 예 **작사**하는 사람을 작사가, 작곡하는 사람을 작곡가라고 해요.

장구 — 채로 치는 타악기 [고유어]

허리가 잘록한 통의 양쪽에 가죽을 씌워서 만든 전통 악기예요. 손바닥이나 궁굴채로 치는 장구의 왼쪽을 북편이라고 하고, 열채로 치는 장구의 오른쪽을 채편이라고 해요. 북편은 가죽이 두꺼워서 낮고 부드러운 소리가 나고, 채편은 가죽이 얇아서 높고 날카로운 소리가 나요.

📗 징과 꽹과리는 쇠로 만들었고, **장구**와 북은 가죽으로 만들었어요.

> **함께 알아보기!**
>
> · **북** : 둥근 통의 양쪽에 가죽을 씌워서 만든 악기   영 drum
>   📗 인간이 만든 가장 오래된 악기인 **북**은 심장 박동 소리와 가장 닮은 악기예요.

장단 — 음의 길고 짧음
영 rhythm

국악에 사용되는 음악의 **빠르기**나 가락을 이끄는 **박자**를 말해요. 국악에서 장단은 주로 장구로 연주하는데, 판소리에서는 북으로 연주해요. 장단의 반주는 아주 느린 진양조부터 아주 빠른 휘모리까지 다양하답니다.

장단법의 기호 및 치는 방법

기호	구음	치는 방법
ⓘ	덩	양손으로 북편과 채편을 함께 치기
○	쿵	왼손이나 궁채로 북편 치기
│	덕	열채로 채편 치기
┊	더러러러	열채로 채편 가운데를 굴려 치기

📗 '진양조 → 중모리 → 중중모리 → 자진모리 → 휘모리' 순으로 **장단**이 점점 빨라져요.

장음계

3~4음과 7~8음이 반음인 음계 長音階 [길 장, 소리 음, 섬돌 계]
영 major scale　**반** 단음계

셋째와 넷째 사이, 일곱째와 여덟째 사이가 반음이고 그 외는 모두 온음인 음계를 말해요. 장음계와 단음계는 둘 다 5개의 온음과 2개의 반음으로 이루어져 있지만, 반음이 위치가 달라요.

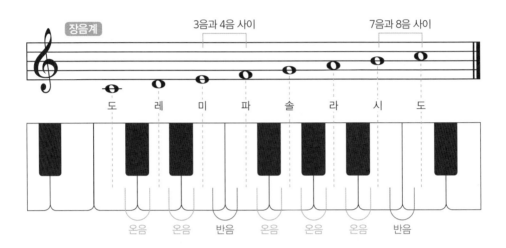

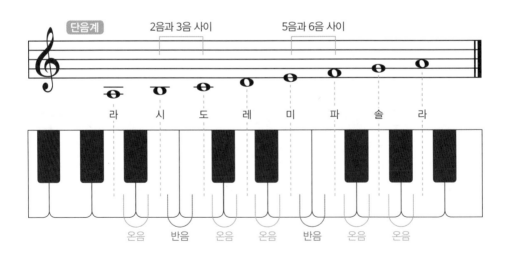

> **함께 알아보기!**
>
> • **단음계** 短音階 [짧을 단, 소리 음, 섬돌 계]: 둘째와 셋째 사이, 다섯째와 여섯째 사이가 반음이고 그 외는 모두 온음인 음계 **영** minor scale

 **장조**

장음계로 된 곡조 長調 [길 **장**, 가락 **조**]
🅔 major key   🅑 메이저   🅐 단조

장음계를 바탕으로 만든 곡을 말해요. 장조는 으뜸음에 따라 다장조, 라장조, 마장조, 바장조, 사장조, 가장조, 나장조로 나뉘어요.

	장조	단조
으뜸음	도	라
계이름 순서	도레미파솔라시도	라시도레미파솔라
시작하는 음	으뜸화음인 '도미솔' 중 한 음	으뜸화음인 '라도미' 중 한 음
끝나는 음	도	라
분위기	신나고 즐거운 느낌	쓸쓸하며 우울한 느낌

🅔 단조가 어두운 느낌을 주는 데 반해 **장조**는 밝은 느낌을 줘요.

함께 알아보기!

• **단조** 短調 [짧을 **단**, 가락 **조**]: 단음계를 바탕으로 만든 곡
  🅔 minor key   🅑 마이너
  🅔 **단조**는 으뜸음에 따라 다단조, 라단조, 마단조, 바단조, 사단조, 가단조, 나단조로 나뉘어요.

예
체
능

정간보

우물 정자 칸에 음이름을 적어 놓은 악보

井間譜 [우물 **정**, 사이 **간**, 악보 **보**]　🔵 정간 악보

조선 시대 때 세종 대왕이 소리의 길이와 높이를 정확히 표시하기 위하여 만든 **악보**로, '井'자 모양의 칸에 율명을 적어요. 우리나라 전통 음악에서 사용하는 열두 개의 음이름를 '율명'이라고 해요.

12개의 율명											
① 황 종	② 대 려	③ 태 주	④ 협 종	⑤ 고 선	⑥ 중 려	⑦ 유 빈	⑧ 임 종	⑨ 이 칙	⑩ 남 려	⑪ 무 역	⑫ 응 종

→ 율명은 간단하게 첫 자만 기록해요.

🔵 **정간보**는 동양 최초로 음의 길이를 기록할 수 있는 악보예요.

조표

악곡의 조를 나타내는 표 調標 [가락 **조**, 표시 **표**]

🔵 key signature

음자리표와 박자표 사이에 붙는 올림표(#) 또는 내림표(♭)를 말해요. 조표는 1개에서 7개까지 붙을 수 있어요. 올림표 7개, 내림표 7개를 합하면 모두 14장조가 돼요. 14단조까지 합치면 모두 28종의 조를 만들 수 있답니다.

🔵 **조표**는 모든 마디에 적용이 되지만, 임시표는 해당 마디에만 영향을 줘요.

> **함께 알아보기!**
> · **임시표** 臨時標 [임할 **임**, 때 **시**, 표할 **표**]: 악곡에서 음의 높이를 임시로 변화시키기 위해 쓰는 표
> 🔵 음표의 바로 앞에 붙는 **임시표**는 그 마디가 바뀌면 적용되지 않아요.

타악기

두드려서 소리를 내는 악기 打樂器 [칠 타, 음악 악, 그릇 기]
영 percussion instrument

손이나 채로 두들기거나 흔들어서 소리를 내는 악기를 말해요. 음높이가 있는 타악기와 음높이가 없는 타악기로 나눌 수 있어요.

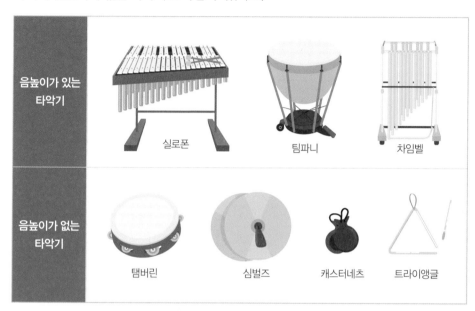

| 음높이가 있는 타악기 | 실로폰 | 팀파니 | 차임벨 |
| 음높이가 없는 타악기 | 탬버린 | 심벌즈 | 캐스터네츠 | 트라이앵글 |

예 팀파니는 북처럼 생긴 **타악기** 중 유일하게 음높이가 있는 악기로 북채로 두드려 소리를 내요.

함께 알아보기!

• **드럼** drum : 음높이가 다른 여러 개의 북과 심벌즈로 이루어진 악기
예 드럼은 원래 북을 말하는데요, 요즘은 보통 드럼 세트를 의미해요.

태평소   큰 소리가 나는 통소
太平簫 [클 **태**, 평평할 **평**, 통소 **소**]

나팔 모양으로 된 우리나라 고유의 관악기를 말해요. 여덟 개의 구멍이 뚫린 나무 관 아래에 깔때기 모양의 놋쇠를 단 모양이에요. 소리가 크고 우렁차서 야외에서 펼쳐지는 종묘 제례악이나 대취타에 주로 편성되고, 농악에서는 흥을 돋우는 역할을 해요.

㉠ **태평소**를 아직 '날라리'나 '대평소'로 잘못 부르고 있는 사람이 많아요.

> **함께 알아보기!**
>
> • **종묘 제례악** 宗廟祭禮樂 [마루 **종**, 사당 **묘**, 제사 **제**, 예도 **례**, 음악 **악**]: 조선 시대에 종묘에서 역대 제왕의 제사를 지낼 때 사용하던 음악
> ㉠ 유네스코 세계 무형 유산인 **종묘 제례악**은 연주와 노래, 춤이 어우러진 종합 예술이에요.

판소리   판을 벌이고 긴 시간 동안 부르는 소리   고유어
비 광대소리, 창극

'판'이라고 부르는 넓은 마당에서 소리꾼이 고수의 북장단에 맞추어 소리와 말, 몸짓을 섞어 하는 공연을 말해요. 판소리는 소리꾼이 부르는 노래인 '창'과, 말로 읊는 '아니리', 표정과 몸짓의 '발림'을 곁들이는 종합 예술이에요. 소리꾼은 즉흥적으로 내용을 더하거나 빼기도 하고, 고수는 반주에 쓰이는 소리북을 치며 '얼씨구, 좋다'와 같은 말로 추임새를 넣어 흥을 돋워요.

㉠ 국가 무형 문화재인 **판소리**는 2003년에 유네스코 세계 무형 유산으로 지정되었어요.

> **함께 알아보기!**
>
> • **고수** : 북이나 장구를 치는 사람
> ㉠ 판소리에서는 **고수**의 역할이 제일 중요하고, 소리를 잘하는 사람이 그다음이라는 뜻으로 '일고수 이명창'이라는 말이 있어요.

함께 모여 연주함 合奏 [합할 **합**, 연주할 **주**]
영 ensemble **비** 합곡 **반** 독주

여러 사람이 모여 두 가지 이상의 악기로 연주하는 것을 말해요. 합주는 악기의 구성에 따라 관현악 합주, 현악 합주, 관악 합주로 나눌 수 있어요.

예 관악기, 현악기, 타악기로 이루어진 관현악 **합주**는 가장 큰 규모의 연주 형태예요.

> **함께 알아보기!**
> · **독주** 獨奏 [홀로 **독**, 연주할 **주**]: 혼자서 악기를 연주하는 것 **영** solo

 현악기 합주

 **피아노 독주**

 행진할 때 쓰는 곡 行進曲 [갈 **행**, 나아갈 **진**, 악곡 **곡**]
영 march

행진할 때 쓰는 반주용 음악을 말해요. 행진곡은 걸으면서 연주가 가능한 관악기와 타악기가 주로 쓰여요. 군대 행진곡처럼 빠른 것도 있고, 결혼 행진곡이나 장송 행진곡처럼 느린 것도 있어요. 모차르트의 「터키 행진곡」, 멘델스존의 「결혼 행진곡」, 쇼팽의 「장송 행진곡」 등이 유명하답니다.

예 엘가가 작곡한 '위풍당당 **행진곡**'은 대통령 취임식처럼 세계 각국의 중요한 행사에서 자주 연주돼요.

예체능

현악기

줄을 퉁겨서 소리를 내는 악기 絃樂器 [악기 줄 **현**, 음악 **악**, 그릇 **기**]
영 string instrument

줄을 문지르거나 **퉁겨서** 소리를 내는 악기를 말해요. 현악기에는 활로 줄을 켜서 소리를 내는 악기와 손가락이나 도구로 줄을 퉁겨서 소리를 내는 악기가 있어요.

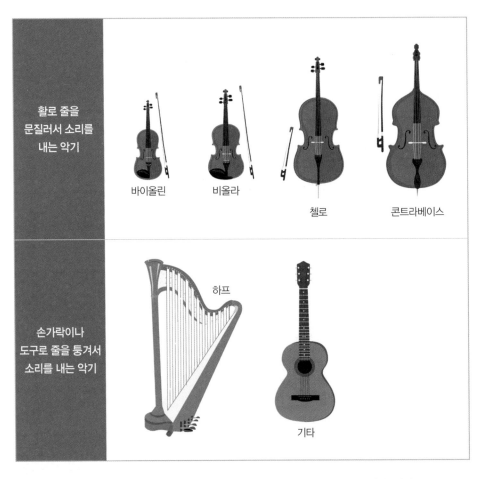

| 활로 줄을 문질러서 소리를 내는 악기 | 바이올린 | 비올라 | 첼로 | 콘트라베이스 |

| 손가락이나 도구로 줄을 퉁겨서 소리를 내는 악기 | 하프 | 기타 |

예 **현악기**인 바이올린, 비올라, 첼로, 콘트라베이스는 줄이 4개라는 공통점이 있어요.

화음

어울려 나는 소리 和音 [화할 화, 소리 음]
🔵 chord　🔴 불협화음

높이가 다른 두 개 이상의 음이 동시에 울려서 생기는 소리를 말해요. 하나의 음이
울리는 단음보다 두 개 이상의 음이 함께 울리면 더 풍부한 울림이 느껴져요. '으뜸화음,
버금딸림화음, 딸림화음'을 주요 3화음이라고 해요.

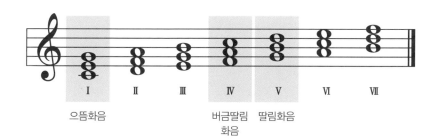

으뜸화음　　　　　　　　　버금딸림　딸림화음
　　　　　　　　　　　　　화음

🔵 **I 도 화음**은 가장 중요한 위치를 차지하는 음이라고 해서 으뜸화음이라고 불러요.

함께 알아보기!

• **화성** 和聲 [화할 화, 소리 성]: 여러 가지 화음이 두 개 이상 연결된 것　🔵 harmony　🔴 하모니
🔵 **화성**은 가락과 리듬의 뒤에서 음빛깔을 더욱 깊고 풍부하게 내는 역할을 해요.

미술

공예

물건을 만드는 장인의 재주 工藝 [장인 공, 재주 예]
영 crafts

일상생활에 필요한 물건을 아름답고 쓸모 있게 만드는 것을 말해요. 공예품은 주로 일상에서 구하기 쉬운 나무, 흙, 돌, 종이 등으로 만들지만, 지방의 특색에 따라 특산물로 발전하기도 해요. 고령토로 만든 여주의 도자기, 조개껍데기로 장식한 통영의 나전 칠기, 종이로 만든 전주의 부채 등이 그런 예지요. 공예품은 재료에 따라 금속 공예, 칠보 공예, 목공예, 종이 공예, 매듭 공예 등으로 나눌 수 있답니다.

예 신라에서는 금, 은, 동을 이용한 금속 **공예**가 발달했어요.

궁체

궁녀들이 쓰던 한글 글씨체
宮體 [집 궁, 몸 체]

조선 시대에 궁중의 궁녀들이 쓰던 한글 서체라고 하여 궁체라는 이름이 붙었어요. 궁체는 선이 곧고 단정한 것이 특징이고, 크게 정자체와 흘림체로 나뉘어요. 흘림체는 정자체보다 자음과 모음이 서로 이어지는 경향이 있어요.

예 판본체와 **궁체**는 대표적인 한글 서체예요.

> **함께 알아보기!**
>
> • **서예** 書藝 [글 서, 재주 예]: 붓으로 글씨를 쓰는 예술　영 calligraphy
>　예 한석봉, 김정희, 안평대군, 양사언은 조선 시대를 대표하는 **서예**의 대가들이에요.

 **견주어 비교함** 對比 [대할 **대**, 견줄 **비**]
영 contrast

서로 상반되는 색을 나란히 배치하는 일을 말해요. 명도, 색상, 채도, 보색 등을 대비하면 실제 색과 다르게 보이는 현상이 나타난답니다.

명도 대비	주위 색의 명도가 높으면 어둡게, 명도가 낮으면 밝게 보이는 현상		명도가 낮은 검은색 위의 회색이 더 크고 밝아 보여요.
색상 대비	주위 색의 영향으로 같은 색이라도 다르게 보이는 현상		같은 초록이라도 노랑 바탕에서 초록이 더 짙게 보여요.
채도 대비	주위 색의 채도가 높으면 탁하게, 채도가 낮으면 선명하게 보이는 현상		채도가 낮은 회색 위에 있는 주황색이 더욱 선명하게 보여요.
보색 대비	보색 관계인 색이 함께 있을 때 서로를 더 선명하게 보이는 현상		노랑과 남색은 서로 보색이기 때문에 더 선명하게 보여요.

예 신호등은 보색 **대비**를 사용해 사람들이 색깔을 통해 출발, 멈춤 신호를 강렬하게 받아들일 수 있도록 설계되었어요.

함께 알아보기!

- **보색** 補色 [도울 **보**, 빛 **색**]: 서로 섞이면 하양이나 검정이 되는 두 빛깔   **비** 반대색
  영 complementary color
  예 서로 **보색** 관계인 빨강과 초록을 섞으면 무채색이 돼요.

도자기

도기와 자기를 통틀어 이르는 말 陶瓷器 [질그릇 **도**, 사기그릇 **자**, 그릇 **기**]
영 pottery

흙으로 빚어 만든 그릇에 유약을 발라 한 번 더 구워 낸 그릇을 말해요. 도자기는 도기와 자기를 합한 말인데요. 도기는 진흙으로 빚어 낮은 온도에서 구운 그릇이고, 자기는 진흙보다 입자가 고운 흙이나 돌가루로 빚어 높은 온도에서 구운 그릇을 말해요.

예 옛날에 왕족과 귀족들은 **도자기**를, 서민들은 주로 옹기를 사용했어요.

> **함께 알아보기!**
>
> • **옹기** 甕器 [독 **옹**, 그릇 **기**]: 질그릇과 오지그릇을 통틀어 이르는 말   비 옹기그릇
> 예 진흙만으로 초벌구이한 질그릇과 오짓물을 입혀 재벌구이한 오지그릇을 합쳐 **옹기**라고 해요.

만화

자유롭게 그린 그림 漫畵 [질펀할 **만**, 그림 **화**]
영 comics

이야기를 간결하고 익살스럽게 그린 그림을 말해요. 인물의 대사는 말풍선을 이용하여 적고, 작가의 해설이나 상황 설명은 말풍선 밖에 적어요. 만화의 종류에는 캐리커처, 카툰, 코믹스, 웹툰 등이 있어요.

캐리커처	대상의 특징을 과장하여 그리는 인물화
카툰	한 장면으로 구성된 시사만화
코믹스	네 컷 이상이 연결되어 하나의 이야기를 이루는 만화
웹툰	웹 사이트에서 보여 주기 위해 그리는 만화

예 **만화**는 독자들이 내용을 쉽고 빠르게 이해할 수 있도록 단순하게 그리는 것이 좋아요.

> **함께 알아보기!**
>
> • **말풍선** 말風船 [바람 **풍**, 배 **선**]: 만화에서 주고받는 대화를 써넣는 풍선 모양의 그림
> 예 하품하는 소리는 **말풍선**에 넣지 않고 입술 주위에 배치하면 효과적이에요.

**명도**

밝은 정도 明度 [밝을 **명**, 정도 도]
영 brightness　비 밝음도

색의 밝고 어두운 정도를 말해요. 모든 색 중에서 흰색은 명도가 가장 높고, 검은색은 명도가 가장 낮아요. 명도의 단계는 가장 어두운 검정을 0, 가장 밝은 흰색을 10으로 하여 모두 11단계로 나타내요. 명도가 낮으면 어두운 느낌을, 높으면 밝은 느낌을 준답니다.

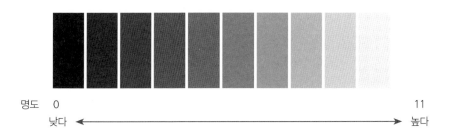

명도　0　　　　　　　　　　　　　　　　　　　　11
낮다 ←　　　　　　　　　　　　　　　　　　　　→ 높다

예 유채색은 색상, 명도, 채도를 모두 갖고 있지만, 무채색은 **명도**만 갖고 있어요.

> **함께 알아보기!**
> • **무채색** 無彩色 [없을 **무**, 채색 **채**, 빛 **색**]: 색상을 갖지 않는 색　반 유채색
>   예 흰색, 회색, 검은색과 같이 채도가 없는 색을 **무채색**이라고 해요.

**명암**

밝고 어두운 정도 明暗 [밝을 **명**, 어두울 **암**]
영 light and shade

빛의 방향과 거리에 따라 나타나는 사물의 밝고 어두움을 말해요. 명암은 반드시 빛이 있어야 표현이 가능해요. 햇빛이 비치는 곳은 밝게, 비치지 않는 곳은 어둡게 그려요. 명암이 잘 표현된 그림은 눈으로 보기만 해도 입체감이 느껴진답니다.

예 **명암**을 단계별로 잘 표현하여 입체감을 주면 양감을 잘 나타낼 수 있어요.

> **함께 알아보기!**
> • **양감** 量感 [헤아릴 **양**, 느낄 **감**]: 물체의 부피나 무게가 느껴지는 상태　영 volume

벼루

먹을 가는 데 쓰는 문방구 `고유어`
Ⓑ 벼룻돌

먹을 갈아 먹물을 만드는 데 사용하는 도구를 말해요. 벼루는 보통 돌로 제작하지만, 도자기나 기와, 수정이나 옥 같은 보석으로도 만들어요. 용, 연꽃, 대나무 등의 다양한 무늬가 조각되어 있는 벼루는 실용적이고 아름다운 예술품이랍니다.

Ⓔ 글공부하는 선비들의 네 벗인 붓, 먹, **벼루**, 종이를 '문방사우'라고 해요.

> **함께 알아보기!**
> · **먹** : 벼루에 물을 붓고 갈아서 글씨를 쓰거나 그림을 그릴 때 쓰는 검은 물감
> Ⓔ **먹**에 섞은 물의 양에 따라 달라지는 진하고 연한 정도를 농담이라고 해요.

벽화

벽에 그린 그림 壁畵 [벽 **벽**, 그림 **화**]
Ⓔ wall painting

건물이나 동굴, 무덤 등의 **벽에 그린 그림**으로, 동굴 벽화가 가장 오래된 형태예요. 무덤에 그려진 고분 벽화 중에서는 무용총의 「수렵도」와 강서 대묘의 「사신도」가 유명해요. 수렵도에는 말을 타고 활을 쏘며 사냥하는 고구려인의 기상이 잘 나타나 있고, 사신도에는 동서남북을 지키는 '청룡, 백호, 주작, 현무'의 사신이 그려져 있어요. 고분 벽화는 기록이 거의 남아 있지 않은 고구려 역사 연구에 귀중한 자료가 되고 있답니다.

Ⓔ 벽에 그려진 그림은 **벽화**이고, 바위에 새겨진 그림은 암각화예요.

> **함께 알아보기!**
> · **암각화** 巖刻浮 [바위 **암**, 새길 **각**, 그림 **화**]: 돌을 깎아서 그림을 새겨 놓은 것   Ⓑ 바위그림
> Ⓔ 울산에 있는 **암각화**에는 고래를 잡는 사람들의 모습이 매우 사실적으로 그려져 있어요.

부조

도드라지게 새김 浮彫 [뜰 부, 새길 조]
영 relievo   비 돋을새김

평평한 면에 글자나 그림을 도드라지게 새기는 일을 말해요. 부조는 돌이나 나무 등의 평면 재료를 깎거나 파는 방법으로 만드는 조소로, 글자나 그림이 새겨진 한쪽에서만 감상할 수 있어요. 형태를 튀어나오게 하는 양각으로 만든 작품이 대부분이지만, 반대로 형태를 파내는 음각 작품도 있어요.

예 조소는 표현 형태에 따라 환조와 **부조**로 나뉘어요.

> **함께 알아보기!**
> · **환조** 丸彫 [둥글 환, 새길 조]: 사방에서 감상할 수 있는 조소로, 완전한 입체로 만든 작품
> 예 **환조**를 표현할 때는 대상을 여러 각도에서 관찰한 후, 구조와 양감을 잘 고려해야 해요.

색상환

색상을 둥글게 배열한 것 色相環 [빛 색, 서로 상, 둥글 환]
영 color wheel

원 위에 색의 스펙트럼을 나타낸 것을 말해요. 빨강, 파랑, 노랑을 색의 삼원색이라고 하는데요. 색상환은 삼원색을 혼합하여 만든 색의 집합이라고 할 수 있어요.

10색상환

보색 관계

10색상환 만들기

원색	2차색(원색 + 원색)	3차색(원색 + 2차색)
빨강	빨강 + 노랑 = 주황	빨강 + 보라 = 자주
노랑	노랑 + 파랑 = 초록	노랑 + 초록 = 연두
파랑	파랑 + 빨강 = 보라	파랑 + 초록 = 청록 파랑 + 보라 = 남색

예 검은색, 회색, 흰색처럼 색을 가지지 않은 무채색은 **색상환**에 포함되지 않아요.

> **함께 알아보기!**
> · **그러데이션** gradation : 색을 단계적으로 점점 진하게 하거나 옅게 하는 기법
> 예 **그러데이션** 기법으로 염색을 하면 색이 바랜 듯한 효과를 낼 수 있어요.

수묵화

먹으로 그린 그림 水墨畫 [물 수, 먹 묵, 그림 화]
(비) 먹그림

색을 칠하지 않고 먹물로만 그리는 전통 회화를 말해요. 수묵화는 선과 여백의 아름다움을 무척 중요시하는데요, 화선지 위에 먹의 농담과 번짐을 통해 표현하기 때문에 붓의 움직임이 중요하답니다.

(예) 그림 전체가 색으로 채워진 서양화에 비해 **수묵화**는 하얗게 빈 여백이 많아요.

> **함께 알아보기!**
> • **여백** 餘白 [남을 여, 흰 백]: 종이에 글씨를 쓰거나 그림을 그리고 남은 빈 자리
> (예) 난초 그림은 동양화에서 중요하게 여기는 **여백**의 미가 잘 나타난 그림이에요.

수채화

물에 풀어서 채색한 그림 水彩畫 [물 수, 채색 채, 그림 화]
(영) watercolor

그림물감을 물에 풀어서 그리는 그림을 말해요. 수채화를 그리기 위해서는 수채 물감, 팔레트, 붓, 물통, 도화지 등이 필요해요. 그림물감에 물을 많이 섞을수록 그림이 투명해지고, 적게 섞을수록 그림이 불투명해지는 것이 특징이에요.

(예) **수채화**는 도화지에 그림을 그리지만, 유화는 캔버스에 그림을 그려요.

> **함께 알아보기!**
> • **유화** 油畫 [기름 유, 그림 화]: 기름에 갠 물감을 사용하여 그리는 그림 (영) oil painting
> (예) 수채화와 달리 **유화**는 여러 번 덧칠할 수 있어 입체감을 잘 나타낼 수 있어요.

애니메이션

살아 있는 것처럼 움직이는 영상 외래어
잘못된 표현 에니메이션 (영) animation

만화나 인형이 살아 움직이는 것처럼 생동감 있게 표현한 영상을 말해요. 각각의 움직임을 묘사한 그림이나 촬영한 장면을 이어 붙이면 잔상 효과 때문에 움직이는 영상처럼 보이는 거예요.

(예) 움직이는 셀 **애니메이션**을 만들기 위해서는 1초에 24장의 그림이 필요해요.

정물화

움직이지 못하는 물건을 그린 그림 靜物畵 [고요할 **정**, 만물 **물**, 그림 **화**]
🟢 still life painting　🔵 정물

과일, 꽃, 화병과 같이 스스로 움직이지 못하는 물체들을 놓고 그린 그림을 말해요. 정물화는 주위에서 흔히 볼 수 있는 사물을 소재로 하였기 때문에 구하기 쉽고, 장소나 시간에 제약이 없어 오랫동안 관찰해서 그릴 수 있다는 장점이 있어요.

예 화가들은 관찰력을 기르기 위해 **정물화를** 많이 그렸다고 해요.

조소

새기고 빚음 彫塑 [새길 **조**, 흙 빚을 **소**]
🟢 sculpture

재료를 깎고 새기거나 빚어서 입체 형상을 만드는 미술을 말해요. 조소는 조각과 소조를 아울러 이르는 말이에요. 회화가 평면 속에서 이루어지는 2차원 미술이라면, 조소는 공간 속에서 입체로 만들어지는 3차원 미술이에요.

조각	소조

나무나 돌 같은 단단한 재료를 깎아 내어 만드는 방법	찰흙이나 지점토 같은 무른 재료를 안에서부터 붙여 가며 만드는 방법

예 조각의 '조', 소조의 '소'를 따서 **조소**라는 말이 생겼어요.

> **함께 알아보기!**
>
> • **미술** 美術 [아름다울 **미**, 재주 **술**]: 공간 및 시각의 아름다움을 표현하는 예술　🟢 fine arts
>   **예 미술**은 그림뿐만 아니라 조각, 건축, 공예, 판화, 서예 등 그 종류가 다양해요.

예체능

질감

재질의 느낌 質感 [바탕 **질**, 느낄 **감**]
영 texture

손이나 눈으로 느껴지는 물체 표면의 성질을 말해요. 눈으로 보았을 때의 시각적 질감과 직접 손으로 만졌을 때의 촉각적 질감을 모두 포함해요. '거칠다, 딱딱하다, 부드럽다, 까칠까칠하다, 매끄럽다' 등 질감을 나타내는 다양한 표현이 있어요. 그림을 그릴 때 연필이나 목탄을 사용하면 부드러운 질감을 표현하기에 좋고, 펜을 사용하면 날카롭고 딱딱한 질감을 나타내기에 좋아요.

예 **질감**이 잘 표현된 그림은 직접 만져 보지 않아도 눈으로 느낄 수 있어요.

채도

색의 선명한 정도 彩度 [채색 **채**, 정도 **도**]
영 chroma   비 밝음도

색의 선명하고 순수한 정도를 말해요. 어떤 색도 섞이지 않은 순수하고 선명한 색은 채도가 높아요. 채도가 가장 높은 색을 순색이라고 하는데요, 순색에 무채색을 혼합할수록 채도가 낮아진답니다. 가장 낮은 단계의 채도는 1이고, 가장 높은 단계의 채도는 14예요.

← 검정과 같은 무채색에 가까워질수록 채도가 낮아져요.

1   14

빨강과 같은 순색에 가까울수록 채도가 높아져요. →

예 **채도**는 무채색에는 없고, 유채색에만 있는 요소예요.

> **함께 알아보기!**
>
> • **유채색** 有彩色 [있을 **유**, 채색 **채**, 빛 **색**]: 색상이 있는 색   반 무채색
>   예 무채색을 제외한 빨강, 파랑, 노랑 등의 모든 색은 **유채색**에 속해요.

초상화

사람의 모습을 그린 그림 肖像畵 [닮을 **초**, 형상 **상**, 그림 **화**]
영 portrait

사람의 얼굴을 중심으로 그린 그림을 말해요. 초상화는 인물이 가지고 있는 특징을 잘 표현하는 것이 중요해요. 실제 인물을 모델로 그리기도 하지만, 전설이나 상상 속의 인물을 그리기도 해요.

예 인물화는 크게 자화상과 **초상화**로 나눌 수 있어요.

> **함께 알아보기!**
>
> · **자화상** 自畵像 [스스로 **자**, 그림 **화**, 형상 **상**]: 스스로 그린 자신의 초상화　영 self portrait

추상화

구체적인 모양이 없는 그림 抽象畵 [뽑을 **추**, 형상 **상**, 그림 **화**]
영 abstract painting　반 구상화

구체적인 인물이나 사물을 그리지 않고, **점, 선, 면, 색과 같은 요소만으로 감정과 생각을 표현한 그림**을 말해요. 이미지를 단순하게 변형하거나 점과 선, 세모와 네모, 동그라미 같은 도형을 이용하는 등 다양한 방법과 재료를 사용해 자유롭게 표현하는 것이 추상화의 특징이에요. 추상화의 표현 기법으로는 데칼코마니, 스크래치, 마블링, 드리핑 등이 있어요.

데칼코마니	스크래치	마블링	드리핑
종이 한쪽 면에 물감을 짜 놓은 후, 종이를 반으로 접어 대칭의 효과를 나타내는 기법	크레파스로 여러 가지 색을 칠한 후, 검은색을 겹쳐 칠해 날카로운 물체로 긁어내는 기법	물 위에 유성 물감을 떨어뜨려 저은 다음, 종이를 덮어 물감이 묻어나게 하는 기법	손가락이나 붓을 사용해 물감을 뿌리는 기법

예 피카소처럼 대상을 잘 관찰하여 단순하게 표현하면 독특한 **추상화**를 그릴 수 있어요.

콜라주

풀로 붙여 나타낸 그림 외래어
잘못된 표현 꼴라주　영 collage

종이, 잡지, 사진 등을 찢거나 오려 붙여서 작품을 만드는 것을 말해요. 풀로 붙인다는 뜻의 프랑스어인 콜라주는 광고나 포스터 등에 많이 사용하는 예술 기법이에요. 그림물감 대신에 벽지, 천, 솜, 털실, 쇠붙이, 나뭇잎, 모래 등의 다양한 재료를 이용해 작품을 만들면 직접 그린 것보다 더 생생한 효과를 느낄 수 있어요.

예 모자이크도 **콜라주**의 한 종류예요.

> **함께 알아보기!**
>
> · **모자이크** mosaic : 유리, 타일, 조개껍데기 등을 조각조각 붙여서 무늬나 그림을 만드는 기법
> 예 바티칸의 성 베드로 성당에는 화려한 **모자이크** 그림들이 벽면을 장식하고 있어요.

탁본

박아서 본뜬 것 拓本 [박을 **탁**, 밑 **본**]
영 rubbing

비석, 기와 등에 새겨진 글씨나 그림을 그대로 떠낸 종이를 말해요. 탁본할 곳에 종이를 대고 물을 뿌려 붙인 후, 물기가 어느 정도 마르면 먹물이 묻은 솜뭉치로 가볍게 두드리면 돼요. 그러면 바탕은 검은 먹색이 되고, 글씨나 그림이 있는 부분은 하얗게 드러나 원래 모습 그대로 종이에 본뜰 수 있답니다.

예 서양의 프로타주 기법은 동양의 **탁본**과 매우 비슷한 기법이에요.

> **함께 알아보기!**
>
> · **프로타주** frottage : 물체에 종이를 대고 연필 등으로 문질러 물체의 형태를 나타나게 하는 기법
> 예 심심할 때 했던 동전 무늬 베끼기 놀이가 알고 보니 **프로타주** 기법이었어요.

색을 입힌 분필 외래어

영 pastel

빛깔이 있는 가루 원료를 길쭉하게 굳힌 **크레용**으로, 색을 입힌 분필과 비슷해요. 파스텔은 크레파스처럼 두껍게 칠하는 것이 아니라 문지르듯이 칠하기 때문에 부드러운 질감이나 은은한 색을 내는 게 특징이에요. 하지만 잘 부서지고, 종이에 칠해 놓으면 가루가 날아가므로 완성된 그림은 정착액을 뿌려 보관하는 것이 좋아요.

예 크레파스는 크레용과 **파스텔**의 특색을 따서 만든 그림 도구예요.

> **함께 알아보기!**
>
> • **크레용** crayon : 막대기 모양의 그림 도구
> 예 **크레용**은 크레파스보다 단단하고 손에 잘 묻어나지 않아요.

예체능

목판에 새겨서 나타낸 글씨체

板本體 [널빤지 판, 밑 본, 몸 체]

세종 대왕이 훈민정음을 창제했을 때 만들어진 한글 최초의 글씨체예요. 판본체는 획의 굵기가 일정하고, 글자의 모양도 사각형이에요. 당시에는 목판에 글씨를 새겨 찍어 냈는데요, 판에 새겨진 글씨와 비슷한 모양이라 판본체라 불렀어요.

훈 민
정 음
세종 대왕이 창제한 『훈민정음』, 훈민정음으로 쓴 최초의 작품인 『용비어천가』, 세종 대왕이 석가모니를 찬양하여 지은 노래 『월인천강지곡』 등이 판본체로 쓰였어요.

예 획의 굵기가 일정한 **판본체**는 강한 느낌, 일정하지 않은 궁체는 부드러운 느낌이 들어요.

판화

판에 찍어 낸 그림 版畫 [널빤지 **판**, 그림 **화**]
🄯 engraving

나무, 돌, 금속 등의 판에 그림을 새기거나 그려서 잉크나 물감 등을 칠하고 찍어 내는 그림을 말해요. 판화는 본래의 판과 찍어 낸 그림의 좌우가 바뀌어 나타나고, 똑같은 내용의 그림을 여러 장 찍을 수 있는 게 특징이에요. 재료에 따라 나무를 쓰는 목판화, 구리판을 쓰는 동판화, 고무를 쓰는 고무 판화 등으로 나눌 수 있답니다.

예 **볼록 판화**는 필요 없는 곳은 파내고, 볼록한 곳에 잉크를 묻혀 찍어 내는 기법이에요.

> **│ 함께 알아보기! │**
> • **스텐실** stencil : 판지에 글자나 그림을 오려 낸 후, 그 구멍에 물감을 넣어 찍어 내는 기법
> 예 특이하게도 **스텐실**은 좌우가 바뀌지 않고 원본대로 무늬가 나오는 판화 기법이에요.

풍경화

풍경을 그린 그림 風景畫 [바람 **풍**, 경치 **경**, 그림 **화**]
🄯 landscape painting

자연의 경치를 그린 그림을 말해요. 풍경화를 사실적이고 생생하게 그리기 위해서는 보는 사람의 시선에서 앞쪽 사물은 크게, 뒤쪽 사물은 작게 그려야 해요. 또한, 가까이 있는 사물은 밝고 선명하게, 멀리 있는 사물은 흐리게 그리는 것이 좋아요.

예 넓은 공간을 표현한 **풍경화**는 원근감이 잘 느껴지는 경우가 많아요.

> **│ 함께 알아보기! │**
> • **원근감** 遠近感 [멀 **원**, 가까울 **근**, 느낄 **감**]: 멀고 가까운 거리의 느낌
> 예 가로수가 뻗은 시골길은 **원근감**을 표현하기 좋은 소재예요.

풍속화

그 시대의 풍속을 그린 그림 風俗畵 [바람 **풍**, 풍속 **속**, 그림 **화**]
영 genre painting　　**비** 풍속도

서민들의 생활 모습을 그린 그림을 말해요. 풍속화에는 그 시대의 모습이 생생하게 담겨 있는 것이 특징이에요. 농촌 서민들의 모습을 익살스럽게 그린 김홍도와 도시 양반의 삶을 그린 신윤복은 조선 시대의 대표적인 풍속화가예요.

예 **풍속화**는 누가 그렸는지 알 수 있지만, 민화는 누가 그렸는지 알 수 없어요.

> **함께 알아보기!**
>
> • **민화** 民畵 [백성 **민**, 그림 **화**]: 서민들의 생활 모습이나 전설 등을 소재로 하여 그린 그림
> 　**예** 민화에 등장하는 호랑이는 하나같이 익살스럽고 천진난만한 게 특징이에요.

픽토그램

그림 문자 　외래어
영 pictogram

누구나 쉽게 알아볼 수 있도록 사물이나 시설을 단순하게 나타낸 그림 문자를 말해요. 픽토그램은 그림을 뜻하는 '픽토'와 전보를 뜻하는 '텔레그램'의 합성어예요. 그림이 단순하고 명확해서 빠르고 쉽게 의미를 전달할 수 있기 때문에 세계 공통으로 사용하고 있어요. 주로 공공시설이나 교통 표지판에서 픽토그램을 발견할 수 있답니다.

| 비상구 | 화장실 | 지하철 | 어린이 보호 |

예 **픽토그램**은 사람들로 붐비는 공항이나 유명 관광지에서 많이 볼 수 있어요.

> **함께 알아보기!**
>
> • **디자인** design : 의상이나 제품 등을 실용적이고 아름답게 설계하거나 도안하는 일
> 　**예** 픽토그램, 로고, 포스터는 시각을 통해 정보를 전달하는 시각 **디자인**에 속해요.

한국화

한국의 전통 그림 韓國畵 [한국 **한**, 나라 **국**, 그림 **화**]
🔵 Korean painting

한국의 전통적인 기법과 양식으로 그린 그림을 말해요. 한국화는 화선지나 비단 위에 붓으로 먹과 물에 녹는 색소를 사용하여 그림을 그려요. 재료에 따라 '수묵화, 수묵담채화, 수묵채색화'로 나뉘고, 그리는 대상에 따라 '산수화, 인물화, 풍속화, 화조화, 영모화'로 나뉘어요.

꽃과 새 그림   새와 동물 그림

수묵화	먹	먹으로만 그리는 그림	김정희의 '세한도'
수묵담채화	먹 + 옅은 채색	색보다는 먹을 위주로 그리는 그림	김홍도의 '무동'
수묵채색화	먹 + 짙은 채색	먹보다는 색 위주로 그리는 그림	신윤복 '미인도'

📝 여백의 미가 특징인 **한국화**와 달리 서양화에서 여백은 미완성을 뜻해요.

> **함께 알아보기!**
>
> • **서양화** 西洋畵 [서녘 **서**, 큰바다 **양**, 그림 **화**]: 서양에서 발달한 그림
>   📝 **서양화**는 재료에 따라 유화, 수채화, 파스텔화, 연필화, 펜화 등으로 나뉘어요.

체육

골프
채로 공을 쳐서 홀에 넣는 경기 외래어
영 golf

골프채로 공을 쳐서 잔디밭에 있는 홀에 차례로 넣어 가는 스포츠예요. 골프는 일반적으로 18홀로 구성된 야외 코스에서 진행되는데요, 공을 친 횟수가 가장 적은 사람이 승자가 돼요. 각 홀마다 승패를 겨루는 매치 플레이 방식과 전체 홀의 타수를 합산한 점수로 승패를 겨루는 스트로크 플레이 방식이 있어요.

예 박세리 선수의 **골프** 우승은 IMF 외환 위기로 힘들어하던 국민들에게 희망을 안겨 주었어요.

> **함께 알아보기!**
> · **승마** 乘馬 [탈 승, 말 마]: 사람이 말을 타고 장애물을 넘거나 여러 가지 동작을 하는 경기
> 예 **승마**는 올림픽 경기 종목 중 유일하게 사람과 동물이 함께 참여하는 스포츠예요.

구기
공을 사용하는 운동 경기 球技 [공 구, 재주 기]
영 ball game

공을 가지고 하는 스포츠를 말해요. 구기 종목은 네트(net)형, 베이스볼(baseball)형, 골(goal)형의 세 가지로 나뉘어요. 네트형에는 네트를 사이에 두고 공을 넘기는 배구, 배드민턴, 탁구, 테니스 등이 있어요. 도구로 공을 치는 베이스볼형에는 야구와 소프트볼 등이 있고, 골대에 골을 넣어 승부를 겨루는 골형에는 축구, 럭비, 농구, 핸드볼 등이 있답니다.

예 누구나 즐길 수 있는 족구는 우리나라에서 생겨난 **구기** 종목이에요.

> **함께 알아보기!**
> · **족구** 足球 [발 족, 공 구]: 발로 공을 차서 네트를 넘겨 승부를 겨루는 구기 종목
> 예 **족구**의 규칙은 배구와 비슷하지만, 손이 아닌 발로 한다는 게 달라요.

예체능

라켓

공을 치는 용구 외래어
잘못된 표현 라케트   영 racket

구기 종목에서 볼이나 셔틀콕 등을 치는 기구를 말해요. 라켓은 테니스, 배드민턴, 탁구 등의 경기에 이용되는데, 셋 중에서는 탁구채가 가장 작아요. 배드민턴 라켓과 테니스 라켓은 서로 비슷하게 생겼지만, 배드민턴 라켓이 좀 더 가볍고 약간 작답니다.

예 스쿼시와 라켓볼도 **라켓**을 이용하여 경기를 하는 스포츠예요.

> **함께 알아보기!**
> · **스쿼시** squash : 사방이 벽으로 둘러싸인 코트에서 라켓으로 벽에 볼을 튀기고 받아 치는 경기
> 예 남녀노소 즐길 수 있는 **스쿼시**는 빠른 스피드가 필요한 스포츠예요.

민속 무용

민간에 전해 내려오는 춤 民俗舞踊 [백성 민, 풍속 속, 춤출 무, 뛸 용]
영 folk dance   비 민속무, 민속춤

한 나라나 지방에 전해져 내려오는 전통적인 춤을 말해요. 민속 무용은 자연적으로 생겨나 오랜 세월 동안 독특한 형태로 발전한 춤이기에, 그 지역의 정서나 생활 풍습 등을 엿볼 수 있어요. 우리나라의 민속 무용에는 강강술래, 탈춤, 살풀이, 장구춤, 승무 등이 있어요. 세계 여러 나라의 민속 무용에는 중국

의 용춤, 폴란드의 마주르카, 이집트의 수피댄스, 뉴질랜드의 하카, 페루의 마리네라 등이 있답니다.

예 궁중 무용은 우아하고 품위 있는 동작을 중시했고, **민속 무용**은 자유롭고 창의적인 동작이 많았다는 특징이 있어요.

> **함께 알아보기!**
> · **궁중 무용** 宮中舞踊 [집 궁, 가운데 중, 춤출 무, 뛸 용]: 궁중의 연회나 의식 때 추던 춤
> 예 '처용무'는 **궁중 무용** 중에서 유일하게 가면을 쓰고 추는 춤이에요.

 **자전거 경기** 외래어
영 cycling

경기용 자전거를 사용하여 속도를 겨루는 경기예요. 사이클은 속도와 기술, 힘과 지구력이 필요한 스포츠로, 실내 경기장인 벨로드롬에서 열리는 '트랙 사이클', 도로 위를 달리는 '도로 사이클', 산악 지형을 달리는 'MTB', 장애물 코스를 달리는 'BMX'의 네 가지 종목으로 나뉘어요.

예 **사이클** 경기의 하나인 MTB는 산악자전거를 뜻하는 'mountain bike'의 약자예요.

┌─ **함께 알아보기!** ─────────────────────────────────────

- **트라이애슬론** triathlon : 한 선수가 수영, 사이클, 마라톤의 세 종목을 연이어 겨루는 경기
  비 철인 레이스
  예 가장 힘든 스포츠라 불리는 **트라이애슬론**은 극한의 체력과 인내심을 요구하는 경기예요.

└──

수영 **물속을 헤엄침** 水泳 [물 수, 헤엄칠 영]
영 swimming   비 헤엄

손과 발을 이용하여 물속을 헤엄치는 스포츠를 말해요. 수영은 자유형, 배영, 평영, 접영, 개인 혼영, 릴레이, 마라톤 등의 경기로 이루어져요.

자유형	50m, 100m, 200m, 400m, 800m, 1500m(남자)	헤엄치는 방법에 제한이 없는 종목
배영	100m, 200m	위를 향하여 반듯이 누워 양팔을 번갈아 회전시키며 헤엄치는 경기
평영	100m, 200m	양다리와 양팔을 오므렸다가 펴는 영법으로, 물과 수평을 이루며 헤엄치는 경기
접영	100m, 200m	양손을 앞으로 뻗쳐 나비가 날아가는 모습처럼 헤엄치는 경기
개인 혼영	200m, 400m	한 명의 선수가 '접영 → 배영 → 평영 → 자유형' 순서로 헤엄치는 경기
계영	400m 자유형, 800m 자유형, 400m 혼계영	4명이 한 팀을 이루어 자유형으로 정해진 거리를 이어서 헤엄치는 경기
마라톤	10km	야외 경기장에서 10km를 헤엄쳐 완주하는 경기

예 박태환 선수는 우리나라 **수영** 역사상 처음으로 자유형 400m에서 금메달을 땄어요.

스케이팅

스케이트를 신고 하는 경기 <u>외래어</u>

<u>잘못된 표현</u> 스케팅   **영** skating

스케이트를 신고 빙판 위를 미끄러져 달리는 <u>스포츠</u>예요. 스케이팅 종목에는 속도를 겨루는 '스피드 스케이팅', 음악에 맞추어 스케이트를 타면서 점프, 회전, 예술 연기를 펼치는 '피겨 스케이팅', 짧은 트랙에서 순위를 겨루는 '쇼트트랙' 등이 있어요.

예 피겨 **스케이팅**에서는 남녀가 한 조를 이루어 연기를 펼치는 페어 종목도 있어요.

심폐 소생술

심장과 폐를 살리는 기술

心肺蘇生術 [마음 **심**, 허파 **폐**, 되살아날 **소**, 날 **생**, 재주 **술**]   **영** CPR

심장과 폐의 활동이 멈추었을 때 인공적으로 혈액을 순환시키고 호흡을 돕는 응급 처치 방법이에요. 심정지가 발생하고 4~5분이 지나면 뇌손상이 일어나기 때문에 심폐 소생술로 신속하게 응급 처치를 해야 해요.

심폐 소생술 방법

환자의 반응 확인 ➡ 119 신고 ➡ 호흡 확인 ➡ 가슴 압박 30회 시행 ➡

기도 개방 ➡ 인공호흡 2회 시행 ➡ 가슴 압박과 인공호흡의 반복 ➡ 회복 자세

예 초등학생이 체육 시간에 배운 **심폐 소생술**로 한 시민의 생명을 구했어요.

함께 알아보기!

- **체육** 體育 [몸 **체**, 기를 **육**]:신체를 튼튼하게 단련시키기 위해 하는 운동
  예 미세 먼지 때문에 바깥에서 **체육**을 못 하고 교실에서 수업을 할 때 제일 속상해요.

양궁

서양의 활 洋弓 [서양 양, 활 궁]
영 archery   **반** 국궁

서양식으로 만든 활로 겨루는 경기를 말해요. 양궁은 활과 화살을 이용하여 일정한 거리에 있는 과녁을 쏘아 합산한 점수가 높은 쪽이 이기는 종목이에요. 과녁 안에 그려진 동심원의 한가운데 중심을 쏘면 10점이고, 가장 바깥쪽 원을 쏘면 1점이에요. 화살이 경계선에 맞았을 때는 점수가 더 높은 쪽으로 계산한답니다.

예 양궁은 우리나라의 전통 활쏘기인 국궁과 구별하기 위해 붙여진 이름이에요.

> **함께 알아보기!**
>
> • **사격** 射擊 [쏠 사, 부딪칠 격]: 총을 이용하여 일정한 거리에서 과녁을 얼마나 정확히 쏘아 맞히는지를 겨루는 경기
> **예** 사격은 고도의 정신 집중과 강인한 체력이 필요한 스포츠예요.

올림픽

4년마다 열리는 국제 운동 경기 대회 [외래어]
영 Olympics   **비** 국제 올림픽 경기 대회

국제 올림픽 위원회가 4년마다 개최하는 국제 스포츠 대회로, 고대 그리스인들이 제우스 신에게 드리는 제전 경기에서 유래되었어요. 여름에 열리는 하계 올림픽은 육상, 수영, 양궁, 탁구, 테니스 등 다양한 종류의 스포츠로 경기를 펼쳐요. 겨울에 열리는 동계 올림픽은 스키 점프, 피겨 스케이팅, 쇼트트랙, 컬링 등 눈과 얼음에서 할 수 있는 종목으로 경기를 펼치는데요, 하계 올림픽보다 그 규모가 작은 편이에요. 우리나라는 1988년 서울에서 제24회 하계 올림픽과 2018년 평창에서 제23회 동계 올림픽을 개최하였답니다.

예 1896년 그리스 아테네에서 제1회 근대 **올림픽** 대회가 열렸어요.

> **함께 알아보기!**
>
> • **오륜기** 五輪旗 [다섯 오, 바퀴 륜, 기 기]: 근대 올림픽을 상징하는 깃발로, 흰 바탕에 다섯 색깔의 고리를 겹쳐 놓은 모양을 하고 있음   **영** Olympic flag   **비** 올림픽기
> **예** **오륜기**의 다섯 동그라미는 유럽, 아프리카, 아시아, 아메리카, 오세아니아의 5대륙을 상징해요.

월드컵

세계 선수권 대회 외래어
영 World Cup 비 국제 선수권 대회

축구, 배구, 스키, 골프 등의 세계 선수권 대회를 말해요. 일반적으로는 국제 축구 연맹의 주최로 **4년마다** 열리는 FIFA 월드컵을 의미해요. 전 세계 축구 팬들의 축제인 월드컵은 리그전과 토너먼트 방식을 섞어서 경기하는데요, 리그전은 모든 팀이 서로 한 번 이상 겨루어 가장 많이 이긴 팀이 우승하는 방식이에요. 토너먼트는 경기를 계속하면서 진 팀은 탈락하고, 이긴 팀끼리 겨루어 마지막에 남은 팀이 우승하는 방식이랍니다.

예 2002년 **월드컵** 대회에서 우리나라는 축구 역사상 처음으로 4강에 진출했어요.

육상

땅 위의 운동 경기 陸上 [육지 육, 위 상]
영 track and field 비 육상 경기

달리기, 뛰기, 던지기를 기본으로 하는 땅 위에서의 운동 경기를 통틀어 이르는 말이에요. 육상은 단거리, 장거리, 릴레이, 허들, 멀리뛰기, 경보, 마라톤 등 다양한 종목의 '육상 경기'를 뜻하기도 해요.

예 '계주'라고도 부르는 릴레이 경주는 **육상** 경기 중 유일한 단체 경기예요.

> **함께 알아보기!**
>
> • **경보** 競步 [겨룰 경, 걸음 보]: 정확한 걸음걸이로 얼마나 빨리 걷느냐를 겨루는 경기
> 예 **경보**는 발을 땅에 내디딜 때 무릎이 곧게 펴져 있지 않으면 반칙으로 간주해요.

조정

배를 타고 겨루는 경기 漕艇 [배로 실어나를 조, 거룻배 정]
영 boat race

보트를 타고 노를 저어 속도를 겨루는 수상 스포츠로, 먼저 결승점에 도착하는 팀이 이기는 경기예요. 인원수, 노의 개수, 콕스의 유무에 따라 다양한 경기 방식이 있어요. 콕스는 노를 젓지 않고, 노를 젓는 선수들과 반대 방향에 앉아 키잡이 역할을 하는 사람을 말해요.

예 좁은 보트에서 죽을힘을 다해 노를 저어야 하는 **조정**은 체력 소모가 많은 스포츠예요.

체력

몸의 힘 體力 [몸 체, 힘 력]
영 physical strength

몸을 움직일 수 있게 하는 힘을 말해요. 사람이 살아가는 데 필요한 기초적인 신체 능력에는 근력, 근지구력, 심폐 지구력, 유연성 등이 있어요. 이러한 건강 체력을 기르려면 자신의 체력 수준에 맞는 운동을 규칙적으로 꾸준히 하는 게 중요해요.

근력	근육이 한 번 움직일 때 낼 수 있는 힘
근지구력	오랫동안 계속되는 운동에도 근육이 견딜 수 있는 힘
심폐 지구력	오랫동안 계속되는 운동에도 심장과 폐가 견딜 수 있는 힘
유연성	몸의 근육과 관절을 부드럽게 움직일 수 있는 능력

예 운동을 잘하기 위해 필요한 **체력**에는 민첩성, 순발력, 평형성 등이 있어요.

> **함께 알아보기!**
>
> • **순발력** 瞬發力 [깜짝일 **순**, 필 **발**, 힘 **력**]: 순간적으로 강한 힘을 발휘할 수 있는 능력
>   예 **순발력**은 제자리멀리뛰기, 제자리높이뛰기 등을 실시하여 측정해요.

체조

몸을 바로잡음 體操 [몸 체, 잡을 조]
영 gymnastics   비 체조 경기

맨손이나 기구를 이용해 체력을 키우는 전신 운동이에요. 맨손 체조는 기구나 도구를 사용하지 않고, 일정한 형식으로 몸을 움직이는 가벼운 운동을 말해요. 체조 경기는 크게 기계 체조와 리듬 체조로 나눌 수 있는데요, 기계 체조는 철봉, 뜀틀, 평행봉, 안마, 평균대 등의 기구를 사용하여 동작을 연기하는 운동 경기예요. 리듬 체조는 공, 훌라후프, 곤봉, 리본 등의 도구를 들고 음악에 맞추어 동작을 표현하는 여자 체조 경기예요.

예 국민 체조는 동작이 간단하고 쉬워서 누구나 따라 할 수 있는 맨손 **체조**예요.

예체능

컬링   스톤을 미끄러뜨려 표적 안에 넣는 경기   외래어
잘못된 표현 쿨링   영 curling

빙판 위에서 둥글고 납작한 돌을 미끄러뜨려 표적
안에 넣어 득점을 겨루는 경기예요. 컬링은 각
각 네 명의 선수로 구성된 두 팀이 경기를 펼
치는데요, 컬링에서 사용하는 돌을 스톤이
라고 해요. 각 팀은 스톤을 던지는 '투구자',
브룸으로 스톤의 속도를 조절하는 '스위퍼',
팀의 주장으로서 작전을 짜는 '스킵'으로 구
성돼요. 컬링은 고도의 두뇌 회전과 팀워크가
필요한 스포츠로, 흔히 '빙상의 체스'라고 불려요.

예 **컬링** 하면 빗자루 모양의 브룸을 스톤 앞에서 열심히 닦는 모습이 먼저 떠올라요.

함께 알아보기!

· **볼링** bowling : 무거운 공을 레일 위로 굴려 열 개의 핀을 많이 쓰러뜨려서 승부를 겨루는 경기
  예 **볼링**에서 한 번에 열 개의 핀을 전부 쓰러뜨리는 것을 '스트라이크'라고 해요.

탈춤   탈을 쓰고 추는 춤   고유어
영 masked dance   비 가면무

얼굴에 탈을 쓰고 춤을 추면서 대사를 주고받는 가면극이에요. 탈춤은 지방마다
다양한 이름으로 불리며 전해져 내려오고 있어요. 북청 사자놀음, 황해도의 봉산 탈춤,
송파 산대놀이, 안동의 하회 별신굿, 통영의 오광대놀이 등이 유명해요. 탈춤은 그 당시
의 지배층이자 특권층인 양반을 풍자적으로 비판하는 내용이 많아 일반 백성들에게 인
기가 많았답니다.

예 우리나라 전통극을 대표하는 봉산 **탈춤**은 국가 무형 문화재 17호로 지정되어 보존되고
있어요.

태권도

발과 손의 기술을 이용한 무도 跆拳道 [밟을 **태**, 주먹 **권**, 길 **도**]

🔵 Taekwondo

우리나라의 전통 무예를 바탕으로, 맨손과 맨발의 기술로 공격하고 방어하는 격투 경기예요. 지르기, 차기 등의 기술로 공격을 하고, 막기 기술로 방어를 해요. 태권도는 빠르고 강력한 발차기 기술이 특징으로, 신체 단련뿐만 아니라 건강한 마음을 기르는 데 가치를 두는 스포츠예요. 국제적으로도 인정을 받아 2000년 제27회 시드니 올림픽 때부터 태권도가 정식 종목으로 채택되었답니다.

예 맞고 끊는 것이 명확한 **태권도**가 직선적이라면, 섬세하고 부드러운 택견은 곡선적이에요.

> **함께 알아보기!**
>
> • **택견** : 독특한 리듬으로 움직이다가 순간적으로 손이나 발을 사용하여 상대를 공격하여 넘어뜨리는 우리나라의 전통 무예 비 택껸
>
> 예 **택견**은 2011년에 전 세계 무술 중에 최초로, 유네스코 세계 무형 유산으로 등재되었어요.

투기

싸우는 경기

鬪技 [싸울 **투**, 재주 **기**]

선수끼리 맞붙어 싸우는 방식의 경기를 통틀어 이르는 말이에요. 특별한 용구를 사용하지 않고 각종 기술을 사용하여 일대일로 겨루는 경기를 말해요. 태권도, 씨름, 유도, 레슬링, 복싱 등의 격투 경기가 투기에 속해요.

예 우리나라의 전통 운동인 태권도는 세계적으로 널리 알려진 **투기** 스포츠예요.

> **함께 알아보기!**
>
> • **스포츠** sports : 일정한 규칙에 따라 개인이나 단체끼리 속력, 지구력, 기능 등을 겨루는 운동 비 운동 경기
>
> 예 **스포츠** 종목에는 크게 육상, 체조, 수영, 구기, 투기 등이 있어요.

펜싱

검으로 승부를 겨루는 경기 [외래어]

잘못된 표현 펜씽 **영** fencing

두 선수가 검으로 찌르거나 베는 동작으로 득점을 겨루는 스포츠예요. 펜싱은 공격 범위에 따라 에페, 사브르, 플뢰레의 세 종목으로 나뉘어요.

플뢰레	몸통만 공격할 수 있고, 찌르기를 할 수 있어요.
에페	온몸을 공격할 수 있고, 찌르기를 할 수 있어요.
사브르	머리와 팔을 포함한 상체만 공격할 수 있고, 찌르기와 베기를 할 수 있어요.

피구

공을 피함 避球 [피할 **피**, 공 **구**]

영 dodge ball

일정한 구역 안에서 두 편으로 갈라서 한 개의 공으로 상대편을 맞히는 공놀이를 말해요. 피구는 운동을 잘하지 못하는 사람도 함께 참여하여 즐길 수 있는 스포츠로, 공격 팀이 수비 팀 선수에게 공을 던져 맞추어 아웃시키는 게임이에요. 상대편 공에 맞은 사람은 구역 밖으로 나와 공격을 할 수 있고, 구역 안에 살아남은 선수들이 많은 팀이 이긴답니다.

예 날아오는 공을 피해 도망 다닌다고 하여 **피구**라고 해요.

> **함께 알아보기!**
>
> · **발야구** 발野球 [들 **야**, 공 **구**]: 야구와 비슷하지만, 배트가 아닌 발로 공을 차서 승부를 겨루는 공놀이
> 예 **발야구**는 배트와 글러브가 없어도 야구의 재미를 느낄 수 있어서 체육 시간에 많이 해요.

운동 경기를 하는 광장 외래어
잘못된 표현 피엘드　영 field

육상 경기장의 트랙 안쪽에 만들어진 넓은 경기장을 말해요. 필드에서는 뛴 거리와 높이를 겨루는 멀리뛰기, 세단뛰기, 높이뛰기, 장대높이뛰기 등과 물체를 던진 거리를 겨루는 창던지기, 포환던지기, 원반던지기, 해머던지기 등의 경기를 해요.

예 **필드**는 비교적 넓은 장소를 가리키고, 코트는 비교적 좁은 장소를 뜻해요.

> **함께 알아보기!**
> ・ **트랙** track : 육상 경기 가운데 트랙에서 하는 경기를 통틀어 이르는 말　비 **트랙 경기**
> 　예 사이클 경기장의 경주로도 **트랙**이고, 경마장의 경주로도 트랙이에요.

하키 **스틱을 가지고 공을 넣는 경기** 외래어
잘못된 표현 하이키　영 hockey　비 필드하키

구부러진 막대기로 공을 옮겨서 상대편의 골대에 넣어 승부를 겨루는 스포츠예요. 하키는 각각 11명의 선수로 구성된 두 팀이 전반전과 후반전으로 나누어 각 35분씩 경기를 펼쳐요. 막대기를 어깨보다 높게 들거나 상대방을 때리는 위험한 행동은 허용되지 않는답니다.

예 잔디에서 하는 **하키**는 아이스하키와 구분하기 위해 '필드하키'라고도 불러요.

> **함께 알아보기!**
> ・ **아이스하키** ice hockey : 6명의 선수로 구성된 두 팀이 얼음 위에서 스케이트를 신고 하는 하키
> 　예 필드하키는 잔디 구장에서, **아이스하키**는 얼음판 위에서 경기를 해요.

찾아보기